LES OISEAUX
DE MON JARDIN

**National
Audubon
Society**

LES OISEAUX
DE MON JARDIN

STEPHEN W. KRESS

Préface de Roger Tory Peterson

ÉDITIONS DU TRÉCARRÉ

UN LIVRE DORLING KINDERSLEY

Traduction : Lucie Legault et Ginette Hubert
Traductions Jean-Guy Robert enr., Sherbrooke
Les traductrices tiennent à remercier
messieurs André Cyr et Jean-Marc Lalonde,
ainsi que madame Martine Six,
pour leur contribution éclairée.

L'édition originale de cet ouvrage a paru en anglais sous le titre :
The BIRD GARDEN, chez Dorling Kindersley Limited, Londres

ISBN 2-89249-612-8

Dépôt légal – 1996
Bibliothèque nationale du Québec

Imprimé aux États-Unis

Table des matières

PRÉFACE

Tous les jardins de banlieue *reçoivent la visite d'oiseaux et de papillons. Cependant, un aménagement adéquat peut facilement faire doubler le nombre de ces visiteurs naturels. Le jardinier écologique peut profiter de la présence non seulement de fleurs rouges, orange, jaunes et bleues, mais également d'oiseaux aux coloris semblables, tels les cardinaux, orioles, chardonnerets et geais.*

Attirer les oiseaux derrière chez soi est un geste important. Les connaissances de pointe vont maintenant bien au-delà des mangeoires de fenêtre, des nichoirs de troglodytes et des bains d'oiseaux. Cet ouvrage vous ouvre de nouvelles perspectives. Plutôt que de semer ou de planter des fleurs spectaculaires pour le seul plaisir des yeux, vous pouvez en cultiver certaines espèces qui feront la joie à la fois des humains et des oiseaux. Ces pages vous dévoileront le secret de la création, derrière chez vous, d'habitats capables de pourvoir à tous les besoins des oiseaux: alimentation, eau, couvert et sites de nidification.

Roitelet à couronne dorée

Cet ouvrage est une référence importante, car il couvre l'ensemble de l'Amérique du Nord. Ses pages fourmillent d'idées nouvelles pour améliorer l'habitat des jardins. N'hésitez pas pour autant à faire vos propres expériences. En effet, rien ne remplace l'ingéniosité et l'imagination. Et, en dernière analyse, ce sont les oiseaux eux-mêmes qui décideront de la validité de vos essais.

Prélude à un festin
Des fruits jaune verdâtre suivront la floraison printanière de l'aubépine.

ROGER TORY PETERSON

INTRODUCTION

L E GESTE DE LOIN le plus constructif que l'on puisse faire pour aider les populations d'oiseaux consiste sans doute à améliorer les espaces fauniques. Heureusement, cha- chacun, ou presque, peut contribuer à l'amélioration des habitats d'oiseaux en aménageant le terrain de façon à fournir à ces derniers les éléments importants que sont la nourriture, le couvert et les sites de nidification. Ce type d'aménagement prend une importance grandissante devant les pertes effarantes d'habitats naturels constatées dans les deux Amériques.

D'excellents habitats de nidification, d'hivernage et de haltes migratoires ont disparu depuis que la population humaine d'Amérique du Nord, d'Amérique centrale et d'Amérique du Sud a quintuplé, passant de 141 millions en 1900 à plus de 713 millions en 1990. La progression de l'agriculture a porté un coup terrible au couvert forestier des Caraïbes et de l'Amérique centrale, ne laissant que des fragments de forêts, autrefois vastes. Ces pertes affectent les populations d'oiseaux, car de nombreuses espèces nord- américaines hivernent sous les Tropiques.

Un repas de poisson *Une femelle Martin-pêcheur d'Amérique emporte sa proie qu'elle assommera contre la branche, lancera en l'air, puis rattrapera au vol.*

Les pertes d'habitats de grande envergure ne se limitent toutefois pas aux régions tropicales. Selon des évaluations récentes, environ 3,5 millions d'acres seront pavés à des fins d'autoroutes et d'aéroports aux États-Unis et au Canada d'ici l'an 2000, et 19,7 millions d'acres additionnels de terres actuellement non aménagées, soit l'équi- valent des États du New Hampshire, du Vermont, du Massachusetts et du Rhode Island, auront été convertis en banlieues à cette même date.

FREINER LE DÉVELOPPEMENT

En Amérique du Nord, le dévelop- pement est plus important dans les régions côtières, là où l'accroissement des populations humaines est le plus rapide. Ainsi, en Virginie et au Maryland, 7,9 mil- lions de personnes vivaient dans la région de la baie de Chesapeake en 1970, mais on prévoit que cette population atteindra 16,3 millions en 2020. Un tel développement peut également entraîner la dévastation d'au- tres haltes migratoires importantes, comme la ceinture végétale arbustive située le long des côtes du Texas et de la Louisiane et appelée le *chenier*. Les oiseaux migrateurs qui doivent traverser le golfe du Mexique y trouvent abri et nourriture, deux éléments vitaux au sortir de leur épique migration printanière. Les régions côtières du Massachusetts, du New Jersey, de la Virginie, du sud de la Californie et du sud de la Floride représentent des aires de repos et des relais migratoires d'importance vitale, et pourtant, la pres- sion en faveur du développement y est très forte.

Rouge ardent Les sumacs sont des arbustes renommés pour leur coloris et leurs fructifications spectaculaires. Il en existe seize espèces indigènes en Amérique du Nord. Ce sont d'importantes plantes de jardin, qui abritent de nombreuses espèces d'oiseaux.

Alors que les stationnements pavés et les forêts coupées à blanc représentent des pertes évidentes d'habitats d'oiseaux, il est plus facile d'ignorer le problème, plus grand encore, du remplacement de communautés végétales indigènes par des groupes uniformes d'espèces exotiques envahissantes venues de continents étrangers. De nos jours, un grand nombre d'espèces orientales arbustives et grimpantes ainsi que de mauvaises herbes venues d'Europe se multiplient librement en sol d'Amérique. Elles finissent trop souvent par chasser certains arbres et arbustes indigènes qui fournissent de la nourriture, des sites de nidification et un abri pour les oiseaux.

Les jardiniers ornithologues désireux de donner à leur propriété un cachet naturel négligent parfois, ici et là, des recoins de jardin, en supposant que les plantes les plus variées et les plus utiles viendront s'y installer. Or, ce sont des espèces orientales « conquérantes », comme le Rosier multiflore, la Douce-amère orientale ou le redoutable Kudzu, qui risquent le plus souvent de s'y enraciner. Paradoxalement, ce sont souvent les oiseaux eux-mêmes qui, en se nourrissant volontiers de ces espèces exotiques, en assurent la dissémination.

Splendeur automnale Les fruits rouges et duveteux du Sumac vinaigrier représentent un précieux apport à l'alimentation d'hiver d'au moins 98 espèces d'oiseaux de même qu'à la beauté du jardin.

LES BESOINS DES PLANTES

Tout comme les oiseaux ont des besoins alimentaires spécifiques et des exigences tout aussi particulières pour ce qui est de l'abri et des sites de nidification, ainsi de nombreuses plantes ont besoin des oiseaux pour opérer la dissémination de leurs graines. Les oiseaux transportent les graines dans la nature, assurant la reproduction de plantes qui, en contrepartie, offrent leurs graines riches en sucres et en matières grasses aux oiseaux, et ce, juste au bon moment de l'année. Les oiseaux y puisent ce dont leur métabolisme a besoin pour fabriquer de nouvelles plumes et pour accumuler des réserves de matières grasses, en prévision des longs voyages migratoires.

On assiste, depuis les dix dernières années, à une prise de conscience et à un regain d'intérêt en faveur de l'utilisation d'espèces végétales indigènes dans les jardins. On trouve plus facilement des plantes indigènes dans les pépinières, mais le jardinier ornithologue doit souvent pousser plus loin sa recherche. Vous trouverez dans ces pages des listes de plantes recommandées qui mettent justement l'accent sur le choix de plantes indigènes. Une bonne sélection d'espèces indigènes adaptées aux conditions locales de précipitations et de sol permet certes de rehausser l'apparence d'un jardin, de créer des effets spectaculaires et d'augmenter la résistance générale des plantes aux températures extrêmes, aux insectes et aux maladies, mais pourra également être utile aux oiseaux chanteurs tout au long des saisons. Mon souhait est que cet ouvrage déclenche une révolution parmi les jardiniers amateurs, qu'il les incite à faire moins de cas des aériennes azalées et des forsythias échevelés, qui présentent peu d'avantages pour les oiseaux, et à faire place à nos sorbiers, cornouillers, viornes et autres plantes indigènes qui attirent les oiseaux.

Les perspectives d'augmentation ou de rétablissement de certaines populations d'oiseaux reposent sur la capacité de la plupart des espèces de refaire leur nombre rapidement. Ainsi, un couple de Merles d'Amérique qui produit deux couvées par année laisserait 24 414 060 descendants en dix ans, si tous les jeunes devaient survivre et se reproduire. Une telle situation constituerait, en soi, un désastre écologique.

GÉRER LA SURVIE

Bien sûr, dans la réalité, ce genre d'augmentation ne se produit pas, mais il est essentiel, pour bien gérer les habitats, de comprendre les raisons pour lesquelles les populations animales augmentent ou diminuent. Cette compréhension est également essentielle à tout jardinier ornithologue désireux de voir le sanctuaire de son arrière-cour fréquenté par une plus grande variété d'oiseaux.

La clé de la réussite en matière d'accroissement du nombre d'espèces animales est donc la gestion des habitats. Or, le nombre d'animaux qui peuvent survivre dans les limites d'un habitat donné est déterminé par l'une ou par l'autre des restrictions appelées facteurs limitatifs. Ces facteurs comprennent généralement l'alimentation, l'abri, l'eau et les sites de nidification, mais d'autres facteurs tels que

Petit fouilleur *Le Roitelet à couronne rubis n'est pas plus gros que le plus gros des colibris. Il fouille le feuillage des arbres et des arbustes à la recherche d'insectes.*

les parasites, les prédateurs, les aires de parade ou les postes de chant peuvent s'y ajouter. Pour ceux qui ont à cœur de contribuer à l'accroissement des populations d'oiseaux, le véritable défi consiste à déterminer lequel de ces facteurs empêche une population donnée d'augmenter naturellement.

FACTEURS LIMITATIFS

Quand on essaie de résoudre un tel casse-tête, il faut se rappeler que les facteurs limitatifs ne sont pas les mêmes d'une saison à l'autre. L'alimentation peut restreindre les quantités d'oiseaux pendant l'hiver et non pendant l'été. De la même façon, l'abri peut être suffisant en été, mais non en hiver. Il peut se révéler inutile d'offrir plus de couvert pour la nidification ou plus de nourriture dans un endroit donné, si l'approvisionnement en eau est insuffisant ou les sites de nidification inadéquats. Dès qu'on identifie un facteur limitatif et qu'on le fait disparaître, un autre surgit. Si on élimine celui-ci à son tour, la population s'accroît encore, jusqu'à ce qu'un autre facteur vienne en limiter l'accroissement. Enfin, certains facteurs sociaux, comme la territorialité, peuvent être limitatifs, bien que la superficie du territoire ne soit pas une constante et que la plupart des oiseaux acceptent volontiers de la réduire en échange d'un habitat de qualité.

Les oiseaux nicheurs tels que le Bruant chanteur et le Moqueur chat produisent de nouvelles recrues susceptibles de coloniser un habitat amélioré. Des arrêts fortuits en cours de migration amènent d'autres espèces colonisatrices. Si l'habitat correspond aux besoins d'une espèce en particulier, le nombre d'individus augmentera par la suite, puisque la présence de couples établis attire d'autres représentants de la même espèce. Ces derniers aménagent par la suite de nouveaux territoires dans les habitats adjacents.

CRÉER UN HABITAT

Les façons d'améliorer les habitats d'oiseaux que nous vous proposons ici reposent sur le principe suivant : les populations d'oiseaux augmentent seulement lorsqu'on prend les mesures nécessaires pour éliminer les facteurs limitatifs de leur accroissement. Il est souvent difficile de prévoir les résultats de certains efforts d'aménagement, mais une bonne planification est une façon très peu coûteuse d'augmenter les chances de succès. Les chapitres de ce volume sont organisés de façon à aider le lecteur à identifier les facteurs qui limitent l'accroissement des populations d'oiseaux et à lui proposer des techniques et des ressources utiles pour améliorer les habitats d'oiseaux. Dans certains cas, le processus d'amélioration est lent, mais ceux qui sont patients et qui sont intéressés à planter des arbres et des arbustes variés créent des retombées plus durables et plus solides pour les oiseaux que les bienfaits engendrés par le simple remplissage des mangeoires.

L'ajout de nichoirs et d'abreuvoirs peut également avoir une influence énorme là où la rareté des sites de nidification et des points d'eau dissuade les oiseaux d'occuper un habitat par ailleurs adéquat. Bien entendu, la plantation de nouvelles espèces et la création de sources d'approvisionnement en eau pour les oiseaux profitent également à d'autres petits animaux, comme les tamias, les scinques, les papillons, les grenouilles, les crapauds et les salamandres.

AMÉLIORER LA PLANÈTE

Il existe peu d'endroits où le cours de la nature n'a pas encore été affecté par nos actions. Cela est particulièrement vrai dans les grandes villes et dans les banlieues. En effet, certaines espèces plus agressives et moins spécialisées, comme le Goéland argenté, le Carouge à épaulettes, l'Étourneau sansonnet et le Moineau domestique, dominent déjà un grand nombre d'habitats d'oiseaux « écologiquement simplifiés ». Or, le jardin urbain ou de banlieue offre une magnifique occasion d'améliorer une petite parcelle de la planète au profit de la faune.

PERSPECTIVE À VOL D'OISEAU

Plantons de grands arbres ombreux, de luxuriants bosquets de sorbiers, de viornes et de cornouillers. Garnissons-les de plantes grimpantes et de couvre-sols, qui rappelleront son habitat naturel à l'oiseau de passage. Encourageons nos voisins à faire de même. Attirons des oiseaux d'été en leur offrant des aires de repos et d'alimentation idéales et des sites de nidification sûrs.

Les oiseaux embellissent notre vie, mais tenir leur existence pour acquise serait une erreur. Si chacun de nous désire laisser aux générations futures un héritage faunique aussi riche et varié que celui que nous connaissons actuellement, nous devons faire un effort pour restaurer l'écologie de nos propres jardins, tout en créant un habitat viable pour les oiseaux.

Ravitaillement continu Au printemps, il est essentiel pour l'oiseau parent, ici un Merle d'Amérique, de pouvoir nourrir sa progéniture.

Chapitre premier

AMÉNAGEMENT D'UN JARDIN D'OISEAUX

Fruits en voie de maturation *Les fruits du Cornouiller stolonifère sont un atout dans un jardin.*

QUELLE QUE SOIT la dimension de votre propriété, le même principe s'applique : par certaines modifications à la composition végétale et à la structure de votre jardin, il est possible de faire en sorte qu'un plus grand nombre d'espèces d'oiseaux le fréquentent régulièrement. Ce chapitre-ci décrit plusieurs éléments d'aménagement conçus spécialement pour répondre aux divers besoins des oiseaux : nourriture, eau, sites de nidification et couvert protecteur. On peut multiplier la diversité des espèces végétales présentes en remplaçant simplement la coûteuse pelouse bien rase par un aménagement plus inventif. Choisissez des plantes qui ont une grande valeur pour les oiseaux et disposez-les suivant un plan judicieux. Votre jardin deviendra plus facile à entretenir et plus animé en raison de la présence des oiseaux.

Chasseur au sol
Le Moqueur polyglotte chasse souvent les insectes sur les pelouses. Il niche dans les arbustes et perche haut dans les arbres pour chanter.

Vigne ornementale
Au moins 15 espèces d'oiseaux se nourrissent des fruits du Célastre grimpant. À l'automne, le feuillage de cette plante se pare d'une superbe teinte jaune.

INTERACTION ENTRE LES PLANTES ET LES OISEAUX

LES OISEAUX rendent aux plantes un service essentiel en transportant les graines vers d'autres sites. Cet acte est d'importance vitale, car les jeunes plants qui poussent au pied de la plante d'origine sont habituellement condamnés en raison de la compétition qui s'exerce, entre eux et avec la plante mère, pour le partage de la lumière et de l'eau. Les graines de certaines plantes se dispersent au moyen de petits parachutes transportés par le vent (peupliers

Baies rouge vif *Le rouge est un important signal pour la plupart des oiseaux : il signifie qu'un aliment est prêt pour la consommation. Les visiteurs ailés de cette Viorne trilobée s'en feront un régal.*

et saules) ou de samares au mouvement hélicoïdal (érables). Cependant, la plupart des arbres et des arbustes comptent sur les oiseaux comme agent principal de dispersion de leurs graines.

Écureuils, mulots et autres rongeurs détruisent les graines en les grignotant avec leurs dents acérées. Les oiseaux, au contraire, les

Graines essentielles *Le Roselin familier se nourrit de graines durant les mois d'hiver, mais il mange des fruits sucrés pendant l'été.*

avalent entières et intactes. La scarification des graines (abrasion de l'enveloppe), qui se produit au moment du passage dans le gésier, en facilite la germination. De plus, c'est dans un engrais azoté que les graines sont déposées, loin de la plante mère et des plantes sœurs.

Dans les forêts d'arbres à feuilles caduques de l'Est, les oiseaux sont responsables de la dissémination des graines de plus de 300 espèces végétales. Notons, parmi les plus courantes, les magnolias, les cerisiers, les groseilliers, les amélanchiers, les rosiers, les chèvrefeuilles, les viornes, les airelles et les cornouillers.

DES FRUITS ATTRAYANTS

Les plantes se sont dotées de fruits attrayants et bien visibles pour les oiseaux. Certaines variétés possèdent habituellement une graine unique et dure, dont le diamètre ne dépasse pas quinze millimètres, soit la taille maximale de ce que peut avaler un oiseau granivore. La plupart sont rouge vif, alors que les fruits orange, jaunes et verts sont généralement le signe de fruits qui ne sont pas mûrs et dont les graines sont immatures. Toutefois certaines plantes, qui

Refuge et subsistance
Dans les endroits humides, le Sureau blanc est un choix merveilleux, qui offre nourriture de fin d'été et couvert protecteur à la période des nids.

d é p e n d e n t d'oiseaux spécifiques pour la dissémination de leurs semences, produisent des fruits bleus, noirs ou blancs. Mais ces plantes ont parfois des tiges rouges (comme le Cornouiller à grappes) ou bien leurs fruits s'étalent au milieu d'un feuillage rouge, orange ou jaune qui contraste avec la végétation environnante.
La Vigne vierge, l'herbe à la puce et les vignes sauvages, par exemple, recourent toutes aux oiseaux pour semer les graines de leurs fruits bleus ou blancs. Or, ces plantes produisent des enzymes qui détruisent prématurément la chlorophylle des feuilles, laissant paraître le jaune, le rouge et l'orange sous-jacents.

DES FRUITS À LA MIGRATION

Les fruits de plus de 70 % des plantes disséminées par les oiseaux mûrissent en automne, juste à temps pour la migration. En Nouvelle-Angleterre, la plupart des fruits produits par les arbres et les arbustes mûrissent en août et en septembre pendant la migration des grives et du Jaseur d'Amérique. En Caroline du Nord et du Sud, les mêmes fruits mûrissent un mois plus tard seulement. De cette manière,

les oiseaux migrateurs disposent d'un approvisionnement continu pendant leur voyage vers le Sud.

Habituellement, les oiseaux migrateurs font des haltes de plusieurs jours pour se nourrir de certains aliments spécifiques. Ils sont alors attirés par les arbres et les arbustes dont les fruits ont une forte teneur en gras (lipides) à valeur énergétique deux fois plus grande que les hydrates de carbone (glucides). Ce sont entre autres les magnolias, le Benjoin officinal, le Cornouiller de Floride et le Laurier-Sassafras.

D'autres plantes dépendantes des oiseaux ont des fruits à faible teneur en lipides, tel les rosiers sauvages, les viornes et les aubépines, que les oiseaux ne consomment qu'en hiver ou au printemps. Sachons donc diversifier nos plantations au gré des saisons.

Baies de genévrier *Seuls les sujets femelles du Genévrier commun produisent des fruits. Ces baies bleu-noir sont un aliment de choix pour de nombreux oiseaux de jardin, et notamment pour le Moqueur polyglotte.*

L'ANALYSE DU SITE

AVANT D'ENTREPRENDRE des modifications profitables aux oiseaux dans votre jardin, dressez un inventaire et voyez quels oiseaux y viennent déjà. L'emplacement de la propriété (grande ou petite ville, secteur rural entouré de terres agricoles) et la proximité d'un océan, d'un lac, d'une rivière ou d'un ruisseau déterminent en partie le nombre et la diversité des espèces d'oiseaux visiteurs. Cependant, il y a toujours quelque chose d'intéressant dans un jardin, et des espèces plus rares peuvent apparaître en saison migratoire.

Chaque saison, notez quels sont les oiseaux qui vous rendent visite le plus souvent, combien d'individus sont présents par espèce et s'ils nichent ou non dans votre jardin. Si vous remarquez que les oiseaux désertent votre jardin au cours d'une saison donnée, alors que, de toute évidence, les environs en sont pleins, prenez note des plantes qu'ils visitent.

Plate-bande luxuriante *De niveaux multiples, ce jardin californien peut fournir un abri au sol intéressant. Le fuchsia regorge de nectar.*

FAITES L'INVENTAIRE DE VOTRE JARDIN

Dessinez un plan comportant déjà les éléments en place de votre jardin. Indiquez les communautés végétales présentes, les limites de la propriété, les dépendances, y compris le garage, la serre et la remise. Notez également les zones marécageuses, les coins envahis par la végétation, les étendues gazonnées, les dénivellations, les mangeoires et les nichoirs.

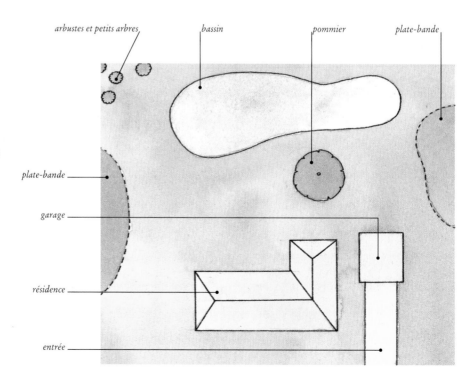

arbustes et petits arbres

bassin

pommier

plate-bande

plate-bande

garage

résidence

entrée

QUELLES ESPÈCES CULTIVER ?

Votre inventaire terminé, planifiez sur papier les changements que vous pourriez faire pour embellir votre propriété en pensant aux oiseaux. Ce plan dépendra largement de la superficie du terrain ainsi que du temps et des moyens financiers dont vous disposez, mais il variera également en fonction des oiseaux que vous espérez attirer. Ces données, par contre, vous aideront à décider quels arbres, arbustes, plantes tapissantes et plantes grimpantes vous devriez conserver et mettre en valeur et lesquels vous devriez remplacer par des espèces intéressantes pour vos oiseaux préférés. Il est possible que vous soyez obligé de revoir vos notions antérieures de jardinage. Par exemple, si vous êtes de ceux qui font disparaître les mauvaises herbes dès qu'elles pointent, pensez aux conséquences d'un tel geste pour les oiseaux.

Le principal facteur à retenir est le suivant : la structure des communautés végétales et leur arrangement sont les clés du succès, lorsqu'on veut attirer les oiseaux en toutes saisons. En raison de l'abondance et de la diversité de nourriture, d'abri, de sites de

Prudence
Perchée sur un rameau en fleurs, une Paruline jaune s'assure qu'aucun préda- teur n'est en vue.

nidification, de perchoirs et d'autres facteurs limita- tifs qu'offrent les jardins où des communautés végé- tales, deux ou plus, vivent en interaction harmo- nieuse, ces jardins reçoivent une plus grande diversité de visiteurs ailés.

PLAN DE JARDIN TERMINÉ

La deuxième étape consiste à établir un plan complet montrant la structure des communautés végétales et leur disposition par rapport aux éléments en place. Les Pins blancs et les Cornouillers de Floride forment un petit brise-vent, tandis que les Cerisiers tardifs et les Pommiers ornementaux, les Sureaux blancs et quelques ronces fournissent abri et sites de nidification. L'aire d'alimentation des oiseaux est plantée de mauvaises herbes et de graminées.

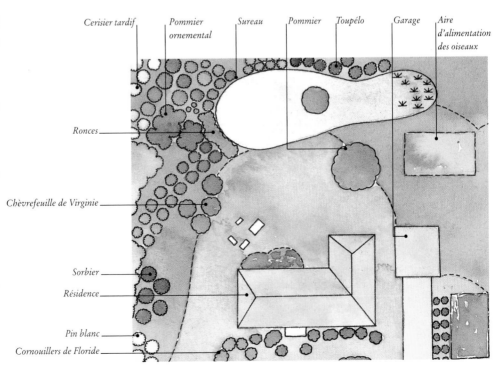

Cerisier tardif · Pommier ornemental · Sureau · Pommier · Toupélo · Garage · Aire d'alimentation des oiseaux

Ronces · Chèvrefeuille de Virginie · Sorbier · Résidence · Pin blanc · Cornouillers de Floride

DIVERSITÉ VÉGÉTALE

À L'INTÉRIEUR même d'un habitat, chaque oiseau montre une préférence marquée pour l'élévation spécifique à laquelle il se nourrit et niche. Cela est plus apparent dans la forêt, où certains oiseaux, tels les tangaras et les gros-becs, chantent et se nourrissent au sommet des arbres, mais nichent dans les branches basses. D'autres, comme le Bruant familier, se nourrissent au sol, nichent dans les arbustes et chantent à la cime des grands arbres. Ces mouvements d'oiseaux montrent bien qu'il est important de planter en étages.

Il existe bien des manières d'améliorer la qualité végétale d'un jardin. Au pied d'un grand arbre, on peut planter des arbustes qui tolèrent l'ombre, comme le cornouiller, le houx et l'amélanchier, ainsi que du Chèvrefeuille de Virginie et d'autres plantes grimpantes, afin d'augmenter la

Fleurs en étages *Le Groseillier à fleurs rouges 'King Edward VII' attire les oiseaux en grand nombre.*

production alimentaire et de créer des sites de nidification. En bordure, juxtaposez plusieurs espèces d'arbustes, plutôt qu'une seule espèce. De plus, choisissez des arbustes dont la période de fructification n'est pas la même, afin d'étaler l'approvisionnement alimentaire. On peut également créer des étages multiples en plantant des grands et des petits arbustes déployés, en plus de quelques plantes couvre-sols utiles pour les oiseaux.

Dans un aménagement paysager, la multiplication des niveaux augmente la surface disponible où les oiseaux peuvent nicher, se nourrir et chanter. Certains insectes vivent à la surface des feuilles et des branches. Comme la plupart des oiseaux s'en nourrissent pendant une partie de l'année, ces surfaces sont donc une bonne source alimentaire et une réserve de matériaux pour la confection des nids.

Plan vertical *La haie arbustive est un bon moyen d'augmenter la diversité des espèces d'oiseaux qui fréquentent votre jardin.*

Plantation serrée à la base de la haie

Pour garantir un apport alimentaire continu, choisissez des arbustes variés dont la période de fructification s'étale sur toute l'année.

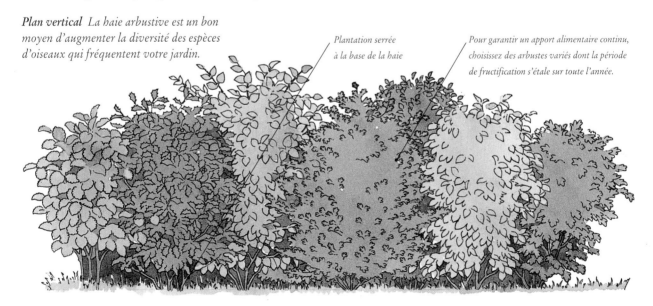

LES HAIES

LES HAIES ARBUSTIVES sont d'une grande importance. Été comme hiver, leur forme et leur disposition procurent aux oiseaux un abri contre les températures extrêmes et des sites de nidification sûrs. Elles font aussi écran, de sorte qu'il devient difficile pour les prédateurs ailés, telles les buses, de voir leur proie. Si votre haie est bien conçue, les oiseaux viendront y profiter des insectes et des fruits mûrs disponibles en abondance tout au long de l'année. La haie constitue un brise-vent efficace et protège votre intimité en isolant votre propriété de celle des voisins. On peut également créer des îlots d'arbustes, disposés en massifs ou alignés, pour diviser les grands jardins en plusieurs secteurs, aussi bien que pour apporter une agréable diversité visuelle.

Les haies sont particulièrement importantes pour les populations d'oiseaux des grandes villes ou des régions rurales, où les méthodes agricoles et certains changements dans le choix des cultures en ont fait

Écran arbustif Ce Céanothe 'Gloire de Versailles' admirablement touffu fait la joie de nombreux oiseaux. Il représente un bon choix comme élément d'une bordure.

disparaître un grand nombre. Ces haies sont importantes pour les communautés rurales et pour leurs populations d'oiseaux. Elles doivent être conservées ou remplacées, tant en raison de leur valeur ornithologique que pour d'autres motifs écologiques.

LES BOSQUETS

Les espèces à croissance rapide composent des bosquets qui prospèrent à l'orée des bois. Plantés à proximité d'arbustes fruitiers, ces bosquets grouillent bientôt d'insectes et deviennent très attrayants pour de nombreuses espèces d'oiseaux. Les arbustes de bosquets, comme l'aubépine, l'églantier, le genévrier, le mesquite et le framboisier, ont des tiges bien armées qui découragent les lièvres et les cerfs de venir y brouter. Ces bosquets font aussi des sites de nidification sûrs.

Enfin, évitez de choisir des plantes exotiques « conquérantes » qui envahiront vraisemblablement les terrains adjacents. Consultez un pépiniériste.

Poteau de soutien

Fil métallique tendu

Graines à germer

Haie économique
Un fil métallique, tendu au-dessus d'un coin de terrain labouré ou bêché, permet de créer une haie naturelle, à partir des graines contenues dans les excréments que les oiseaux laissent tomber au sol.

PELOUSES ET COUVRE-SOLS

UN PETIT CARRÉ central de gazon vert est bien pratique pour observer les oiseaux du jardin. Ceux d'entre eux qui nichent et se nourrissent dans les arbres et les arbustes environnants s'aventurent parfois sur les pelouses, surtout si vous les attirez par des mangeoires, des vasques et un petit coin consacré au bain de poussière. Cependant, une étendue uniforme de gazon tondu est l'un des habitats de jardin les moins intéressants pour les oiseaux.

Feuilles mortes Ce Moqueur roux représente l'une des nombreuses espèces qui fouillent les paillis de feuilles mortes, à la recherche d'insectes.

COUVRE-SOLS

Tandis que le Merle d'Amérique se nourrit de vers de terre et d'insectes qu'il trouve dans les pelouses, d'autres oiseaux, comme le Bruant à gorge blanche, le Bruant fauve et les tohis, préfèrent chercher leur nourriture dans les feuilles mortes, là où ils peuvent gratter le sol pour trouver des insectes. De tels habitats, cependant, sont trop souvent absents des parterres impeccables. Sous climat sec, remplacez le gazon par des plantes couvre-sol adaptées aux conditions locales arides de culture.

RESSOURCE ALIMENTAIRE

Les vivaces qui produisent des baies sont une source alimentaire fiable. Il existe certaines plantes basses et étalées, telles que le Raisin d'ours, le Cornouiller du Canada, le Cotonéaster couché et le Genévrier horizontal, qui sont plus utiles aux oiseaux que d'autres, comme le Lierre de Boston et la Petite pervenche. Bon nombre de ces plantes remplacent avantageusement le gazon, surtout dans les endroits ombragés. Cependant, choisissez bien celles qui produisent de la nourriture.

Gazon long Un coin d'herbe en friche est une réserve de nourriture. Ce Merlebleu de l'Ouest s'y nourrit de vers de terre.

FEUILLES MORTES

Quand la pelouse est le seul habitat disponible dans un jardin, même les Merles d'Amérique en souffrent. On peut créer bien des types de couvert protecteur pour les oiseaux. Ainsi, on peut planter des bordures feuillues au pourtour d'une pelouse, créant du même coup des zones recouverts de feuilles mortes, où les oiseaux peuvent se nourrir. Un coin consacré aux graminées indigènes de grande taille fournit aussi des déchets végétaux dont les oiseaux peuvent profiter. *(Voir les pages 166 et 167.)*

Les jardiniers trop zélés ratissent les feuilles mortes, privant ainsi d'une partie de leur subsistance les oiseaux qui se nourrissent au sol. Créez plutôt un coin jonché de feuilles mortes sous les arbustes et les arbres, là où le gazon pousse moins bien. Essayez de l'élargir d'un mètre ou plus chaque automne. Au printemps, il se sera transformé en un riche terreau, grouillant de vers et d'insectes qui satisferont l'appétit des oiseaux migrateurs.

Coin verdure *Près d'une pelouse, des arbustes feuillus accumulent des feuilles mortes qu'apprécient les oiseaux.*

***Couvert inhabituel** Diverses graminées indigènes, plantées sous les grands arbres, offrent un bon couvert protecteur et un type additionnel de nourriture, car des oiseaux de toutes sortes s'intéressent aux graines de ces graminées.*

TALUS ARTIFICIELS

LES OISEAUX QUI se nourrissent au sol, comme les bruants et les tohis, sont attirés par les brusques dénivellations de terrain. Dans les habitats naturels, les oiseaux explorent souvent le bord des ruisseaux et des affleurements rocheux ainsi que les racines des arbres où ils peuvent fouiller et débusquer des insectes, des vers et d'autres bestioles cachées. Il faut aménager des ruptures d'élévation, au moment de la planification d'un jardin d'oiseaux.

Pour installer des dénivellations artificielles dans un jardin, on érige d'abord un monticule de terre en pente douce, puis on crée sur l'une des faces une pente rocheuse plus marquée. Cette face rocheuse offrira des fissures minuscules servant de retraite à divers insectes et vers de terre.

La construction d'une rocaille ou d'un muret de pierre à la limite de la propriété ou entre deux secteurs du jardin, par exemple entre une roseraie et un carré de fines herbes, créera aussi un changement brusque d'élévation. Sur les grandes propriétés, les possibilités

Couvre-sol *Le cotonéaster est un arbuste à feuillage caduc idéal pour garnir un talus car, ses feuilles, ses fleurs et ses fruits fournissent aux oiseaux abri et nourriture.*

de pentes variées sont encore plus grandes. Dans un tel cas, un bulldozer déplacera plus de terre qu'une pelle et une brouette. La machinerie permet de créer des escarpements miniatures que l'on peut ornementer au moyen de plantes rampantes, d'arbustes et de rondins en décomposition, ajoutant ainsi de la diversité au terrain. Il est important de créer, face au sud, des pentes susceptibles d'attirer les oiseaux migrateurs au début du printemps et, face au nord, des pentes où les oiseaux peuvent chasser les insectes pendant l'été. Un terrain bien dénivelé est susceptible d'attirer les oiseaux en toutes saisons, surtout lorsque s'ajoute à cela la présence d'un bassin entouré de roches. *(Voir page 70.)*

Choisissez, pour garnir ces talus, des plantes rampantes associées à des espèces basses à feuillage persistant, semi-persistant et caduc qui poussent en un sol bien drainé. Des plantes dont la floraison et la fructification s'étale sur différentes périodes de l'année attireront au jardin un plus large éventail d'espèces d'oiseaux.

Ronces

Pente raide empierrée

Créez un talus *En construisant une pente artificielle dans un coin de jardin, vous pouvez attirer des troglodytes et des bruants, à la recherche d'insectes et d'autre nourriture.*

Rondin et feuilles mortes

BAINS DE POUSSIÈRE

DE NOMBREUSES ESPÈCES d'oiseaux, dont les faisans, les cailles, les rapaces, les bruants et les roitelets, ont l'habitude de prendre de vigoureux bains de poussière. Il s'agit pour eux d'une sorte de nettoyage à sec. Il arrive fréquemment qu'on les voie voleter dans la poussière, après s'être baignés dans l'eau.

Le bain de poussière semblerait débarrasser l'oiseau de certains parasites du plumage tels les poux. L'entretien des plumes est la deuxième activité quotidienne en importance pour les oiseaux, juste après la recherche de nourriture.

Un bain de poussière représente un moyen de plus pour attirer les oiseaux dans un espace ouvert. Pour permettre à plusieurs oiseaux de prendre un bain en commun, un espace d'un mètre carré environ est suffisant. Lorsque les bruants décident de prendre un bain de poussière communautaire, l'espace manque parfois et des querelles peuvent s'ensuivre.

Après s'être assuré qu'aucun chat ne rôde dans les sous-bois, un oiseau s'installe dans le bain de poussière. Il hérisse ses plumes pour permettre à la

Toilettage *Un Colin de Virginie se roule dans la poussière en secouant son plumage afin d'en déloger les parasites.*

poussière d'y pénétrer, puis il se couche, queue déployée, pour que son ventre soit bien couvert, et il bat des ailes à petits coups pour se couvrir tout le corps de poussière. Après s'être ébroué, il s'envole en laissant de petites dépressions dans la poussière. Ce rituel est habituellement suivi d'une session de lissage de plumes.

BAIN DE SOLEIL

On ne sait pas très bien pourquoi les oiseaux prennent des bains de soleil. Certaines journées froides, on les voit parfois, perchés, immobiles, se chauffant au soleil. Il arrive aussi qu'un oiseau prenne un bain de soleil en étendant ses ailes sur la neige, par temps froid et clair. Un autre s'étendra au soleil par temps chaud, haletant, le bec ouvert, essayant de se rafraîchir. Bien des ornithologues restent perplexes devant de tels comportements. Les oiseaux semblent entrer en transe profonde sous l'effet du soleil. Ces observations soulèvent la question suivante : les oiseaux agissent-ils ainsi par plaisir, comme les humains, ou s'agit-il d'un rituel d'entretien du plumage ?

Aménagement d'un bain de poussière Creusez et retirez une quantité de terre suffisante pour aménager un bain de poussière d'environ 15 centimètres de profondeur. Bordez de briques ou de pierres. Un bon mélange de poussière comprend du sable, de la terre argileuse et de la cendre tamisée, en proportions égales.

AMÉNAGER DES BRISE-VENT

DANS LES PROVINCES venteuses et dans les États des Prairies, la présence d'un brise-vent est reconnue comme une importante technique de protection du sol, de la flore, de la faune et des constructions contre le vent. À une échelle moindre, l'aménagement d'un brise-vent est une protection pour le jardin et pour la haie. Si on l'aménage en pensant aux oiseaux et aux mammifères, le brise-vent devient à la fois une protection contre les vents forts et un habitat intéressant. Un brise-vent de deux ou trois rangées de profondeur convient à la plupart des jardins, mais, pour des propriétés plus grandes, six rangées sont préférables. La longueur d'un brise-vent est plus importante que sa largeur. Si l'espace est un facteur limitatif, il vaut mieux sacrifier la largeur et conserver la longueur.

Bien à l'abri
Planté à la limite extérieure d'un brise-vent, un arbuste à ramure déployée, comme cet Abutilon du Rio Grande, abrite et protège de nombreux oiseaux.

PLANTES POUR BRISE-VENT DANS LES ÉTATS ET LES PROVINCES DU NORD
(DU DAKOTA DU SUD EN ALLANT VERS LE NORD)

Arbres	Hauteur (m)	Arbustes	Hauteur (m)
Épinette du Colorado	24 à 30	Cerisier de Virginie	2 à 6
Pin noir d'Autriche	21 à 27	Arbre aux pois	2,5 à 4
Chêne à gros fruits	21 à 24	Amélanchier Med.	2 à 4
Pin sylvestre	18 à 23	Cornouiller stolonifère	1 à 2,5
Frêne rouge	9 à 15	Chalef à fruits d'argent	1 à 2,5
Micocoulier occidental	9 à 15	Shéferdie argentée	1 à 2
Saule noir	9 à 12	Symphorine blanche	1 à 2 2
Aubépine duveteuse	5 à 8	Genévrier commun	0,5 à 1
Érable ginnala	3 à 6		

Protégé du vent *Un Jaseur d'Amérique prend son repas en toute sécurité, abrité par le feuillage.*

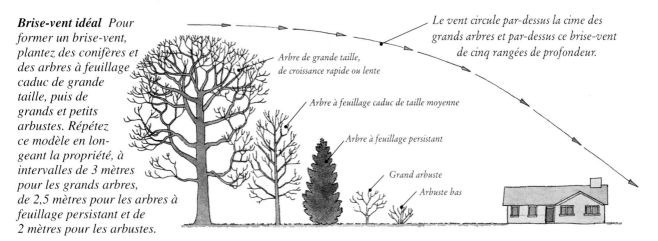

Brise-vent idéal *Pour former un brise-vent, plantez des conifères et des arbres à feuillage caduc de grande taille, puis de grands et petits arbustes. Répétez ce modèle en longeant la propriété, à intervalles de 3 mètres pour les grands arbres, de 2,5 mètres pour les arbres à feuillage persistant et de 2 mètres pour les arbustes.*

Le vent circule par-dessus la cime des grands arbres et par-dessus ce brise-vent de cinq rangées de profondeur.

Arbre de grande taille, de croissance rapide ou lente

Arbre à feuillage caduc de taille moyenne

Arbre à feuillage persistant

Grand arbuste

Arbuste bas

Plantez les plus grands arbres au fond et les plus petits arbustes devant. Variez les essences d'arbres et d'arbustes au sein de chaque rangée et choisissez les espèces qui fleurissent et produisent des fruits à différentes périodes de l'année.

Associez des arbres et des arbustes à croissance rapide et à croissance lente au sein du brise-vent, pour assurer la présence d'un abri sur une longue période de temps. Les conifères à feuillage persistant produisent des graines et servent d'abri contre les températures extrêmes. Les arbres à feuilles caduques offrent de la nourriture et des cavités propices à la nidification. Les grands et petits arbustes fournissent des sites de nidification additionnels et souvent des fruits en abondance. L'aménagement d'un écran de plantes herbacées à la lisière du brise-vent offre à la fois une source additionnelle de nourriture et un habitat de nidification pour le faisan et la caille (à la campagne) ainsi que pour des oiseaux qui se nourrissent au sol, comme les bruants.

Le long d'une propriété plus vaste, plantez les plus grands conifères en rang sinueux. Le brise-vent aura ainsi une apparence plus naturelle.

PLANTES POUR BRISE-VENT DANS LES ÉTATS DES PRAIRIES ET DES PLAINES			
Arbres	**Hauteur (m)**	**Arbustes**	**Hauteur (m)**
Noyer noir	21 à 27	Viorne à feuilles de prunier	4 à 5
Chêne à gros fruits	21 à 24	Viorne trilobée	2 à 5
Mûrier rouge d'Amérique	12 à 21	Amélanchier Med.	2 à 4
Genévrier de Virginie	12 à 15	Cornouiller stolonifère	1 à 2,5
Micocoulier occidental	9 à 15	Shéferdie argentée	1 à 2
Pommier ornemental	5 à 9	Symphorine	1 à 1,5
Aubépine	5 à 8	Genévrier commun	0,5 à 1,5
Oranger des Osages	3 à 15	Rosier grimpant	0,5 à 1
Cerisier de Virginie	2 à 6		
Cerisier de Virginie	2 à 6		

Se nourrir au sol *Le Tohi à flancs roux est à la fois granivore et insectivore.*

AIRES D'ALIMENTATION À RÉENSEMENCEMENT NATUREL

DES PLANTES SAUVAGES, telles que l'ambroisie, l'amarante, le Chénopode blanc, le sétaire et le panic comptent parmi les plus importants aliments des oiseaux *(voir page 166)*. Les graines de mauvaises herbes sont si abondantes dans le sol, qu'elles suffisent habituellement pour assurer la repousse dès qu'on retourne la terre. Une fois que vous aurez établi un petit carré de plantes sauvages dans votre jardin, vous aurez des graines pour le réensemencer régulièrement par la suite.

CRÉER UNE AIRE D'ALIMENTATION

Pendant les mois d'hiver, alors que la nourriture se fait rare et que les oiseaux ont besoin de quantités supplémentaires d'aliments pour se réchauffer, ils passent la plus grande partie de la journée à la recherche de leur subsistance. Il en va de même pen-

Quiscale rouilleux Cet oiseau grégaire, qui se nourrit au sol, est un familier des terres cultivées, des prés et d'autres habitats ouverts. Il arrive par volées entières pour fouiller le sol.

dant les longs mois d'été, alors qu'il doivent nourrir les jeunes fréquemment.

Une aire d'alimentation où pousse une nourriture prête à consommer peut aider les oiseaux dans cette quête inlassable et permettre à l'heureux amateur d'oiseaux d'observer les parents dans leur recherche et leur cueillette de ces graines d'une grande valeur alimentaire. Les fermiers et les propriétaires de vastes terrains peuvent planifier l'aménagement d'une aire d'alimentation sauvage plus étendue. Consultez le service conservation des sols pour obtenir plus de détails sur les variétés locales de plantes.

Mauvaise herbe utile Les espèces du genre *Amaranthus* sont de prolifiques productrices de graines : un seul plant peut produire plus de 100 000 graines minuscules.

ARBRES ET ARBUSTES FRUITIERS

IL FAUT UNE GRANDE variété d'arbres et d'arbustes fruitiers pour bien nourrir les oiseaux qui passent l'hiver sur place. Pour être certain d'offrir une quantité suffisante d'aliments naturels, choisissez toujours vos arbustes en tenant compte de leur capacité de production alimentaire, tout en imaginant leur apparence, en association avec le reste de votre aménagement paysager.

Une formation en massif offre une belle perspective et donne de bons résultats dans un jardin d'oiseaux. Les plantes de la même espèce produiront vraisemblablement des fruits en même temps, augmentant les quantités de nourriture disponible. Idéalement, vous devriez planter plusieurs massifs différents d'arbres et d'arbustes qui produisent de la nourriture et offrent un abri toute l'année. Il faut donc choisir des espèces à feuillage persistant et d'autres à feuillage caduc.

Des arbres tels que le Mûrier rouge d'Amérique et le Houx touffu possèdent des sujets mâles et femelles et ont besoin d'un apport de pollen par contact pour assurer une bonne production de fruits. En plantant cinq individus de chaque espèce, on en garantira la survie d'au moins trois ou quatre.

Conifère nain *Un arbuste à croissance basse, comme ce Picea pungens 'Montgomery', forme un épais couvre-sol, particulièrement quand on le plante en massifs.*

Insectivore *Le joyeux Bruant à gorge blanche fréquente plusieurs sites du jardin, notamment la base des massifs d'arbustes. Son sifflement s'entend tout au long de l'année.*

Arbustes regroupés *Un coin de terrain planté de plusieurs Cornouillers à grappes garantit presque à coup sûr la venue d'oiseaux intéressés à s'y nourrir et y nicher. C'est un bel ajout à tout aménagement paysager.*

OISEAUX CHANTEURS ET COLIBRIS

Si vous choisissez des fleurs de jardin qui produisent un grand nombre de graines, vous serez surpris de la variété des oiseaux chanteurs qui fréquenteront vos plates-bandes.

JARDINS D'OISEAUX CHANTEURS

Parmi les fleurs de prédilection des oiseaux chanteurs, un grand nombre appartiennent à la famille du tournesol. Les graines de ces plantes sont consommées en grande quantité par le Chardonneret élégant et le Roselin familier. L'agréable voix de ce dernier se fait entendre en toutes saisons puisqu'il fréquente les mangeoires pendant l'hiver et les bains d'oiseaux toute l'année, là où la température le permet.

Le chant joyeux du Cardinal rouge est l'un des premiers signes du printemps. Peut-être apercevrez-vous la robe écarlate du mâle en quête de nourriture ? La Paruline jaune est un oiseau migrateur qui fait son apparition dans le jardin au début du printemps. Son menu se compose presque entièrement d'insectes glanés dans le feuillage des arbres et des arbustes, bien qu'il se nourrisse aussi de baies mûres à la fin de l'été.

Qui peut ignorer la dynamique personnalité du Moqueur polyglotte ? Cet oiseaux est un frugivore convaincu, particulièrement pendant l'hiver.

CHOIX DE PLANTES

La plupart des plantes énumérées dans le tableau ci-dessous pousseront, en été et en sol humide, dans toute l'Amérique du Nord. Un grand nombre exigent un endroit découvert et ensoleillé. Fertilisez le sol tous les mois, suivant les recommandations. Arrosez mais ne détrempez pas les racines. Étendez un paillis. Laissez les sommités fleuries monter en graines au profit des oiseaux d'automne et d'hiver.

Beauté pourpre Ce Buddleia à floraison surtout estivale se nomme aussi Lilas de Chine ou Arbuste aux papillons.

FLEURS ORNITHOPHILES POUR JARDINS D'ÉTÉ NORD-AMÉRICAINS

Aster (*Aster* sp.)
Centaurée bluet (*Centaurea hirta*)
Centaurée américaine (*Centaurea americana*)
Campanule (*Campanula* sp.)
Rudbeckie (*Rudbeckia* sp.)
Blessed thistle ** (*Carduus benedictus*)
Souci des jardins (*Calendula officinalis*)
Eschscholtzie de Californie (*Eschscholzia californica*)
Reine-marguerite commune (*Callistephus chinensis*)

Chrysanthème (*Chrysanthemum* sp.)
Coréopsis (*Coreopsis* sp.)
Bluet (*Centaurea cyanus*)
Cosmos (*Cosmos* sp.)
Crête-de-coq (*Celosia cristata*)
Comméline (*Commelina* sp.)
Centaurée cendrée(*Centaurea cineraria*)
Amarante queue-de-renard (*Amaranthus caudatus*)
Phlox (*Phlox* sp.), particulièrement *P. drummondii*
Pourpier (*Portulaca* sp.), particulièrement

le rose moussu (*P. grandiflora*)
Célosie à épi plumeux (*Celosia plumosa*)
Calandrinie (*Calandrinia* sp.)
Centaurée ambrette (*Centaurea imperialis*)
Silène (*Silene* sp.)
Tournesol (*Helianthus annuus*)
Scabieuse des jardins (*Scabiosa atropurpurea*)
Madie élégante (*Madia elegans*)
Verveine (*Verbena hybrida*)
Zinnia élégant (*Zinnia elegans*)

PLANTES FAVORITES DES COLIBRIS

Nom vulgaire	Nom latin	Type de plante
Monarde	Monarda didyma	herbacée vivace
Buddleia de David	Buddleia davidii	arbuste
Ancolie du Canada	Aquilegia canadensis	herbacée vivace
Lobélie du cardinal	Lobelia cardinalis	herbacée vivace
Citrus	Citrus sp.	arbre
Érythrine	Erythrina sp.	arbre
Coralbells	Heuchera sanguinea	herbacée vivace
Quatre-heures	Mirabilis jalapa	herbacée vivace
Fuchsia	Fuchsia sp.	arbuste à fleurs
Ketmie	Hibiscus sp.	arbuste à fleurs
Guimauve	Althaea sp.	herbacée vivace
Chèvrefeuille	Lonicera dioica, L. ciliosa, L. sempervirens	arbuste à fleurs ou grimpant
Castilléjie	Castilleja sp.	herbacée annuelle et vivace
Impatiente	Impatiens sp.	herbacée annuelle
Dauphinelle	Consolida ambigua	herbacée annuelle
Lemon bottlebrush	Callistemon lanceolatus	arbuste
Ipomée	Ipomœa sp.	grimpante annuelle
Penstémon	Penstemon sp.	herbacée vivace
Pétunia	Petunia sp.	herbacée annuelle
Phlox	Phlox drummondii et sp.	herbacée annuelle et vivace
Sauge	Salvia sp.	herbacée annuelle et vivace
Haricot d'Espagne	Phaseolus coccineus	légumineuse grimpante cultivée
Jasmin trompette	Campsis radicans	grimpante indigène
Weigela	Weigela sp.	arbuste à fleurs
Zinnia élégant	Zinnia elegans	herbacée annuelle

Réserve de graines *Un Chardonneret mineur cherche des graines dans les tournesols, l'une des principales sources d'alimentation de cet oiseau chanteur. Au moins 40 espèces d'oiseaux se nourrissent de ces graines.*

Bon grimpeur *Ce gadellier relativement rustique, à fleurs pendantes, fournit une nourriture abondante à de nombreux oiseaux chanteurs. Ses fruits sont rouges et ronds. Si on le fait grimper le long d'un mur orienté au sud ou à l'ouest, il donnera d'excellents résultats.*

LES COLIBRIS

Le Colibri à gorge rubis est le seul colibri qui vive dans les États américains de l'Est, exception faite de quelques colibris égarés, provenant de l'Ouest ou des Caraïbes. Ces oiseaux sont plus communs dans les États de l'Ouest et particulièrement dans ceux du sud-ouest. On en trouve au moins quatorze espèces dans ces États, et certaines sont des visiteurs toute l'année.

Les colibris appartiennent à la famille des trochilidés. Ce sont des virtuoses du vol, qui exécutent jusqu'à 90 battements d'ailes à la seconde. Ces oiseaux minuscules volent souvent à reculons ou sur place lorsqu'ils recueillent le nectar et les insectes au creux de fleurs tubulaires aux couleurs vives. Le Colibri d'Anna est probablement le plus grand

TAILLE
9,5 cm

Colibri roux *Cette espèce niche plus au nord que tout autre colibri, jusqu'en Alaska et dans la partie sud du Yukon.*

consommateur. Avec son bec étroit et sa langue extensible, il doit recueillir le nectar d'environ 1 000 fleurs par jour. Jusqu'à vingt Colibris à gorge rubis peuvent parfois visiter le même coin de jardin, y recherchant frénétiquement nectar et insectes. Pendant que l'oiseau se nourrit, le pollen de la fleur se dépose sur sa tête et est transporté vers la fleur suivante, ce qui contribue à la pollinisation de la plante.

La sève qui s'écoule des trous pratiqués par les pics est également recherchée et tous les colibris fréquentent volontiers les abreuvoirs d'eau sucrée. *(Voir les pages 134 et 150 pour plus d'information sur des espèces spécifiques.)*

POUR ATTIRER LES COLIBRIS

Choisissez des espèces qui produisent des fleurs aux couleurs vives. Les fleurs orange et rouges sont les plus fréquemment visitées, mais les fleurs jaunes, roses, pourpres et bleues sont également convoitées. Un massif de la même fleur fait un ensemble frappant. Assurez-vous par ailleurs de choisir des plantes qui fleuriront continuellement du printemps à l'automne. Consultez la liste de plantes de la page précédente et réclamez certaines couleurs spécifiques à votre pépiniériste. Il existe aussi des arbres et des plantes grimpantes qui attirent les colibris. Installez un vaporisateur près de la plate-bande, car les colibris aiment prendre un bain rapide en traversant un fin rideau de bruine et en recueillant de l'eau dans leurs plumes au passage. Cette activité rafraîchit également leur corps menu.

Monarde

Bugle

Colibri à gorge rubis *Cette espèce hiverne en Amérique centrale. Un de ses représentants s'abreuve ici du nectar d'un Cœur-saignant.*

Jasmin trompette

TAILLE 9 à 10 cm

Colibri d'Anna *Espèce résidante de la côte du Pacifique, qui visite les fleurs du Fuchsia, du Tabac et de l'Agave américain, dont elle recueille le nectar.*

AMÉNAGER UN JARDIN EN ÉTAGES

Érigez une cascade de plantes le long de la maison en fixant un treillis de bois à un mur extérieur orienté plein soleil. Plantez du Jasmin trompette de Virginie ou l'une des variétés de Chèvrefeuille grimpant de couleurs vives et faites grimper ces plantes le long du treillis. Placez des arbustes, tels le Fuchsia et le Quatre-heures, au pied du treillis. Devant, disposez des petites herbacées fleuries et parfumées, comme le Phlox, le Bugle et l'Ancolie du Canada.

Fuchsia

Ancolie

TAILLE 9,5 cm

Colibri à gorge noire *Semblable au Colibri à gorge rubis, à la différence que le mâle porte une bande violette sous sa gorgerette noire.*

Chapitre deux

POUR UNE PLANTATION RÉUSSIE

ON PEUT SE PROCURER des arbres et des arbustes qui attirent les oiseaux à la pépinière locale ou en les commandant par la poste chez un pépiniériste qui offre ce service *(voir page 169)*. Certains facteurs sont déterminants pour le succès de votre jardin d'oiseaux : la sélection d'espèces tolérantes au climat et au sol de votre région, une préparation adéquate du site de plantation et des soins appropriés après la plantation. Selon un vieil adage de jardinier, si vous n'avez que 20 $ à dépenser pour un arbre, il vaut mieux consacrer 1 $ à l'achat et le reste à la préparation du terrain et à l'entretien subséquent de l'arbre pendant sa période d'adaptation au milieu. Le chapitre deux recèle des conseils sur la façon de planter des arbres et des arbustes qui vous raviront et qui feront la joie des oiseaux.

Terre nourricière
La Corneille d'Amérique préfère chasser les vers sur une pelouse sommairement entretenue.

Outils de jardinage
Faits pour vous aider à jardiner sans peine, les petits outils sont faciles à manipuler et à entretenir.

Variété et harmonie
Seule une bonne planification peut permettre de créer un effet comme celui-ci.

LE CHOIX DES ARBRES ET DES ARBUSTES

C'EST UNE DÉCISION impor-tante que celle d'acheter un arbre ou un arbuste.

Vous pouvez vous procurer des plantes emmottées dans une toile de jute, cultivées en pots ou à racines nues. Vous pouvez obtenir ces dif-férents types de plantes dans une pépinière ou un commerce hor-ticole local ou auprès d'une pépi-nière spécialisée dans les com-mandes postales. *(Voir pages 168 et 169.)*

On peut acquérir des plan-tes de tailles variées et à divers stades de croissance. Les ar-bres plus vieux plus vieux confèrent un aspect plus sédui-sant au jardin. Cependant, leur prix est plus élevé. En revan-che, les arbres plus jeunes éta-blissent plus rapidement leur système radiculaire dans un nouveau site.

Vérifiez si l'arbre ou l'ar-buste possède une cime de croissance saine et si ses racines sont exemptes de maladies et non endommagées. Examinez les sys-tèmes de branches et de racines de la plante pour voir s'ils sont en bon état.

ARBRES EMMOTTÉS DANS UNE TOILE DE JUTE

Les arbres à feuilles caduques mesurant plus de trois mètres et de nombreuses variétés d'arbres à feuilles persistantes sont vendus en mottes emballées dans une toile de jute, particulièrement les palmiers de deux mètres et plus. Les plantes cultivées à la pépinière coûtent habituellement plus cher que les plantes à racines nues, mais elles ont été transplantées

Emmotté dans une toile de jute *Voici un bon exemple d'arbre en motte emballée dans une toile de jute : la motte de racines est ferme et l'emballage intact. Évitez les plantes qui sont à l'étroit dans leur pot et dont les racines sont saillantes.*

à plusieurs reprises et leurs racines ont été émon-dées plus d'une fois. Ces plantes ont des systè-mes radiculaires robustes et bien déve-loppés. Une motte de racines ferme et un emballage intact sont de bons critères de réussite.

PLANTES EN POTS

De nombreux détaillants vendent des plantes cultivées en pots. À taille égale, celles-ci coûtent plus cher que les plantes à racines nues ou emmottées dans de la toile de jute. C'est une façon particuliè-rement avantageuse pour vous d'acheter certains arbres et cer-tains arbustes difficiles à trans-planter, car vous ne dérangez pas autant les racines.

Quand vous achetez un arbre ou un arbuste, retirez-le d'abord de l'emballage, si c'est possible, et examinez les racines. Celles-ci ont-elles complètement envahi le pot ? De grosses racines sortent-elles par les trous de drai-nage ? Si oui, choisissez une autre plante car, à l'étroit dans leur pot, ces plantes peuvent avoir des pro-blèmes de reprise, même dans de bonnes conditions.

La terre en motte doit adhé-rer aux racines lorsque vous retirez la plante de l'emballage, sinon le système radiculaire de celle-ci n'est pas établi et vous feriez mieux de choisir une autre plante. La taille du récipient devrait être proportionnelle à la taille de l'arbre ou de l'arbuste et son diamètre devrait être équivalent au quart de la hauteur de la plante, pas moins. Le mélange d'empotage est également important, car les arbres et les arbustes empotés dans un mélange à base radicelles est un bon signe. Cela signifie que les racines ont été taillées annuellement, pratique qui favorise une forte croissance. Examinez bien les racines pour vous assurer qu'elles ne sont pas sèches, atteintes de maladies ou endommagées. La transplantation réussira mieux si les racines n'ont pas souffert de sécheresse. N'achetez pas d'arbres ou d'arbustes dont la motte de racines ne s'est développée que d'un côté, car ces plantes s'adapteront mal à leur nouveau site.

Ramure équilibrée

ARBRE CULTIVÉ EN POT

Déconseillé *Des racines fortement comprimées et entortillées sont synonyme de croissance appauvrie.*

Bon exemple *Le système radiculaire de cet arbre est bien établi : il poussera normalement.*

Cultivé en pot *Avant d'acheter un arbre, retirez-le de l'emballage, si c'est possible, et examinez bien les racines. Rejetez les plants dont les racines sont congestionnées.*

de terre s'adaptent plus rapidement à leur nouveau milieu que ceux qui ont été cultivés dans d'autres substrats.

PLANTES À RACINES NUES

La plupart des arbres et des arbustes vendus à racines nues sont des espèces à feuillage caduc, cultivées à l'extérieur et déracinées en ne laissant que très peu de terre autour des racines. Achetez de préférence ce type d'arbre ou d'arbuste à l'automne ou au début du printemps, alors qu'ils ne sont pas en période de croissance. Examinez le plant avec soin et voyez si les racines sont bien développées et s'étendent normalement dans toutes les directions. La présence de

ARBRE À RACINES NUES

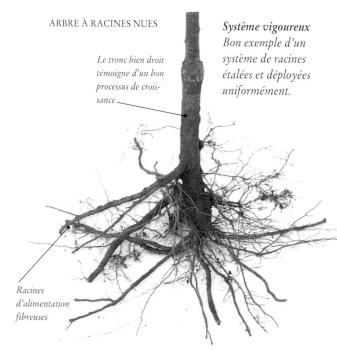

Le tronc bien droit témoigne d'un bon processus de croissance

Système vigoureux *Bon exemple d'un système de racines étalées et déployées uniformément.*

Racines d'alimentation fibreuses

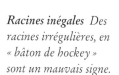

Racines inégales *Des racines irrégulières, en « bâton de hockey » sont un mauvais signe.*

Racines étroitement enroulées *Ce système radiculaire n'est pas suffisamment établi.*

PLANTER DES ARBRES ET DES ARBUSTES

IL EST IMPORTANT de donner aux jeunes plantes les meilleures conditions de croissance. Le climat, le type de sol ainsi que la quantité de lumière et de protection disponibles jouent sur leur développement. Si les gelées de printemps sont courantes, choisissez des plantes dont les feuilles apparaissent tardivement. Choisissez le meilleur emplacement possible, car les microclimats d'un jardin peuvent varier considéra-blement. En région côtière, un site abrité est préfé-rable parce que les embruns salés peuvent dessécher le feuillage et endommager les bourgeons de crois-sance.

Vérifiez si les arbres ne risquent pas, au cours de leur croissance, d'entrer en contact avec les fils aériens, ni avec les câbles et les tuyaux souterrains. Certains pépiniéristes vendent des arbres et des

PLANTATION D'UN ARBRE CULTIVÉ EN POT

1 Délimitation du site
Tracez un cercle 2 ou 3 fois plus grand que le diamètre de la motte. Enlevez le gazon ou l'herbe par pla-ques. Creusez un trou dont la profondeur n'excède pas l'épaisseur de la motte.

2 Préparation du trou
Au moyen d'une fourche à bêcher de bonne dimension, ameublissez le sol des côtés du tronc, puis celui du fond. Mélangez à la terre de la matière organique bien décomposée.

3 Tuteurage
Si vous utilisez un tuteur unique, enfoncez-le solide-ment dans le trou, légère-ment décentré et du côté du vent dominant.

4 Dégagement des racines
Couchez la plante et sortez-la du pot avec soin. Dégagez les racines sans briser la motte. Enlevez bien toutes les mauvaises herbes pré-sentes dans la terre.

5 Mise en place
Placez l'arbre à côté du tuteur et étalez les racines. Placez une longue baguette de bois en travers du trou pour en vérifier la bonne profondeur.

6 Remplissage du trou
Ajoutez de la terre de sur-face, en agitant délicatement la plante, puis formez un anneau de terre pour retenir l'eau de pluie et d'arrosage.

7 Taille et élagage
Rabattez les branches endommagées et les tiges latérales frêles. Entourez la base d'un paillis de 6 à 8 cm d'épaisseur pour retenir l'humidité.

arbustes à racines nues dont les racines, et souvent aussi les branches, ont été élaguées avant la livraison. Les meilleures saisons pour planter ces arbres et arbustes à feuilles caduques et à racines nues sont le début du printemps et le début de l'automne.

L'été est une période de stress pour ces plantes, car l'eau s'évapore rapidement et, à la fin de l'automne, le temps leur manque pour se former un système radiculaire suffisant pour l'hiver.

La méthode de plantation des arbres et des arbustes à racines nues est semblable à celle des plantes cultivées en pots. Pour les plantes emmottées dans une toile de jute, le trou doit être deux fois plus large que la motte. Si la plantation se fait en sol argileux et lourd, prévoyez un trou trois fois plus large que la motte. Vous pouvez améliorer le drainage en sol argileux en plaçant la partie supérieure des racines juste au-dessus du sol argileux et en couvrant le dessus de six à huit centimètres de bonne terre de surface, laissant un espace de trois à six centimètres de largeur autour du tronc. Arrosez copieusement et couvrez d'un généreux paillis. Les arbustes de taille moyenne ou de grande taille n'ont pas besoin de tuteur, sauf les rosiers.

TREMPAGE DES PLANTES

Au moment de la livraison, inspectez les plantes attentivement. Si les racines paraissent asséchées, mettez-les à tremper dans l'eau pendant plusieurs heures. S'il fait trop froid pour planter, déballez les plantes, aspergez d'eau la partie supérieure et les racines, puis couvrez celles-ci de tourbe humide et d'une toile. Gardez les plantes en attente dans un endroit frais, mais à l'abri du gel. S'il fait chaud, mais que vous n'êtes pas prêt à planter les arbres ou les arbustes, creusez une tranchée peu profonde dans un coin frais et humide du jardin, en vue d'une plantation temporaire dite « mise en jauge ».

PLANTATION D'UN ARBRE
OU D'UN ARBUSTE EMMOTTÉ

Préparation *Creusez un trou d'un diamètre 2 à 3 fois plus grand que la motte. Mélangez de la matière organique à la terre. Placez la plante dans le trou et défaites l'emballage.*

Déballage *Si la motte est emballée dans une « toile » en plastique, retirez doucement l'emballage sans déranger la motte. Remplissez, tassez et arrosez.*

MISE EN JAUGE

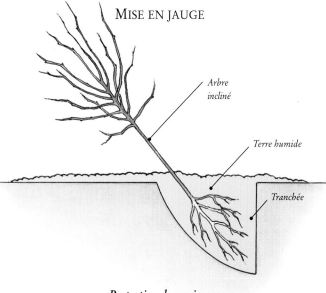

Arbre incliné

Terre humide

Tranchée

Protection des racines
*Déficelez et alignez les plants dans la tranchée.
Arrosez et foulez le sol pour éliminer les poches d'air.
Maintenez le sol humide jusqu'au moment de planter.*

TUTEURAGE DES ARBRES

IL EST PARFOIS nécessaire de soutenir le tronc d'un jeune arbre ou d'un jeune arbuste étant donné que leur nouveau système radiculaire peut exiger quelques saisons de croissance avant d'être établi.

Les vents forts peuvent endommager le tronc des arbres et obliger ceux-ci à pousser obliquement. Pour prévenir cette situation, il peut être nécessaire de recourir au tuteurage.

SOUTENIR LES ARBRES

La méthode choisie pour soutenir le jeune arbre dépend du type d'arbre et du site de plantation. De nombreux jardiniers traditionnels préfèrent encore utiliser un tuteur long, enfoncé dans le sol, du côté du vent dominant. Mais maintenant, on utilise souvent un tuteur plus court, ce qui n'entrave pas les mouvements naturels de l'arbre sous l'action du vent et réduit les risques de rupture du tronc. La profondeur du tuteur dans le sol est habituellement de 45 à 50 centimètres environ. Avec les arbres à tronc

Tuteur long *Enfoncez un tuteur long avant de planter. Fixez l'arbre au tuteur à l'aide de deux attaches à coussinets ou à boucle et à entretoise.*

Tuteur court *Permet au tronc du jeune arbre de bouger un peu ; insérez-le pour que la partie hors terre soit d'environ 45 cm seulement.*

flexible, utilisez un tuteur long pendant la première année, raccourcissez-le ensuite à la prochaine saison de croissance, après quoi, si l'arbre est établi, vous pouvez retirer le tuteur à la troisième saison.

LES TUTEURS COURTS

Pour soutenir un arbre cultivé en pot ou acheté en motte de toile de jute, utilisez un tuteur court et fichez-le dans le sol obliquement, face au vent. Vous éviterez d'endommager la motte de racines, même si vous procédez au tuteurage après la plantation. Ou encore, fichez deux ou trois tuteurs courts dans le sol, espacés également autour de l'arbre et à l'extérieur de l'emplacement de la motte de racines. Si l'endroit est venteux, enfoncez un tuteur long de chaque côté.

Arrimez les gros arbres à l'aide de haubans fixés à des tuteurs courts. Recouvrez ces cordes de tuyau flexible ou de ruban adhésif blanc pour les rendre visibles et éviter que quelqu'un ne trébuche dessus.

Tuteur oblique *Ajoutez un tuteur court après la plantation. Enfoncez-le dans le sol à 45°.*

Deux tuteurs *Fichez un tuteur en terre de chaque côté de l'arbre et fixez-les à l'arbre au moyen d'attaches en caoutchouc.*

INSTALLATION DE HAUBANS

Tuyau d'arrosage *Des coussinets faits de tronçons de tuyau d'arrosage protègent le tronc de l'arbre au point d'attache des haubans.*

Brides en U *Les haubans sont fixés aux tuteurs au moyen de brides en U réglables.*

Système de soutien *Attachez les haubans, faits de fil métallique multibrins ou de corde de nylon, à des tuteurs courts fichés en terre, à 45°, à bonne distance de l'arbre. Répartissez les haubans autour de l'arbre et fixez-les aux tuteurs.*

FIXATION DES ATTACHES

LES ATTACHES D'ARBRES doivent être extrêmement solides et s'adapter à la circonférence de l'arbre en croissance, faute de quoi elles pourraient pénétrer dans l'écorce. Divers types d'attaches commerciales sont disponibles, mais vous pouvez en fabriquer à l'aide de sangles de nylon ou de tuyau de caoutchouc. Une entretoise ou une attache à coussinet en forme de huit clouée au tuteur vertical empêchera celui-ci de frotter contre l'écorce. Si vous utilisez plusieurs tuteurs,

Attache de type boucle et entretoise *La boucle est tendue, mais l'entretoise protège.*

Attache en caoutchouc *Par précaution, clouez au tuteur l'attache en caoutchouc.*

attachez l'arbre à ces tuteurs à l'aide d'une solide lanière en caoutchouc ou en plastique.

Quand vous utilisez l'attache de type boucle et entretoise, faites passer l'attache dans l'entretoise, autour de l'arbre et de nouveau dans l'entretoise. Bouclez-la de façon à ce qu'elle soit tendue mais pas au point d'endommager l'écorce. Quand vous utilisez une attache sans boucle, clouez-la au tuteur pour empêcher les dommages par friction. Servez-vous de clous galvanisés.

TRANSPLANTER DES SUJETS SAUVAGES

LES ARBRES ET LES ARBUSTES sauvages ont l'avantage d'être économiques, robustes et adaptés aux conditions locales de sol. En outre, ils résistent mieux aux insectes et aux maladies. Demandez toujours la permission au propriétaire du terrain, et ne prélevez pas les plantes rares qui sont sur la liste des espèces menacées ou en danger de disparition.

Les sauvageons ont souvent des racines et des branches emmêlées à celles des plantes voisines. Les racines maîtresses peuvent être peu nombreuses et étendues, d'où la difficulté de transplanter une quantité suffisante de racines, aussi faut-il toujours choisir des plantes isolées. Choisissez la plante au début du printemps et transplantez-la au printemps suivant.

Au début du printemps, taillez les racines à l'aide d'une bêche, en pratiquant une incision de 20 centimètres de profondeur tout autour de l'arbre, à une distance de 60 centimètres du tronc. De cette façon, vous obligerez les racines à se ramifier au cours de la saison de croissance suivante et à former un système radiculaire compact et fibreux plus près du tronc ou de la couronne arbustive.

Au début du printemps suivant, soulevez la plante à la pelle, en prélevant autant de terre que possible. Enveloppez la motte de racines dans une toile de jute. Plantez-la sur le nouveau site. Étalez les racines et assurez-vous qu'elles sont à la même profondeur qu'auparavant. Remplissez le trou de terre aux trois quarts. Arrosez pour éliminer les poches d'air. Finissez de remplir le trou avec de la terre meuble. Érigez une étroite bordure autour du trou pour mieux retenir l'eau. Pour maintenir l'humidité de la terre, recouvrez la base de la plante d'un paillis de huit centimètres d'épaisseur.

Ensuite, coupez un tiers des branches près du tronc ou des branches maîtresses sans dénaturer la forme initiale. Cet élagage a pour but de réduire la quantité de feuilles et de tiges et d'équilibrer la partie aérienne de la plante avec le système radiculaire réduit.

ÉCONOMISER L'EAU

DANS LES CLIMATS arides, il est très important d'économiser l'eau soit en utilisant un tuyau percé en toile (à gauche), soit une sonde (à droite). Ces méthodes permettent d'appliquer l'arrosage directement aux racines des arbres et des arbustes. L'approvisionnement d'une plante en eau est limité par le développement de son système radiculaire, mais aussi et principalement par la vitesse d'absorption d'eau du sol. Celui-ci n'absorbe environ qu'1 cm d'eau à l'heure. Il est donc préférable d'arroser lentement pour que l'eau descende profondément dans le sol. Le paillage de la surface du trou de plantation améliore le taux de pénétration de l'eau de pluie et réduit l'évaporation au minimum. Plusieurs systèmes d'irrigation lente, en filet ou au goutte-à-goutte, sont conçus pour économiser l'eau. Prenez la peine d'en évaluer la rentabilité ainsi que les avantages pour les plantes.

Tuyau percé Cette méthode est utilisée dans les habitats arides pour appliquer l'eau directement aux racines.

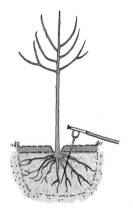

Sonde d'arrosage Cet instrument envoie l'eau directement au système radiculaire.

PROTECTION CONTRE LES PRÉDATEURS

EN HIVER, quand les tendres bourgeons, les brindilles, les graines et d'autres aliments favoris des oiseaux ont déjà été mangés ou enterrés sous la neige, l'attention des mulots, des lièvres et des cerfs se porte souvent vers l'écorce des jeunes arbres et arbustes. Ce genre d'écorçage hypothèque grandement la reprise de la croissance.

MATÉRIAUX DE PROTECTION

Pour protéger l'arbre, entourez-le de grillage léger que vous maintiendrez en place à l'aide de quelques tuteurs. Ou utilisez des spirales de protection en plastique flexible ou des protecteurs en filet à mailles ou en plastique rigide. Il existe aussi des protecteurs d'arbres en filet de plastique biodégradable, hauts de 60 centimètres à 1,8 mètre. Informez-vous auprès de votre fournisseur concernant l'utilisation d'un abri d'arbre sur un site exposé.

Jeune prunier Sans protection, ce tronc est à la merci d'un animal de passage qui aurait un faible pour l'écorce.

Pour réduire les dommages causés par les mulots et les lièvres, éloignez, à l'automne, le paillis végétal des troncs des arbres et arbustes nouvellement plantés ou enveloppez le tronc d'un grillage métallique à mailles de 6 mm au moins jusqu'à 60 cm au-dessus du niveau moyen d'enneigement.

POUR ÉLOIGNER LES CERFS

Il n'est pas facile d'écarter les cerfs, car ils s'enhardissent à la nuit tombée et viennent souvent brouter les jeunes plants jusque dans les banlieues. Pour les en dissuader, parsemez de la poudre de sang, disponible dans les centres de jardinage, et des cheveux coupés autour de leurs plantes de prédilection. Du savon parfumé suspendu dans des filets autour des arbres ou des arbustes, les éloigne également. Il semble que les cerfs évitent les endroits où ils flairent l'odeur d'autres mammifères.

Protection sûre Une barrière en grillage métallique fixée par des tuteurs.

Support résistant En plastique rigide, il convient aux sites en montagne.

Enveloppe résistante Un protecteur en caoutchouc ou en plastique épais est efficace.

Protecteur flexible La spirale protectrice est faite de plastique flexible.

Chapitre trois

LES NICHOIRS

Hibou nocturne
Petit-duc maculé dans la cavité qui lui sert de nid.

Prudence redoublée
Roselins de Cassin mâle et femelle s'assurent qu'aucun prédateur ne rôde avant d'entrer au nichoir.

Petit trésor
Deux minuscules œufs de colibri reposent au creux d'un doux nid cerclé de feuilles.

L A RARETÉ des sites de nidification empêche souvent les oiseaux d'occuper certains habitats par ailleurs excellents. En installant des nichoirs, on contribue à l'accroissement des populations de diverses espèces d'oiseaux et non plus seulement des espèces qui nichent dans les cavités. Même les espèces qui font leur nid au faîte des arbres, comme le Grand-duc d'Amérique et la Chouette lapone, s'accommodent de nichoirs en plate-forme. Conçus avec soin pour éloigner les prédateurs et résister aux éléments, ces nichoirs offriront aux oiseaux des nids plus sûrs que les sites naturels. Vous trouverez dans le chapitre trois des conseils sur la façon de construire des nichoirs avec des matériaux économiques, ainsi que des commentaires sur l'importance d'intégrer ces nichoirs à l'habitat naturel.

CONSTRUCTION D'UN NICHOIR CLASSIQUE

NUL BESOIN d'être ébéniste pour construire un nichoir, la plupart des oiseaux n'ayant cure de l'esthétique de leur logis, mais certaines techniques améliorent les chances de succès : des joints scellés à l'aide de silicone auront meilleure apparence tout en empêchant la pluie d'envahir le nid. Contre la rouille, utilisez des clous galvanisés et des vis, des charnières et des crochets en cuivre ou cuivrés. Choisissez la latte de plancher de 150 mm, le cèdre blanc de 20 mm et le contreplaqué épais pour l'extérieur. L'épicéa, le pin et le peuplier, faciles à travailler, peuvent durer plusieurs années.

ASSEMBLAGE

Respectez bien les dimensions et assurez-vous que chaque arête coïncide avec l'arête correspondante, comme le montrent les schémas. Pour fixer le nichoir à un arbre ou à un poteau, percez un petit trou en haut et en bas de la planche arrière. Clouez les côtés au plancher, puis clouez l'arrière et la façade. Pour articuler le toit, fixez une bande en matériau hydrofuge (une chambre à air fera parfaitement l'affaire). Vissez les crochets et les œillets pour l'assujettir. Pour empêcher les prédateurs d'agrandir l'ouverture, fixez une plaque de métal autour du trou.

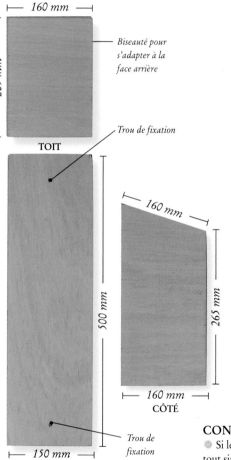

160 mm

205 mm

Biseauté pour s'adapter à la face arrière

TOIT

Trou de fixation

Trou de fixation

FACE ARRIÈRE

150 mm

500 mm

Trou de fixation

Crochets et œillets

Clous 38 mm

Biseauté pour s'adapter à la pente du toit

Plaque de métal

265 mm

Pièce pour façade mi-hauteur

150 mm

FAÇADE FERMÉE

160 mm

73°

312 mm

160 mm

CÔTÉ

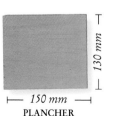

130 mm

150 mm

PLANCHER

Sangle

Broquettes

160 mm

265 mm

160 mm

CÔTÉ

Trou de fixation

NICHOIR TERMINÉ

CONSEILS PRATIQUES

● Si le toit n'est pas articulé, vissez-le tout simplement.

● Percez le trou au vilebrequin ou forez une série de petits trous en cercle que vous découperez ensuite à l'aide d'une scie à chantourner.

● Le bois doit toujours être traité avec des antiseptiques à bois non toxiques.

L'EMPLACEMENT DU NICHOIR

L'emplacement d'un nichoir est de première importance : c'est ce qui incitera les oiseaux qui visitent les jardins pendant l'hiver à y demeurer jusqu'à la saison de reproduction. Certaines espèces nicheront dans des coins secrets du jardin et y élèveront leur famille, si vous placez le nichoir au bon endroit. Les Troglodytes familiers, les mésanges, les merlebleus et autres espèces qui nichent dans des cavités peuvent déménager dans un nichoir. On l'installe de préférence à l'abri du soleil et des fortes pluies, à 1,5 mètre du sol ou plus. Le meilleur moyen d'installer un nichoir dans un arbre consiste à fixer un support de bois à l'arrière du nichoir et à caler ce support entre les branches. La question de la protection contre les prédateurs est traitée à la page 55.

Entrée protégée   Les petits orifices, comme ceux qui donnent accès aux cavités des vieux arbres, sont habituellement en nombre limité dans un jardin. Bien des oiseaux de petite taille adopteront d'emblée la solution du nichoir fermé.

TABLE DES DIMENSIONS (NICHOIR CLOS)

Les dimensions du nichoir et du trou d'entrée sont des facteurs importants qui déterminent quelle espèce d'oiseau utilisera tel ou tel nichoir. Certaines espèces, en effet, sont attirées par des nichoirs de dimensions spécifiques. En suivant les instructions ci-dessous, les espèces désirées viendront utiliser vos nichoirs.

	Plancher du trou	Diamètre du trou	Hauteur	Remarques
Mésanges	100 x 100 mm	30 mm	180 mm	Tapissez l'intérieur de copeaux de bois
Sittelles	100 x 100 mm	35 mm	180 mm	Tapissez l'intérieur de copeaux de bois
Troglodyte familier	100 x 100 mm	30 mm	180 mm	
Merlebleus	100 x 100 mm	35 mm	205 mm	
Hirondelle bicolore	130 x 130 mm	38 mm	130 mm	
Pic mineur	100 x 100 mm	35 mm	180 mm	Tapissez l'intérieur de copeaux de bois
Pic chevelu et Pic à tête rouge	150 x 150 mm	52 mm	250 mm	Placez le nid à une hauteur de 4 à 6 m et tapissez l'intérieur de copeaux de bois
Pic flamboyant	180 x 180 mm	64 mm	382 mm	Tapissez l'intérieur de copeaux de bois

MAISONS DE MERLEBLEUS

ON FABRIQUE des maisons de merlebleus depuis au moins 150 ans. Cependant, c'est seulement au cours des 40 dernières années, à la suite de la diminution des populations de merlebleus, qu'on s'est intéressé aux nichoirs comme moyen d'aider ces oiseaux à rétablir leur population. Celle des Merlebleus de l'Est a chuté d'au moins 90 % depuis 1940. Quant aux populations de Merlebleus de l'Ouest et de Merlebleus azurés, elles ont aussi décliné, quoique de façon moins radicale.

Le déclin du merlebleu coïncide avec la reforestation de grandes superficies autrefois vouées à l'agriculture. Il coïncide également avec l'utilisation large de pesticides de longue durée et avec l'introduction de deux espèces concurrentes : le Moineau domestique et l'Étourneau sansonnet. La perte des cavités de nidification que l'oiseau trouvait dans les vieux vergers et dans les clôtures de bois des grandes propriétés, explique probablement en partie sa diminution.

LE BON EMPLACEMENT

Une armée de bénévoles s'est mise, au cours des dernières décennies, à construire des maisons de merlebleus. Pour faciliter la surveillance de ces nichoirs, on les a installés le long de « pistes ». De cette manière, il est plus facile d'en vérifier le contenu et d'en faire l'entretien régulier. Ces oiseaux nichent rarement dans les régions urbaines ou boisées. Ils préfèrent la campagne parsemée d'arbres et d'arbustes.

Leurs habitats favoris sont les grandes pelouses, les pâturages, les terrains de golf, les parcs et autres grands espaces découverts. Les ornithologues amateurs qui disposent d'un grand jardin largement ouvert pourront ainsi encourager les merlebleus à fréquenter leur propriété et, qui sait, à y nicher.

INSTALLATION ADÉQUATE

Les nichoirs de merlebleus devraient être installés à un ou deux mètres du sol. Comme ce sont des oiseaux extrêmement territoriaux, l'installation de nichoirs à moins de 100 mètres les uns des autres est habituellement un échec. En fait, les nichoirs devraient être installés face à un arbre, une clôture ou toute autre structure située à moins de quinze mètres et sur laquelle les oisillons pourront se percher après leur premier envol sans devenir des proies faciles. Une installation adéquate réduit au minimum la concurrence pour les nids que ne manquent pas de livrer les Troglodytes familiers, les Moineaux domestiques et les Étourneaux sansonnets. Les Moineaux domestiques sont les plus sérieux concurrents des merlebleus. Contrairement aux étourneaux, qu'un trou d'entrée de 38 mm rebute, les Moineaux domestiques accaparent les nichoirs de merlebleus et leur persistance à nicher au même endroit est légendaire. Vous arriverez cependant à les décourager en utilisant des nichoirs aux dimensions intérieures réduites. Celui de la page suivante, conçu par Dick Peterson, de Minneapolis, semble réussir à décourager les étourneaux.

Merlebleu de l'Est Lorsque ses réserves alimentaires naturelles se raréfient, le Merlebleu de l'Est se laisse attirer par les mangeoires garnies d'arachides, de raisins secs et de suif.

UN NICHOIR DE MERLEBLEU

L'ANGLE MARQUÉ du toit et de la façade réduit la superficie du plancher et, par le fait même, le temps de collecte des matériaux pour la confection du nid. Il y a aussi, à l'intérieur, moins d'espace où les larves de la mouche bleue *Protocalliphora sialia*, parasite du merlebleu, peuvent se cacher. Utilisez du contreplaqué pour l'extérieur de 20 mm d'épaisseur pour le toit et les côtés et, pour éviter la rouille, des clous galvanisés de 25 mm.

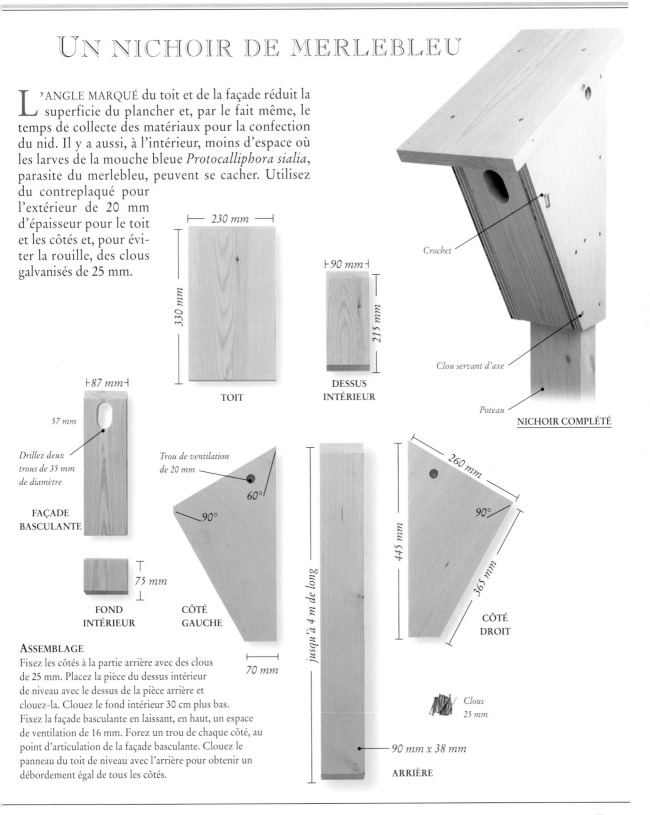

⊢ 230 mm ⊣

330 mm

TOIT

⊢ 90 mm ⊣

215 mm

DESSUS INTÉRIEUR

Crochet

Clou servant d'axe

Poteau

NICHOIR COMPLÉTÉ

⊢ 87 mm ⊣

57 mm

Drillez deux trous de 35 mm de diamètre

FAÇADE BASCULANTE

75 mm

FOND INTÉRIEUR

Trou de ventilation de 20 mm

60°

90°

CÔTÉ GAUCHE

70 mm

jusqu'à 4 m de long

445 mm

260 mm

90°

365 mm

CÔTÉ DROIT

Clous 25 mm

90 mm x 38 mm

ARRIÈRE

ASSEMBLAGE

Fixez les côtés à la partie arrière avec des clous de 25 mm. Placez la pièce du dessus intérieur de niveau avec le dessus de la pièce arrière et clouez-la. Clouez le fond intérieur 30 cm plus bas. Fixez la façade basculante en laissant, en haut, un espace de ventilation de 16 mm. Forez un trou de chaque côté, au point d'articulation de la façade basculante. Clouez le panneau du toit de niveau avec l'arrière pour obtenir un débordement égal de tous les côtés.

MAISON D'HIRONDELLES NOIRES

DE NOS JOURS, les Hirondelles noires nichent presque exclusivement dans des maisons d'oiseaux, mais il n'en a pas toujours été ainsi. Avant la colonisation européenne en Amérique du Nord, cette espèce nichait dans les vieux arbres, les chicots criblés de trous de pics, les cierges géants et les crevasses des falaises.

HABITAT

Les Hirondelles noires étaient probablement rares dans les vastes forêts de l'Est. Leur habitat habituel était plutôt les vertes vallées ouvertes bordant les rivières, les lacs et les marais côtiers. À l'époque précoloniale, les plus importantes populations d'Hirondelles noires se retrouvaient dans les régions centrales de l'Amérique du Nord partiellement recouvertes de forêts. Ce vaste territoire demeure encore aujourd'hui le cœur de l'aire de répartition de cette espèce. Les Amérin-

Logis superposés *Dans une maison comme celle-ci, une colonie d'Hirondelles noires peut commencer modestement et finir par regrouper un grand nombre de familles.*

diens ont été les premiers à encourager les Hirondelles à nicher dans des nichoirs. Ils suspendaient des gourdes séchées dans les arbres, près de leurs villages, dans l'espoir d'inciter les oiseaux à manger les mouches, moustiques et autres insectes nuisibles. Dans les États du Sud-Est américain, ces calebasses font encore de bons logis pour les familles d'Hirondelles noires.

CRÉATURES SOCIABLES

Très grégaires, les Hirondelles noires acceptent volontiers les nichoirs en copropriété. On a déjà vu jusqu'à 200 couples d'Hirondelles noires nicher dans la même maisonnette et bon nombre d'adultes y

Mère nourricière *Libellule au bec, une Hirondelle noire femelle arrive sur le balcon de la copropriété pour nourrir les jeunes qui l'attendent à l'intérieur.*

Vie collective *Dans les basses-terres de la Caroline du Sud, ces gourdes à proximité d'un bosquet servent d'abri aux Hirondelles noires.*

Des gourdes à suspendre Faites sécher la gourde, puis découpez-y un trou de 65 mm sur le côté. Retirez les graines et gardez-les pour les prochains semis. Forez des trous de drainage de 12 mm dans le fond et un trou de 6 mm à travers le col pour passer un fil d'attache. Remplacez les gourdes usagées chaque année.

reviennent par la suite à chaque printemps. Ces maisonnettes complexes offrent plusieurs avantages comparativement aux gourdes. Des murs en bois épais en assurent l'isolation. Elles peuvent aussi comporter une pièce centrale permettant à la chaleur de monter jusqu'au toit et de se disperser par les trous de ventilation. On ajoute parfois un porche pour prévenir l'envol prématuré des jeunes.

Il existe des maisons d'hirondelles en aluminium, qui offrent les mêmes avantages pour les oiseaux que les maisons en bois, tout en étant plus légères. Cette caractéristique réduit les dangers de chute par grands vents et facilite la tâche saisonnière de monter et descendre les maisons.

INSTALLATION ET EMPLACEMENT

Les maisons d'hirondelles doivent être installées au sommet d'un poteau d'environ 4,5 mètres. Installez ce poteau dans un endroit ouvert, à au moins 4,5 mètres des branches d'arbres et des constructions les plus proches. Les Hirondelles noires aiment tournoyer autour de leur colonie. Elles évitent les nichoirs jugés trop accessibles aux prédateurs grimpeurs. Les nichoirs placés près d'un bassin sont, en

revanche, très prisés. Pour installer une maison d'hirondelles sur le toit de votre maison, il suffit de munir le nichoir d'une base qui s'ajuste parfaitement au faîte du toit.

ÉLOIGNER LES USURPATEURS

Comme les Hirondelles noires passent sept mois par année à se rendre à leur habitat d'hiver, à y vivre ou à en revenir, leurs nichoirs sont souvent utilisés par les Moineaux domestiques et les Étourneaux sansonnets. Pour que les étourneaux cessent de s'y établir, peignez l'intérieur en blanc. Les hirondelles y gagneront un peu de fraîcheur par temps chaud. Les moineaux sont plus difficiles à décourager. Pour empêcher étourneaux et moineaux d'occuper un nichoir, descendez-le à l'automne, nettoyez-le et peignez-le pendant l'hiver. Remettez-le en place une semaine avant la date d'arrivée présumée des Hirondelles noires.

Instinct nicheur Le mâle joue un rôle aussi actif que la femelle dans la collecte de matériaux pour la confection du nid. Ici, un mâle arrive à la maison avec sa précieuse contribution.

UNE MAISON D'HIRONDELLES

POUR EXÉCUTER ce plan de nichoir en copropriété, à trois étages, on aura avantage à utiliser du contreplaqué de 12 mm d'épaisseur, mais n'importe quelle qualité de planche traitée pour l'extérieur suffira. Utilisez des clous de 25 mm. Vous aurez aussi besoin de quatre crochets et œillets pour chaque étage. Assemblez d'abord chacune des divisions intérieures, puis les panneaux de côté extérieurs. Faites ensuite le toit, puis le poteau. Peignez l'extérieur de chaque niveau séparément, en appliquant une couche d'apprêt et deux couches de surface. Utilisez une colle à bois hydrofuge en plus des clous.

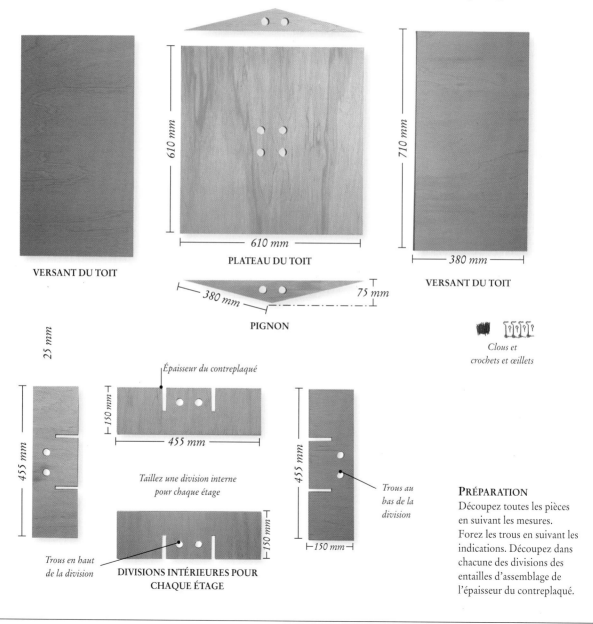

VERSANT DU TOIT

610 mm

610 mm

PLATEAU DU TOIT

710 mm

380 mm

VERSANT DU TOIT

380 mm

75 mm

PIGNON

Clous et crochets et œillets

25 mm

Épaisseur du contreplaqué

150 mm

455 mm

Taillez une division interne pour chaque étage

455 mm

455 mm

150 mm

Trous au bas de la division

150 mm

Trous en haut de la division

DIVISIONS INTÉRIEURES POUR CHAQUE ÉTAGE

PRÉPARATION

Découpez toutes les pièces en suivant les mesures. Forez les trous en suivant les indications. Découpez dans chacune des divisions des entailles d'assemblage de l'épaisseur du contreplaqué.

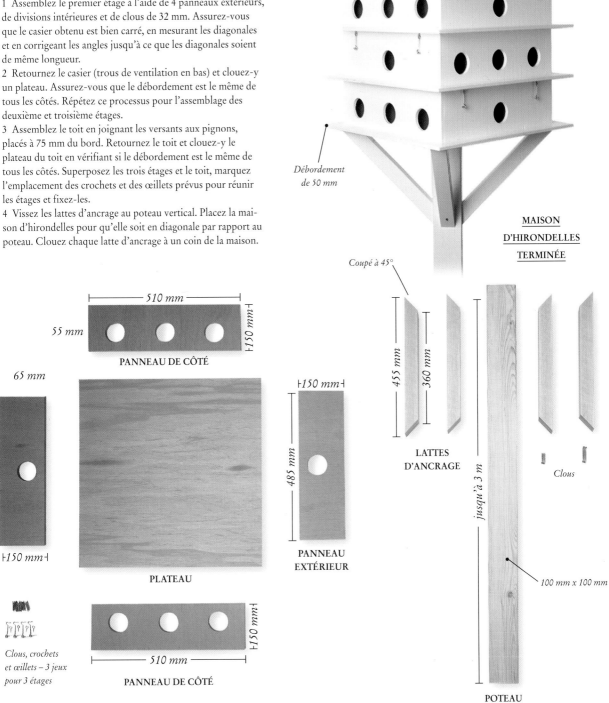

Assemblage

1 Assemblez le premier étage à l'aide de 4 panneaux extérieurs, de divisions intérieures et de clous de 32 mm. Assurez-vous que le casier obtenu est bien carré, en mesurant les diagonales et en corrigeant les angles jusqu'à ce que les diagonales soient de même longueur.

2 Retournez le casier (trous de ventilation en bas) et clouez-y un plateau. Assurez-vous que le débordement est le même de tous les côtés. Répétez ce processus pour l'assemblage des deuxième et troisième étages.

3 Assemblez le toit en joignant les versants aux pignons, placés à 75 mm du bord. Retournez le toit et clouez-y le plateau du toit en vérifiant si le débordement est le même de tous les côtés. Superposez les trois étages et le toit, marquez l'emplacement des crochets et des œillets prévus pour réunir les étages et fixez-les.

4 Vissez les lattes d'ancrage au poteau vertical. Placez la maison d'hirondelles pour qu'elle soit en diagonale par rapport au poteau. Clouez chaque latte d'ancrage à un coin de la maison.

Débordement de 50 mm

MAISON D'HIRONDELLES TERMINÉE

510 mm

55 mm

150 mm

PANNEAU DE CÔTÉ

65 mm

150 mm

PLATEAU

150 mm

485 mm

PANNEAU EXTÉRIEUR

Coupé à 45°

455 mm

360 mm

LATTES D'ANCRAGE

Clous

jusqu'à 3 m

100 mm x 100 mm

Clous, crochets et œillets – 3 jeux pour 3 étages

510 mm

150 mm

PANNEAU DE CÔTÉ

POTEAU

NICHOIR À BOUT OUVERT

C E NICHOIR réussit à attirer le Grand-duc d'Amérique et d'autres grands hiboux qui nichent et dorment dans des cavités. Fabriqué en contreplaqué de 12 mm pour le toit et la base et en planches de 20 mm pour les côtés, le bout et le support, on l'attache ou le cloue à une branche, mais de biais, de façon à imiter une branche cassée et creuse. Couvrez le fond de tourbe ou d'une épaisse couche de sciure de bois pour absorber les excréments des oisillons. Peut-être réussirez-vous à attirer également des Petits-ducs et d'autres oiseaux plus petits. Ce type de nichoir doit être protégé contre les ratons laveurs et autres prédateurs (*voir page 55*).

NICHOIR TERMINÉ

PLANCHER

Clous

FOND

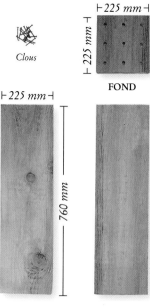

CÔTÉS

TOIT

SUPPORT

INSTALLATION

Clouez le support sur le côté d'une branche, à une hauteur de 3 à 9 mètres environ, pour que le nichoir fasse un angle de plus de 45° avec le sol. Le toit, en saillie au-dessus de l'ouverture, protège de la pluie.

ASSEMBLAGE

Percez plusieurs petits trous de drainage dans le bout. Percez trois trous dans le support, pour le fixer au nichoir, et un trou à chaque extrémité, pour le fixer à l'arbre. Posez le support sur un des côtés du nichoir et marquez la position des trois trous. Faites des trous de guidage à l'aide d'un poinçon. Clouez les côtés au fond, puis clouez le plancher et le toit. Enfin, vissez le support au côté en veillant à ce que les vis ne pénètrent pas à l'intérieur du nichoir.

Petits-ducs maculés
Ces jeunes oiseaux nocturnes voient quand même très bien durant le jour.

LOGE D'OISEAUX

QUAND LES SITES naturels de nidification se font rares, Merles d'Amérique, Hirondelles rustiques, Moucherolles, Grands-ducs d'Amérique et bien d'autres acceptent de nicher dans ce genre de nichoir. Il est facile à exécuter et on peut le construire avec des restes de bois de construction ou du contreplaqué de 12 mm.

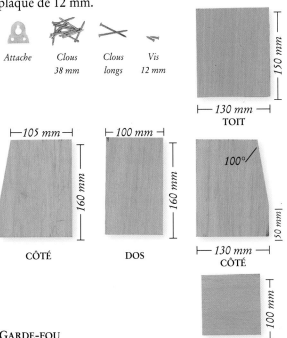

Attache	**Clous** 38 mm	**Clous** longs	**Vis** 12 mm

150 mm

├─ 130 mm ─┤
TOIT

├─105 mm─┤
160 mm
CÔTÉ

├─ 100 mm ─┤
160 mm
DOS

100°
150 mm
├─ 130 mm ─┤
CÔTÉ

100 mm
├─100 mm─┤
BASE

30 mm
├─100 mm─┤
DEVANT

GARDE-FOU
Le mur de devant doit être juste assez haut pour cacher le nid.

NICHOIR TERMINÉ

ASSEMBLAGE
Clouez le devant et le dos à la base, puis clouez les côtés. Posez le toit en surplomb vers l'avant. Enfin, vissez l'attache au dos. Installez la loge à l'endroit voulu à l'aide d'un crochet résistant.

NID EN BOULE

D'ORDINAIRE, les Hirondelles à front blanc et les Hirondelles à front brun construisent leur nid dans certains endroits traditionnels, mais vous pouvez les inciter à venir nicher sous la gouttière ou l'avant-toit de votre maison, en y installant des nids que vous aurez vous-même construits. Ces nids sont faciles à réaliser avec du plâtre à mouler ou du ciment à prise rapide et un ballon en caoutchouc de 12,5 cm de diamètre.

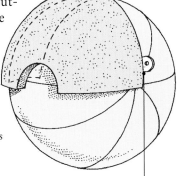

MOULAGE DU NID
Avec un couteau à lame plate, aplanissez le plâtre à mesure qu'il durcit. Puis retirez le nid du moule et limez les bords pour qu'ils s'adaptent bien au support en bois.

Enfoncez deux cornières à angle droit en cuivre dans le plâtre.

CONSTRUCTION
Marquez à la craie le contour du nid sur le ballon, sans oublier l'ouverture en demi-cercle de 60 mm de long sur 25 mm de haut. Versez le plâtre sur le ballon, moulez la paroi en lui donnant 9 mm d'épaisseur, puis enfoncez une cornière de chaque côté. Lorsque le nid est assez sec pour être démoulé sans peine, vissez les deux cornières dans le support. Et voilà ! le nid d'Hirondelles à front blanc est fin prêt.

La planche du haut est taillée pour correspondre au diamètre du nid et à la largeur de l'avant-toit

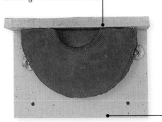

SUPPORT À ANGLE DROIT
Clouez ensemble les deux planches de contreplaqué ou de bois semblable, comme le montre l'illustration.

La planche du fond est plus large et correspond à la profondeur du nid

NID EN BOULE TERMINÉ
vu de face

CÔNES DE TOURTERELLES TRISTES

AINSI NOMMÉES à cause de leur chant triste, les Tourterelles tristes se sont bien adaptées en zone suburbaine. Elles nichent pratiquement en toute saison car, à la manière de tous les membres de la famille des pigeons, elles nourrissent leurs oisillons avec une sécrétion gutturale protéique appelée « lait de pigeon ». Les Tourterelles tristes construisent habituellement, dans la fourche d'un arbre ou d'un arbuste, un mince et frêle nid de brindilles que les grands vents et les fortes pluies finissent souvent par détruire. On peut améliorer les chances de survie des oisillons en construisant des nids coniques avec du grillage métallique à mailles de six à dix millimètres. Faciles à construire, ces nichoirs doivent être attachés au creux de branches fourchues, à une hauteur de deux à cinq mètres du sol, dans des arbres modérément ombragés. L'emplacement d'un nid de Tourterelles tristes doit offrir une excellente vue directe au sol et une large voie d'envol. On peut installer plusieurs cônes dans un même arbre, car il arrive que les Tourterelles tristes nichent en colonies éparses.

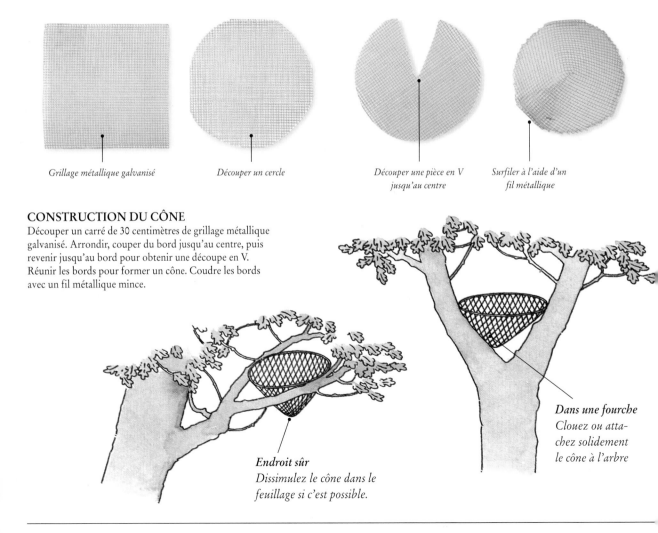

Grillage métallique galvanisé

Découper un cercle

Découper une pièce en V jusqu'au centre

Surfiler à l'aide d'un fil métallique

CONSTRUCTION DU CÔNE

Découper un carré de 30 centimètres de grillage métallique galvanisé. Arrondir, couper du bord jusqu'au centre, puis revenir jusqu'au bord pour obtenir une découpe en V. Réunir les bords pour former un cône. Coudre les bords avec un fil métallique mince.

Dans une fourche
Clouez ou attachez solidement le cône à l'arbre

Endroit sûr
Dissimulez le cône dans le feuillage si c'est possible.

LES PRÉDATEURS

LES CHATS DOMESTIQUES et les ratons laveurs représentent la menace la plus redoutable pour les nids et les nichées, mais les serpents, les écureuils et les mulots sont aussi inquiétants. L'odorat aiguisé du raton laveur, sa vivacité et ses talents de grimpeur (ses pattes sont longues, habiles et fortes) lui permettent de découvrir et de piller les nids, même dans les

Écureuil gris
En plus de voler les graines des mangeoires, les écureuils raffolent des œufs d'oiseaux, qu'ils trouvent très nutritifs.

L'effronté ! Un grillage à mailles de 5 centimètres recouvrant le trou d'entrée d'un nichoir bloquera l'accès aux ratons laveurs et autres prédateurs, mais non aux oiseaux.

arbres les plus hauts. Pour améliorer la sûreté des nichoirs, augmentez la profondeur du trou d'entrée en fixant un bloc de bois de 32 millimètres au-dessus de l'entrée du nichoir. De cette manière, les ratons laveurs pourront moins facilement atteindre le fond des nichoirs, car les pattes antérieures d'un raton laveur adulte mesurent de 25 à 27,5 centimètres.

Vous pouvez également soit enduire le poteau de support d'une épaisse couche de graisse sur une longueur de 30 centimètres à partir du nichoir, soit entourer le tronc d'arbre ou le poteau d'un col en métal galvanisé d'un mètre de diamètre. Cependant, s'il y a des branches à proximité, il est impossible d'empêcher les ratons laveurs de piller les nichoirs.

C h a p i t r e   q u a t r e

NOURRITURE D'APPOINT

Petite gâterie
Un Oriole masqué mâle s'alimente à un abreuvoir d'eau sucrée dans un jardin de banlieue.

N E NOUS faisons pas d'illusions : même les oiseaux qui fréquentent assidûment les mangeoires ne tirent pas exclusivement leur subsistance de notre générosité. La plupart apprennent vite à utiliser toutes les sources de nourriture naturelle présentes dans leur environnement. Quand ils sont loin des mangeoires de nos jardins, ils fouillent la nature, toujours en quête de mauvaises herbes, de graines, de fruits et d'insectes. Quelles sont, pour chaque espèce, les conséquences d'un fréquent approvisionnement en nourriture sur les comportements migratoires, la survie et la démographie ? Le chapitre quatre offre des conseils pratiques sur la façon de nourrir à longueur d'année les visiteurs de nos jardins, des plans détaillés de mangeoires appropriées et des suggestions d'emplacements pour ces constructions qui, une fois installées, procureront au jardinier ornithologue attentif des heures d'agrément.

Distributeur de graines
Les distributeurs de graines suspendus sont utiles à de nombreuses espèces, dont le Roselin familier.

« À table ! » Attiré par le mélange de graines présenté sur une plateforme bien située dans un jardin, un Cardinal à tête noire s'y est posé.

NOURRIR LES OISEAUX EN TOUTES SAISONS

PASSER LE CAP de la première année de vie est en soi tout un exploit pour la majorité des oiseaux. Chez de nombreuses espèces, 80 % des individus n'y réussissent pas. Un taux de mortalité aussi élevé est le résultat d'un certain nombre de causes, y compris du manque de nourriture. Pour les oisillons, la nourriture d'appoint peut faire toute la différence.

PRINTEMPS

Nourrir les oiseaux au printemps est de la plus haute importance parce qu'à la fin de l'hiver, la plupart des nourritures naturelles sont épuisées. Parfois, les chutes de neige tardives recouvrent le peu qui reste à manger, condamnant les oiseaux à la famine. Une bonne façon d'attirer les migrateurs qui doivent refaire leurs forces après un long périple, c'est de leur offrir de l'eau et de la nourriture en abondance. Il seront d'autant plus tentés de s'arrêter aux mangeoires qu'ils y verront des oiseaux résidants, qui en sont déjà des habitués. Offrez des suppléments alimentaires, comme des coquilles d'œuf écrasées ou même des coquilles d'huîtres finement broyées, car la saison de la ponte approchant, les femelles ont besoin de beaucoup de calcium.

À chacun son choix Un Tangara à tête rouge mâle se nourrit à même un cône de pin enduit de beurre d'arachide.

ÉTÉ

La nature est dans toute sa plénitude : les insectes foisonnent et les arbres, arbustes et plantes grimpantes regorgent de fruits. Toutefois, c'est aussi une époque de très grands besoins alimentaires, car les parents doivent trouver leur propre nourriture ainsi que celle de leurs oisillons. Leur croissance très rapide exige une alimentation riche en protéines.

Vous serez surpris de la variété d'espèces normalement insectivores, comme les tangaras, les grives et les parulines, qui se laisseront séduire par le mélange suivant : une mesure de beurre d'arachide, une mesure de gras végétal, quatre mesures de semoule de maïs et une mesure de farine. Insérez la préparation obtenue dans une bûche trouée ou dans un support à suif suspendu. Vous pouvez également tenter d'attirer des oiseaux qui se nourrissent de fruits et de nectar avec des bananes et des agrumes trop mûrs. Coupez les fruits en deux pour en exposer la chair et placez-les sur une plate-forme d'alimentation. C'est aussi la saison idéale pour attirer les colibris, les orioles et d'autres espèces qui se nourrissent de nectar *(voir page 30)*.

AUTOMNE

Même si la nourriture naturelle abonde, l'automne n'en est pas moins une saison où les besoins alimentaires sont très grands. En effet, les oisillons ayant pris leur envol, les populations aviaires n'ont jamais été aussi nombreuses. Quant aux oiseaux migrateurs, ils doivent faire des réserves de graisse en prévision du long voyage qui les attend. Les graines de tournesol et le chardon noir, riches en huile, sont alors une nourriture tout indiquée. De plus, à la fin de l'été et au début de l'automne, les oiseaux perdent des milliers de plumes de corps et de vol. Leur remplacement exige un effort qui doit être compensé par l'ingestion de grandes quantités de nourriture.

En offrant de la nourriture en début de saison, vous pourrez attirer des migrateurs d'automne. Dans

Table d'oiseaux En automne et en hiver, la nourriture naturelle est rare et un choix de graines sur plate-forme attire ce Cardinal à poitrine rose.

En quête de nourriture *Au creux de l'hiver, les oiseaux, comme ce Cardinal rouge, doivent sans cesse fouiller la nature à la recherche de nourriture. Une mangeoire lui facilitera la tâche.*

Collation de fruits *En hiver, des fruits frais, suspendus ou placés sur une plate-forme, sont un bon moyen d'attirer les oiseaux frugivores, comme cet Oriole à ailes blanches mâle.*

le nord-est par exemple, des espèces comme le Bruant à gorge blanche et le Tohi à flancs roux, qui migrent sur de courtes distances, décideront peut-être de passer l'hiver dans la région. Des représentants d'espèces granivores du sud remontent souvent vers le nord et passent l'hiver là où ils trouvent de la nourriture. Ils contribuent de cette façon à agrandir l'aire de distribution de leur espèce. Si vous attendez que les premières neiges recouvrent vos mangeoires, vous perdrez de belles occasions d'ajouter ces oiseaux à la liste de ceux qui fréquentent votre jardin.

HIVER

Les stocks de nourriture naturelle diminuent considérablement entre la première gelée et l'éclatement des premiers bourgeons. La nourriture d'appoint se révèle à ce moment d'une importance capitale.

Offrez des graines et du suif à l'aube et au crépuscule. Le suif de bœuf constitue une bonne source de matières grasses ; 80 espèces d'oiseaux d'Amérique du Nord, dont de nombreuses espèces insectivores comme les pics, les mésanges et les orioles, s'en nourrissent. Pour attirer un plus grand nombre d'espèces, ajoutez-y des ingrédients comme de la semoule de maïs, du gras de bacon et du beurre d'arachide, jusqu'à ce que le mélange ait la consistance de la pâte à pain. Présentez cette préparation

dans des moules à petits gâteaux ou enduisez-en des cônes de pin. Les merles, les moqueurs et les jaseurs, qui ne fréquentent habituellement pas les mangeoires, y seront quant à eux attirés par des raisins secs, des raisins et des cerises. En dernier lieu, n'oubliez pas l'eau fraîche.

À la mangeoire *Cette femelle Cardinal à tête noire se nourrit à un distributeur de graines tout en surveillant les alentours.*

UN POSTE D'ALIMENTATION À DEMEURE

COMME CHAQUE ESPÈCE a des préférences alimentaires spécifiques, offrez une vaste sélection de nourriture riche en matières grasses et en protéines, répartie dans diverses mangeoires. Vous éviterez ainsi la compétition suscitée par la présence d'un seul poste d'alimentation.

LES MÉLANGES DE GRAINES ET DE GRAINS

Les graines sont la nourriture préférée des oiseaux de mangeoires parce qu'elles constituent une source d'alimentation concentrée. Nourrir les oiseaux avec les mélanges de graines vendus dans le commerce coûte cher. De plus, ces mélanges sont souvent une source de gaspillage parce que les oiseaux qui préfèrent les graines de tournesol font le tri et rejettent les autres graines au sol, où elles pourrissent. Placez donc les graines de tournesol dans un récipient à part.

Répandez au sol du millet et du maïs concassé pour les bruants, les tourterelles et les colins. Mettez des graines de tournesol, des grains mélangés, des fruits frais, comme des bananes et des pommes, et des fruits séchés, comme des groseilles et des raisins secs, sur une plate-forme installée à hauteur de table pour les cardinaux, les grosbecs et les roselins. Fixez les mangeoires aux arbres ou suspendez-les aux branches les plus basses pour attirer les pics et les mésanges.

UN APPROVISIONNEMENT RÉGULIER

L'une des règles à suivre quand on nourrit les oiseaux, c'est qu'une fois qu'on a commencé, il ne faut pas s'arrêter. Même si la plupart des oiseaux ne dépendent pas uniquement de la nourriture des mangeoires, certains deviennent parfois dépendants d'une source d'alimentation unique en hiver et meurent de faim si cette source se tarit. De plus, si vous arrêtez de les nourrir, il vous sera peut-être difficile de les convaincre de revenir quand ils auront trouvé d'autres sources de nourriture dans le voisinage.

Un perchoir pratique en attendant de passer à table. L'oiseau ira manger quand une place se libérera.

Le toit sert à protéger les graines.

Les oiseaux ont le choix : grains, graines, arachides et suif de bœuf.

Un disque de métal poli, autour du poteau, tiendra les prédateurs en échec.

Poste d'alimentation étagé *Sur un poteau robuste, installez un poste à plusieurs étages comportant un perchoir pratique, une plate-forme couverte pour les mélanges de graines et de grains et un accessoire antiprédateurs en métal lisse ou en plastique.*

LE CHOIX D'UN EMPLACEMENT

PENSEZ À installer les mangeoires à des endroits que vous verrez facilement de votre maison et, si c'est possible, orientées au sud. Ainsi, les forts vents du nord n'éparpilleront pas les graines et les oiseaux pourront se rassembler à l'abri du vent. La vitesse avec laquelle les oiseaux découvrent une mangeoire dépend non seulement de son emplacement, mais aussi des variétés d'oiseaux qui habitent dans le voisinage.

LES VISITEURS DES MANGEOIRES

La diversité des espèces d'oiseaux qui fréquentent les mangeoires dépend également de la latitude. Plus une région est située au nord, moins il y a d'espèces différentes qui y nichent et y passent l'hiver. Les oiseaux qui demeurent tout l'hiver dans des habitats nordiques prennent vite l'habitude de fréquenter les mangeoires bien garnies. Même les petites mangeoires fixées aux fenêtres des tours d'habitation peuvent attirer des bruants et quelques chardonnerets migrateurs.

S'il y a des mésanges dans les environs, elles seront probablement les premières à découvrir les mangeoires nouvellement installées. Diverses espèces, comme les sittelles et certains pics, viennent habituellement les rejoindre, ce qui donne une petite colonie hivernale diversifiée. De plus, les mésanges se souviennent de l'emplacement des mangeoires pendant huit mois et même plus.

DES EMPLACEMENTS SÉCURITAIRES

La mangeoire sera placée sur un poteau d'environ 2 m et éloignée d'au moins 3 m de tout point qui pourrait servir de tremplin aux prédateurs. Ce peut être sur le toit d'une serre ou d'un hangar, sur un poteau de corde à linge ou une branche en surplomb.

Installez la mangeoire à proximité d'arbres ou d'arbustes. Les oiseaux seront hors de vue des rapaces. Cependant, des broussailles peuvent aussi cacher un chat à l'affût. Les animaux domestiques ne sont

Une protection efficace Ainsi protégée par une cage, la nourriture demeure à la portée des petits oiseaux, tout en étant inaccessible aux écureuils.

pas les seuls à présenter un danger pour les oiseaux. Les mangeoires sont souvent visitées par les ratons-laveurs, les mouffettes, les opossums et les écureuils. Ces derniers sont d'excellents acrobates qui, non contents de dévorer la nourriture, mâchouillent aussi les mangeoires.

POUR DÉCOURAGER LES PRÉDATEURS

Votre mangeoire sera protégée contre les écureuils si vous fixez un dôme ou une protection anti-écureuils au poteau qui la soutient. On peut s'en procurer en magasin ou en fabriquer avec une feuille d'aluminium ou de fer galvanisé. Pour protéger les mangeoires suspendues, surmontez-les d'un déflecteur plat ou en forme de dôme. Toutes les surfaces doivent être lisses pour que les prédateurs ne puissent s'y agripper.

PLATE-FORME COUVERTE

CE TYPE DE mangeoire garde la nourriture au sec. Vous pouvez aussi utiliser uniquement la base comme plate-forme à ciel ouvert. Prenez du contre-plaqué de 12 mm d'épaisseur pour le plateau, des planchettes de bois tendre de 20 mm carrés pour les rebords et montants et du contre-plaqué de 9 mm d'épaisseur pour les pièces du toit. Les rebords ne se rejoignant pas aux quatre coins, l'eau peut s'écouler. Vissez simplement des crochets à tasse aux quatre coins du toit, jusque dans les combles, passez une chaîne antirouille dans les crochets et accrochez la mangeoire à un poteau ou bien suspendez-la à une branche ou à une corde solide, tendue entre deux points.

Utilisez de préférence du bois traité avec un produit non toxique. Appliquez une teinture non toxique pour camoufler la mangeoire. Pour éviter la rouille, servez-vous de clous galvanisés et de vis de laiton ou enduites d'un anticorrosif.

Le toit conserve les aliments au sec. On peut même y suspendre un distributeur de graines.

PLATE-FORME TERMINÉE

238 mm — 458 mm — 300 mm

BASE ET REBORDS

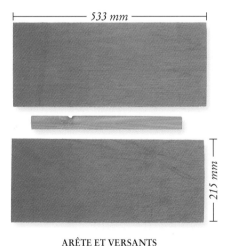

533 mm — 215 mm

ARÊTE ET VERSANTS
L'arête est triangulaire et chaque versant a un côté biseauté.

330 mm

MONTANTS
Chacun des montants mesure 330 mm et a une extrémité biseautée pour s'ajuster à la pente du toit.

60 mm

300 mm

COMBLES
60 mm de hauteur au centre

ASSEMBLAGE

Étudiez la disposition des pièces avant de commencer à travailler. Sciez les pièces selon les mesures données. Vissez les montants aux coins intérieurs du plateau. Assurez-vous qu'ils sont légèrement inclinés vers l'extérieur. Fixez les combles aux côtés extérieurs des montants et posez l'arête au milieu. Assemblez les versants en vérifiant si les côtés biseautés se rejoignent.

Chaîne et crochets

Vis 30 mm

Clous 30 mm

PLATE-FORME À CIEL OUVERT

LES MANGEOIRES incitent les oiseaux à quitter les hautes herbes et le couvert des buissons. On trouve sur le marché divers modèles qui conviennent à tous les endroits et à tous les goûts.

En règle générale, les oiseaux sédentaires sont plus susceptibles de profiter de la nourriture d'appoint que les migrateurs. La simple plate-forme à ciel ouvert n'est plus très populaire, mais pour le débu-

Base en filet à mailles *Le filet à mailles prévient la formation de moisissure. L'eau de pluie peut s'écouler et les graines, sécher plus rapidement.*

tant, c'est la mangeoire la plus simple à confectionner et la moins chère. Si l'on y met des restes de table ou des aliments peu coûteux, elle attirera les oiseaux du voisinage. On peut en fabriquer une chez soi, avec un minimum d'outils et de matériaux.

Insérez une base en filet à mailles ou en contre-plaqué dans un cadre de bois monté sur un poteau de métal d'au moins 1,2 m. Votre mangeoire attirera probablement quelques espèces. Vous constaterez que la rivalité entre compéti-teurs voraces sur une plate-forme à ciel ouvert engendre souvent des disputes. Tant que vous n'aurez pas de visiteurs

réguliers, observez les oiseaux à distance. Parfois, les jeunes enfants dans leur enthousiasme peuvent effrayer même les oiseaux les mieux apprivoisés. Laissez la confiance s'établir et si vous êtes patient et discret, vous finirez par être récompensé.

COMBATTRE LES MALADIES

L'affluence qui règne sur les grosses mangeoires augmente les risques d'infection, surtout quand on laisse s'accumuler la nourriture non consommée et les fientes. Un problème qui affecte souvent les oiseaux des mangeoires est une forme de moisissure qui se répand rapidement sur les grains humides et atteint les poumons et la trachée. Surveillez les oiseaux dont la respiration est sifflante ou haletante lorsqu'ils essaient de se nourrir. C'est là un des premiers symptômes de cette maladie potentiellement mortelle. La propreté est la meilleure façon d'éviter ce genre de maladies.

UN NETTOYAGE RÉGULIER

Enlevez chaque semaine tous les grains détrempés et raclez la plate-forme avec un produit nettoyant germicide. Rincez abondamment et faites disparaître toute trace du nettoyant avant de remettre la mangeoire en place.

Graines décortiquées *Les oiseaux s'y prennent de différentes manières pour décortiquer les graines. L'utilisation de graines décortiquées réduit la quantité de débris sous les mangeoires.*

Chapitre cinq

DE L'EAU ET DES JARDINS

Plante de rivage
*La Sagittaire à feuilles
en flèche (Sagittaria
sagittifolia) est la plante
par excellence pour un
bassin. Les oiseaux
raffolent de ses tuber-
cules comestibles.*

Plus vrai que nature
*Certaines espèces
d'oiseaux adopteront un
plan d'eau bien amé-
nagé pour y nicher et se
nourrir.*

Dans les habitats très secs, c'est
l'eau, bien plus que la nourriture,
qui attire certaines espèces d'oiseaux
dans un jardin. Même dans les États du
nord-est et du nord-ouest, l'eau est parfois
difficile à trouver, surtout en été. Plus au nord,
emprisonnée par la neige et la glace, elle est
inaccessible presque tout l'hiver. Même si les
oiseaux trouvent en général dans leur nourriture la plus grande partie de l'eau qui leur est
nécessaire, ils en ont quand même besoin en
toutes saisons pour boire et pour se baigner.
Obtenir de l'eau propre, dans le type d'habitat
de jardin approprié et ce, au bon moment de
l'année, présente bien des difficultés, mais il
faut persévérer. En effet, un point d'eau, peu
importe sa grandeur, est l'un des moyens les
plus sûrs pour attirer les oiseaux chez vous.
Vous trouverez dans le chapitre cinq des conseils pratiques sur l'aménagement d'un petit
bassin, ainsi qu'une liste de plantes qui le com-
pléteront.

Beauté flottante
*Ce Nymphéa (Nym-
phaea 'American Star')
ajoute à la beauté d'un
bassin.*

LES VASQUES

LES OISEAUX qui visitent rarement les mangeoires, comme les parulines et les viréos, se laisseront séduire par une vasque où ils pourront boire et se baigner à l'abri des prédateurs. Tous les oiseaux, de l'aigle à la mésange, se baignent à longueur d'année.

Il existe sur le marché des vasques montées sur un pied ou un socle. De nombreuses espèces d'oiseaux semblent toutefois préférer se baigner au sol, là où se forment les flaques d'eau de pluie. Toutefois, une vasque sur socle offre aux oiseaux une protection contre les chats.

Vous pouvez improviser une vasque avec un couvercle de poubelle placé près du sol ou sur des blocs de ciment. Les bords de la vasque doivent descendre en pente douce jusqu'à une profondeur maximale de 5 à 7 cm. Évitez les couvercles de plastique, car ils sont glissants et les oiseaux s'y agripperont difficilement. Un dessous de pot de fleurs en céramique peu profond convient aussi. Changez l'eau tous les 2 ou 3 jours et raclez les algues qui se forment dans l'eau fertilisée par les fientes.

L'emplacement de la vasque a de l'importance. Les plus audacieux, comme les merles et les geais, fréquentent les vasques situées dans un endroit découvert ou près des buissons. Les parulines, les Grives des bois et d'autres espèces qui aiment l'ombre adoptent les vasques situées dans des endroits protégés.

N'ajoutez pas d'additifs à l'eau pour abaisser le point de congélation. Dans le Nord, en hiver, utilisez un chauffe-eau submersible à contrôle thermostatique, conçu pour les vasques et les bassins extérieurs.

Hauteur sûre Les oiseaux repéreront plus facilement une vasque sur pied dans les régions où la neige abonde.

Cercle restreint Tous les oiseaux doivent se baigner pour maintenir l'état naturel de leur plumage. Une vasque de 30 cm de diamètre est suffisamment grande pour qu'un groupe d'oiseaux, comme ces Camas brunes, puissent s'y rassembler à l'aise.

Des vasques improvisées Des soucoupes vernissées éparpillées ci et là permettent à un plus d'oiseaux de se baigner.

LES GOUTTEURS

POUR RENDRE votre vasque encore plus attrayante, créez un clapotis à la surface de l'eau. Vous attirerez ainsi les oiseaux qui, autrement, seraient passés au-dessus sans l'apercevoir.

Les parulines sont particulièrement intéressées par le bruit et le mouvement des gouttes qui arrivent à la surface de l'eau. Des jets rapides, puissants, peuvent effaroucher les oiseaux et les disperser.

Pour obtenir de l'eau qui s'égoutte, le moyen le plus efficace est d'installer un adaptateur conçu spécialement à cette fin, un goutteur, qui comprend une valve spéciale en Y reliée à un robinet extérieur. L'eau coule dans un tuyau d'arrosage relié à un tube de métal en forme de crochet et tombe goutte à goutte dans la

De l'eau qui coule *L'eau est particulièrement importante pour les oiseaux granivores et frugivores.*

vasque, à un rythme prédéterminé.

La fontaine miniature est un autre dispositif conçu pour les oiseaux. L'eau est amenée d'un robinet extérieur jusqu'à un vaporisateur au centre de la vasque qui produit une bruine légère en un jet d'eau de hauteur réglable.

Vous pouvez aussi simplement suspendre un seau de plastique à fond percé au-dessus d'une vasque. Faites d'abord un petit trou à l'aide d'un clou et agrandissez-le jusqu'à ce que l'eau s'écoule régulièrement du seau. Un écoulement de 20 à 30 gouttes par minute est idéal. Couvrez le seau pour empêcher l'évaporation et prévenir l'accumulation de saletés.

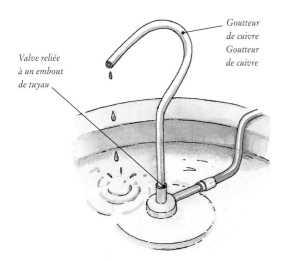

Valve reliée
à un embout
de tuyau

Goutteur
de cuivre
Goutteur
de cuivre

Un leurre *C'est durant les périodes de migration qu'un goutteur est le plus efficace. Le bruit et la vue de l'eau qui coule attireront une grande variété d'oiseaux dans votre jardin.*

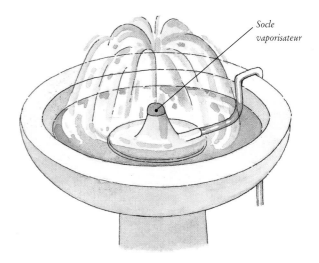

Socle
vaporisateur

Bruine légère *La fontaine miniature produit une bruine légère, à travers laquelle les colibris aiment particulièrement voler pour nettoyer leurs plumes minuscules.*

LES BASSINS DE JARDIN

MÊME SI LA PLUPART des oiseaux trouvent dans leur nourriture presque toute l'eau dont ils ont besoin, tous sans exception aiment faire trempette à l'occasion. Aménager un bassin spécialement pour les oiseaux, si l'espace le permet, est une bonne façon d'attirer de nouveaux visiteurs ailés et de donner du cachet à un « coin-repas » destiné aux oiseaux, surtout si vous le décorez avec des fougères ou d'autres plantes aquatiques moins courantes. Les bassins sont particulièrement avantageux dans les régions arides ou très chaudes où les points d'eau sont à sec la majeure partie de l'année.

Eau fraîche L'eau calme la soif des oiseaux, abaisse leur température corporelle et nettoie leur plumage. Un petit bassin profite à des nombreuses espèces pendant toute l'année. Changez l'eau régulièrement pour qu'elle soit toujours fraîche.

UN ENDROIT PROPRE

Assurez-vous que le bassin est suffisamment éloigné des mangeoires pour que ne s'y accumulent pas les enveloppes des graines et les grains qui tombent par terre. Choisissez un emplacement que vous pourrez facilement rejoindre avec votre tuyau d'arrosage, car il est important que le bassin soit propre, tant pour les oiseaux que pour les autres animaux qui y viendront parfois.

LA PROFONDEUR IDÉALE

Si, pour les oiseaux, la forme du bassin importe peu *(voir page 66)*, l'inclinaison de ses bords est très importante. Idéalement, l'étang devrait descendre en pente douce, de 1 cm sur les bords à 10 cm au point le plus profond. Les petits oiseaux pourront entrer dans l'eau en toute sécurité. Si vous avez hérité d'un bassin dont la pente est plus raide, adaptez-le pour qu'il attire les oiseaux, en plaçant tout autour des roches ou des gros galets qui affleurent. Ajoutez, dans le bassin et entre les roches, quelques plantes intéressantes pour les oiseaux.

Coin de baignade Si le bassin est creusé à même le sol, aménagez les bords en pente douce et placez-y des roches en guise de perchoirs.

Jet d'eau *L'eau qui s'écoule d'un tuyau attire de nombreux oiseaux, comme ce Tangara à tête rouge. Les oiseaux ne transpirent pas ; ils halètent pour se rafraîchir, ce qui assèche leur bec et leurs poumons. L'eau est donc toujours la bienvenue.*

Un bassin de quelques mètres carrés, avec des secteurs profonds et d'autres peu profonds, attirera non seulement les petits oiseaux, comme les parulines, mais aussi des oiseaux plus gros, comme les merles et les geais. L'Hirondelle bicolore et l'Hirondelle noire, qui préfèrent nicher près d'un point d'eau, aiment les grands bassins et peuvent décider d'élire domicile dans le voisinage, la première dans les arbres et les buissons touffus et la seconde, dans un nichoir de type condominium, monté sur un poteau et placé à proximité des arbres *(voir page 48)*.

LE CHOIX D'UN BASSIN

Avant de choisir la forme, la grandeur et les matériaux, pensez à la superficie et au style de votre jardin. Même une arrière-cour aux dimensions très restreintes peut accueillir un petit bassin, du moment que l'on respecte les proportions. Il vous restera ensuite à décider de la méthode de construction qui sera fonction du budget dont vous disposez.

Les toiles souples sont idéales parce qu'elles permettent de créer des bassins de toutes formes et superficies. Elles leur donnent aussi un aspect plus naturel, car on peut en camoufler les bords par l'aménagement paysager. Elles conviennent également aux bassins plus grands qui exigent une certaine rigidité.

Les bassins de ciment sont durables et plus résistants. La construction en est toutefois plus compliquée et plus longue.

Les bassins préfabriqués en fibre de verre ou en plastique, de diverses formes et grandeurs, sont durables et ils résistent aux intempéries. Certains pépiniéristes offrent un choix d'étangs moulés et de pompes.

Plantes de bassin *Quenouilles et spirées poussent autour de ce bassin bien établi.*

LA CONSTRUCTION D'UN BASSIN

UNE SEMAINE suffit pour concevoir le plan d'un bassin et le réaliser. La plupart des bassins de jardin sont désormais fabriqués à l'aide d'une toile de caoutchouc synthétique ou de plastique, à la fois résistante et souple, qui forme une épaisse couche imperméable entre le sol et l'eau. Ces toiles souples sont vendues en différentes grandeurs. On peut les couper pour les adapter à n'importe quelle forme de bassin. Avant d'acheter la toile, vous devez décider quelle sera la grandeur de votre bassin et où vous l'aménagerez. Délimitez la forme souhaitée à l'aide d'une corde et de piquets, ce qui facilitera l'installation définitive de la toile.

Le caoutchouc butyle est sans conteste le meilleur matériau utilisé comme toile de bassin. Beaucoup plus résistant que le polyéthylène ou le PVC, il a une durée de vie de 40 à 50 ans ; il est toutefois coûteux. Il est à la fois malléable et suffisamment robuste pour résister aux déchirures ou à la détérioration causée par les rayons ultra-violets. Il est aussi à l'épreuve des bactéries et des températures extrêmes. On recommande une épaisseur de 60 mm.

Les toiles de PVC sont relativement solides et résistantes aux déchirures. Certaines sont garanties dix ans. Après plusieurs années d'exposition aux rayons du soleil, elles peuvent durcir et se fendiller.

Le polyéthylène est le moins cher des matériaux, mais il se déchire facilement et se fendille s'il est en permanence exposé aux rayons du soleil.

MESURER LA TOILE

Pour calculer la grandeur de toile dont vous avez besoin, déterminez d'abord la longueur, la largeur et la profondeur maximales du bassin. Prenez la largeur maximale plus deux fois la profondeur, sur la longueur

Petit bassin *Ces orioles et ces tangaras prouvent bien qu'une petite étendue d'eau peu profonde est suffisante pour que quelques oiseaux puissent se baigner et boire.*

maximale plus deux fois la profondeur. Ajoutez 30 cm à la longueur et à la largeur pour pouvoir faire un rabat de 15 cm tout autour, ce qui empêchera les fuites. Par exemple, pour un bassin de 2 x 3 m ayant 0,50 m de profondeur, la toile devrait mesurer 3,30 x 4,30 m. Il est très important de prendre des mesures exactes à cette étape préliminaire.

LA CONCEPTION ET L'AMÉNAGEMENT

À l'aide d'une corde (voir page ci-contre), délimitez au sol une forme de bassin qui vous plaise et qui s'harmonise avec l'environnement. Creusez ensuite à la pelle jusqu'à une profondeur de 23 cm, en donnant une pente d'environ 20° aux bords du bassin pour les empêcher de s'effondrer et faciliter la pose de la toile. De plus, quand l'eau du bassin gèlera en hiver, elle prendra de l'expansion vers le haut sans endommager la toile.

Si vous prévoyez mettre des plantes palustres, découpez un rebord ou une tablette d'environ 23 cm de largeur pour avoir l'espace suffisant pour la plantation. Continuez ensuite à creuser, en conservant le bon angle, jusqu'à ce que vous ayez atteint la profondeur requise, soit environ 50 à 60 cm. Si vous voulez faire une bordure de pierres, enlevez 5 cm de terre sur une largeur de 30 cm tout autour du bassin. Vous aurez ainsi la base d'une berge peu profonde et marécageuse, qui attirera les petits oiseaux. Les Hirondelles rustiques et les moucherolles iront y prendre la boue nécessaire à la construction de leurs nids. Le bassin et les plantes aquatiques attireront peut-être dans votre jardin des oiseaux insectivores qui auraient, autrement, recherché un habitat mieux adapté à leurs besoins.

POSE DE LA TOILE FLEXIBLE

1. Délimitation de la forme *Délimitez la forme que vous souhaitez donner au bassin à l'aide d'un tuyau d'arrosage ou d'une corde et de piquets. Commencez ensuite à creuser. Créez des rebords autour du bassin pour y faire des plantations.*

2. Mise de niveau *À l'aide d'une planche et d'un niveau à bulle, assurez-vous que les côtés du trou sont de niveau. Enlevez les racines et les roches acérées qui pourraient percer la toile lors de la pose.*

3. Toile *Recouvrez le fond et les parois d'un isolant en fibre de verre ou d'une épaisse toile géotextile qui servira de coussin et protégera la toile flexible. Coupez l'isolant à égalité avec le haut du trou.*

4. Remplissage *Étendez la toile également en travers du trou et maintenez les bords en place par des pierres. Remplissez lentement le bassin d'eau en tirant sur la toile pour éliminer les plis. Coupez la toile excédentaire, en laissant un rabat de 15 cm.*

5. Bordure *Faites une bordure autour du bassin avec des dalles ou des pavés scellés avec du mortier ou de la terre. Assurez-vous que les pierres de bordure sont de niveau et pressez-les en place.*

6. Finition *Disposez les pierres de bordure de façon qu'elles masquent la toile. Prenez garde de ne pas laisser tomber de mortier dans le bassin, sinon il faudra le vider et le remplir de nouveau.*

PLANTES DE MILIEU AQUATIQUE

LA VIE DES OISEAUX d'eau et de marais, comme les foulques, les râles et les gallinules, est liée à diverses combinaisons de plantes émergées, à feuilles flottantes et submergées.

Les plantes de ce groupe produisent en général beaucoup de graines. Ce mécanisme d'adaptation augmente les chances que les graines se retrouvent dans l'environnement qui leur convient. Les oiseaux mangent les graines et en transportent une certaine quantité vers de nouveaux habitats. Ils se nourrissent également des tubercules souterrains, des tiges, des rhizomes et des feuilles de ces végétaux.

Parmi les autres groupes de plantes aquatiques de bassins, on compte 42 espèces de paspales et diverses espèces de renouées qui poussent dans les marécages. La Renouée persicaire et la Renouée incarnate en sont de bons exemples. Les éléo-charides, les spirodèles, la Vallisnérie d'Amérique et les lenticules sont également attirantes pour les oiseaux aquatiques et les oiseaux terrestres.

Les plantes de milieu aquatique offrent aussi refuge à certains petits animaux qui se nourrissent des plantes elles-mêmes ou profitent du couvert végétal qu'elles forment. Les grenouilles, les insectes aquatiques et les poissons ne pourraient survivre dans votre bassin de jardin sans la présence de plantes.

Pour attirer les hérons et les martins-pêcheurs, peuplez le bassin de petits poissons. Le genre de poisson qui convient dépend de l'endroit où vous vivez. Au nord, mettez des Ventres-pourris (*Hyborhyncus notatus*). Les Fondules (Fundulus spp.) prospèrent en eaux plus chaudes. Ces poissons se reproduisent à une vitesse vertigineuse et sont des ennemis naturels des moustiques.

SCIRPE DES LACS

Schoenoplectus lacustris

La Scirpe des lacs est une grande plante indigène vivace des sols très humides. Le Troglodyte des marais, les quiscales, les butors, les foulques et les grèbes nichent sous le couvert qu'elle forme. Au moins 24 espèces d'oiseaux aquatiques se nourrissent de ses graines. Zones 6 à 9.

SPARTINE PECTINÉE

Spartina pectinata 'Aureo marginata'

Plante herbacée aux longues feuilles retombantes, rayées de jaune. C'est une plante qui s'étale et dont les graines constituent une importante source d'alimentation du Bruant maritime et du Bruant à queue aiguë. Zones 5 à 9.

CAREX GLAUQUE

Carex flacca

Il existe au moins 500 variétés de carex en Amérique du Nord dont les graines abondantes attirent 53 espèces d'oiseaux aquatiques, d'oiseaux de rivage et d'oiseaux chanteurs. Le Bruant hudsonien et le Bruant des marais en sont friands. Zones 6 à 9.

CAREX RAIDE
Carex elata 'Aurea'

Carex vivace à feuilles jaune doré persistantes. De nombreux carex poussent en touffes denses, créant ainsi un habitat propice à la nidification pour les oiseaux aquatiques et divers autres oiseaux qui font leur nid au sol, dont la Marouette de Caroline. Zones 6 à 9.

NYMPHÉA
Nymphaea 'Rose Arey'

En été, ses feuilles vert rougeâtre s'ornent de fleurs étoilées semi-doubles rose foncé, de 10 à 15 cm de diamètre. Elles pâlissent avec le temps et dégagent un fort parfum d'anis. Le Canard branchu et la Sarcelle à ailes bleues se nourrissent des graines et des rhizomes de cette plante. Zones 8 à 10.

CÉPHALANTHE OCCIDENTAL
Cephalanthus occidentalis

Préfère les sols très humides où il forme des touffes denses. Les fleurs blanches produisent des graines brunes en forme de noix qui servent de nourriture à de nombreux oiseaux aquatiques. Au moins dix espèces utilisent la plante comme couvert et comme site de nidification. Zone 4.

NYMPHÉA
Nymphaea 'Attraction'

En été, ce nymphéa à feuillage caduc a des fleurs semi-doubles en forme de coupe, rouge grenat moucheté de blanc, mesurant 15 cm de diamètre. Les graines servent de nourriture au Fuligule à tête rouge, au Fuligule à dos blanc, au Canard branchu et au Canard souchet. Zones 5 à 10.

NYMPHÉA
Nymphaea 'Virginia'

Plante aquatique vivace à feuilles caduques et flottantes. Feuilles vert-pourpre s'ornant en été de fleurs blanches étoilées semi-doubles mesurant de 10 à 15 cm de diamètre. Les gallinules marchent sur les feuilles qui offrent un bon couvert aux poissons. Zones 5 à 10.

SAGITTAIRE À FEUILLES EN FLÈCHE
Sagittaria sagittifolia

Dite aussi Sagittaire à grandes feuilles. Le Fuligule à dos blanc, le Canard noir et le Fuligule à collier en consomment les graines et les racines tubéreuses. Au moins dix autres espèces de canards barboteurs et plongeurs s'en nourrissent également. Zone 3.

Chapitre six

GUIDE DES PLANTES ET DES OISEAUX PAR RÉGION

Aux aguets
Devenus adultes, les Jaseurs d'Amérique se nourrissent surtout de fruits et de baies et sont attirés avant tout par les baies rouges.

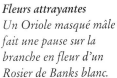

Fleurs attrayantes
Un Oriole masqué mâle fait une pause sur la branche en fleur d'un Rosier de Banks blanc.

O N CONNAÎT RELATIVEMENT peu de choses sur les habitudes alimentaires des oiseaux, et cela est particulièrement vrai pour un grand nombre d'espèces insectivores telles que moucherolles et parulines. La véritable documentation sur les habitudes alimentaires des Hirondelles noires est si rare qu'on se demande même si leur préférence pour les moustiques est réelle. Les quelques informations détaillées dont disposent les chercheurs sur l'attirance de certains oiseaux pour les fruits et les fleurs vivement colorés de diverses plantes indigènes ont été glanées dans les observations d'ornithologues amateurs à l'œil vigilant.

Les pages qui suivent proposent des listes de plantes dont la valeur est reconnue comme source d'aliment et de couvert pour de nombreuses espèces d'oiseaux. Pour vous aider à choisir parmi ces plantes, chaque entrée en présente les attraits particuliers.

Granivore
Le menu habituel du Roselin familier se compose principalement de graines de mauvaises herbes.

COMMENT UTILISER CE CHAPITRE

POUR LES BESOINS de cette partie du livre, on a divisé les États-Unis et le Canada en cinq régions selon la carte ci-contre. Pour chaque région, on propose d'abord un plan d'aménagement du jardin ornithologique idéal, puis des renseignements sur les oiseaux les plus communément observés dans la région et sur les plantes recommandées pour attirer ces oiseaux.

CLÉ DES RÉGIONS

RÉGION DU NORD-EST, PAGE 78

RÉGION DU SUD-EST, PAGE 98

RÉGION DES PRAIRIES ET DES PLAINES, PAGE 116

RÉGION DES MONTAGNES ET DES DÉSERTS, PAGE 132

RÉGION DE LA CÔTE DU PACIFIQUE, PAGE 148

GUIDE DE CHAQUE SECTION RÉGIONALE

Carte
Délimite le territoire couvert par la région.

Illustration
Un aménagement paysager basé sur les espèces ornithophiles idéales.

Intérêt ornithologique
Des oiseaux observés au jardin à diverses périodes de l'année.

CLÉ DES SYMBOLES ORNITHOLOGIQUES

RÉSIDANT TOUTE L'ANNÉE

VISITEUR EN HIVER

MIGRATEUR AU PRINTEMPS ET EN AUTOMNE

RÉSIDANT EN ÉTÉ (NICHEUR)

Plan de jardin paysager *Pour chacune des régions, nous suggérons un plan de jardin réunissant un certain nombre de plantes indigènes. Les oiseaux attirés par ces plantes sont également illustrés.*

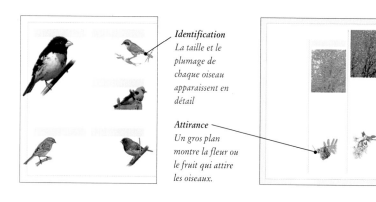

Identification
La taille et le plumage de chaque oiseau apparaissent en détail

Attirance
Un gros plan montre la fleur ou le fruit qui attire les oiseaux.

Liste de référence
Par types de plantes. Par exemple, conifères, arbres et arbustes à feuillage caduc, plantes tapissantes.

Oiseaux d'une région
Chaque entrée donne les noms latin et français de l'oiseau ainsi que certaines de ses caractéristiques.

Plantes recommandées
Une sélection de plantes et des données sur leurs culture et zone climatique

Autres plantes intéressantes
Une liste d'autres plantes d'appoint et des données sur leurs culture et zone climatique

LE CLIMAT DE L'AMÉRIQUE DU NORD

Dans chaque région, des zones de rusticité indiquent la répartition ou la limite nordique de la culture des plantes. Le système utilisé ici correspond aux zones de rusticité des plantes établies par le United States National Arboretum, l'Agricultural Service, le United States Department of Agriculture et l'American Horticultural Society. Ces zones ont été délimitées à partir de données météorologiques recueillies sur une très longue période et utilisées pour calculer les moyennes annuelles de basses températures. Pour identifier les plantes qui conviennent à votre terrain, repérez votre zone de rusticité sur la carte. Quand vous consulterez les listes de plantes recommandées ou intéressantes, assurez-vous bien que la zone indiquée pour la plante est égale ou inférieure (plus au nord) à votre propre zone climatique. Ces zones ne sont toutefois que des approximations et la présence de microclimats peut expliquer des différences qui peuvent aller jusqu'à une et même deux zones, bien que de tels microclimats ne soient parfois distants que de quelques kilomètres ou même de quelques mètres les uns des autres.

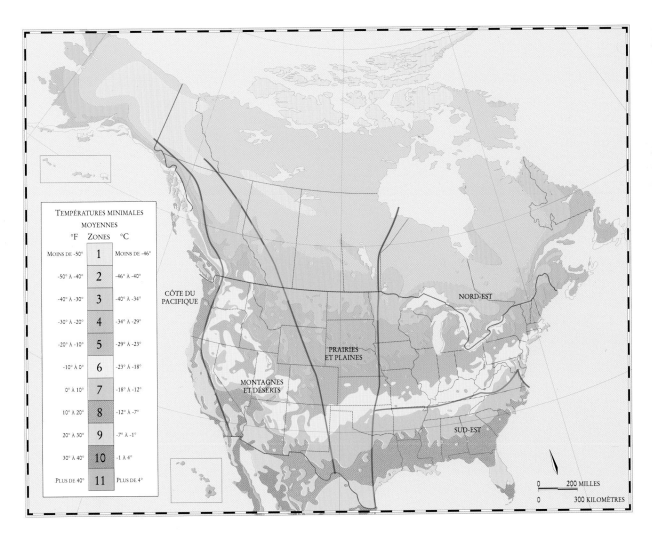

TEMPÉRATURES MINIMALES MOYENNES		
°F	ZONES	°C
MOINS DE -50°	1	MOINS DE -46°
-50° À -40°	2	-46° À -40°
-40° À -30°	3	-40° À -34°
-30° À -20°	4	-34° À -29°
-20° À -10°	5	-29° À -23°
-10° À 0°	6	-23° À -18°
0° À 10°	7	-18° À -12°
10° À 20°	8	-12° À -7°
20° À 30°	9	-7° À -1°
30° À 40°	10	-1 À 4°
PLUS DE 40°	11	PLUS DE 4°

CÔTE DU PACIFIQUE

NORD-EST

PRAIRIES ET PLAINES

MONTAGNES ET DÉSERTS

SUD-EST

0 — 200 MILLES
0 — 300 KILOMÈTRES

Région du Nord-Est

D ANS CETTE région, le jardin renfermera des plantes qui fournissent couvert, sites de nidification et fruits toute l'année. La gamme des zones climatiques (2 - 7) offre des choix intéressants.

Cornouiller
Cornus sp.
Tantôt arbre, tantôt arbuste, cette espèce a des fleurs magnifiques, un feuillage automnal orange et rouge, et vit en climat ensoleillé ou sec. *(Voir page 89.)*

Viorne trilobée
Viburnum trilobum
Cet arbuste vigoureux est indiqué pour les bordures et les haies. Son fruit persiste tout l'hiver et contribue ainsi à la subsistance du Moqueur roux, du Jaseur d'Amérique et de 29 autres espèces. *(Voir page 87.)*

TAILLE
18 cm

Jaseur d'Amérique
BOMBYCILLA CEDRORUM

Les Jaseurs d'Amérique se nourrissent de baies que leur procurent certains arbustes, comme le Buisson ardent et le cotonéaster, et certains arbres, comme le sorbier. Ils vivent en volées d'une vingtaine d'individus.

TAILLE
25,5 cm

Merle d'Amérique
TURDUS MIGRATORIUS

Ce représentant de la famille des grives chasse les vers de terre sur les pelouses et dans les paillis de feuilles mortes des plates-bandes.

Plate-bande fleurie
Planter une bordure d'annuelles et de vivaces aux couleurs vives au pied des arbustes bas. Soucis, zinnias, tournesols et autres annuelles produisent des graines en abondance ; les vivaces, comme la digitale, le phlox et l'ancolie, offrent leur nectar aux colibris.

Paillis de feuilles en décomposition
Étendre des feuilles mortes au pied des petits arbustes pour former une bordure d'un mètre de largeur. Les oiseaux qui se nourrissent au sol, comme les bruants, les tohis et les moqueurs, y chercheront les vers et les mille-pattes.

Chêne blanc
Quercus alba
Cet arbre majestueux atteint parfois 30 mètres. Il possède une ramure imposante et un épais feuillage. Il ne convient certes pas aux jardins exigus, mais sa production annuelle de glands n'en attire pas moins 28 espèces d'oiseaux. *(Voir page 87.)*

*TAILLE
15 cm*

ROSELIN POURPRÉ

CARPODACUS PURPUREUS

Essentiellement granivore, cet oiseau se nourrit aussi de bourgeons au printemps et apprécie les baies de cotonéaster à l'automne. Il fréquente assidûment les mangeoires en hiver.

Petits arbustes
Les arbustes bas à croissance limitée ajoutent de la variété aux bordures et en augmentent la profondeur. Former des massifs de petits arbustes distants d'environ 1,25 mètre, en ayant soin de choisir des espèces fruitières, comme le Buisson ardent, les cotonéasters, les houx et les viornes. Geais bleus, Orioles du Nord, Hirondelles noires et Colins de Virginie se nourrissent de leurs baies.

Herbe haute
Procure aux oiseaux qui s'y nourrissent un couvert contre les buses et les autres prédateurs ailés. Le périmètre d'herbes hautes est plus profitable encore, particulièrement pour les Merles d'Amérique, lorsqu'il est jonché de feuilles mortes.

UN JARDIN DE COULEURS ET D'ABRI

Oiseaux résidants et migrateurs fréquenteront ce jardin adapté à la région du Nord-Est. Le grand chêne blanc, qui fournit à la fois couvert et nourriture, en est le centre d'attraction. Les conifères, ainsi que les arbres et les arbustes à feuilles caduques, sont situés aux limites du terrain. Les plates-bandes fleuries ajoutent de la couleur à l'ensemble.

Couvre-sols
Cornouiller du Canada, Raisin d'ours et Fraisier de Virginie forment d'excellents couvre-sols pour plates-bandes ornithophiles. Ces plantes tapissantes ne dépassent pas 30 centimètres de hauteur.

Pelouse tondue
Pour observer le comportement des oiseaux, rien de tel qu'un carré central d'herbe bien rase, bien que les oiseaux de passage n'y trouvent que peu à manger.

LES VISITEURS ASSIDUS

PENDANT LES SAISONS migratoires du printemps et de l'automne, les jardins de la région du Nord-Est sont souvent les hôtes de visiteurs inhabituels. Pendant ces périodes, il arrive qu'on puisse observer une centaine d'espèces d'oiseaux, et même plus, dans un jardin ornithologique bien aménagé. En route vers le Sud, les oiseaux chanteurs se rassemblent à certains endroits le long de la côte, comme à Cape May, au New Jersey, où ils accumulent des réserves de graisse en se gavant de baies de cirier, de houx et d'autres plantes indigènes avant de s'envoler pour la traversée de la baie de Chesapeake. Ces oiseaux s'arrêtent dans des aires de repos traditionnelles et hivernent depuis toujours dans les mêmes régions tropicales que leurs ancêtres. À l'opposé, les Gobemoucherons gris-bleu, les pics, les cardinaux, les mésanges et certains autres oiseaux sédentaires vivent sur le même territoire tout au long de l'année et se nourrissent des multiples insectes et fruits proches du site de nidification. Certains de ces oiseaux occupent un vaste territoire ; vous avez donc d'excellentes chances de pouvoir les attirer dans votre jardin.

TAILLE
16,5 à 18 cm

MOUCHEROLLE PHÉBI
Sayornis phoebe 🏠

NID *Coupe de boue mêlée d'herbe d'environ 11,5 centimètres de diamètre, tapissée de poils et d'herbe et recouverte d'une couche de mousse. Souvent construit dans une grange ou une remise, ou sous un porche ou un avant-toit.*
VOIX *Ressemble à son nom, un fi-bi répété, la deuxième note alternativement plus haute et plus basse.*
NOURRITURE *Il se nourrit de baies de micocoulier, d'amélanchier et de genévrier. Il trouve refuge dans les sumacs.*

PIC MINEUR
Picoides pubescens 🪶

NID *Il niche dans une cavité déjà creusée dans un arbre mort et tapissée de copeaux de bois. L'entrée, d'à peine 2,5 centimètres de diamètre, le protège des prédateurs.*
VOIX *Pik court et terne ; émet aussi des hennissements inhabituels.*
NOURRITURE *Le Pic mineur est friand des fruits de l'amélanchier, du Fraisier de Virginie, du cornouiller, du sorbier et de la Vigne vierge, ainsi que de scarabées, d'araignées et d'escargots.*

TAILLE
16,5 à 18 cm

COLIBRI À GORGE RUBIS
Archilochus colubris

TAILLE
7,5 à 9,5 cm

NID *Pas plus gros qu'une noix, le nid fait de duvet végétal, recouvert de lichen gris-vert, est bien camouflé. Il est retenu à une branche par des fils d'araignée ou par un cocon de chenille en forme de tente, entre 1,5 et 6 mètres au-dessus du sol.*
VOIX *Émet des petits cris aigus lorsqu'il est agité ; lance aussi des tchou plus doux.*
NOURRITURE *Il se nourrit de nectar de fleurs : ancolie, Vigne vierge, Lobélie cardinale et Monarde.*

MÉSANGE À TÊTE NOIRE
Parus atricapillus

TAILLE
12 à 14 cm

NID *Le nid est une cavité creusée dans du bois pourri ou un trou de pic abandonné, tapissé de fibres végétales douces, de poils, de mousse et de plumes. Son emplacement ne dépasse pas 3 mètres de hauteur.*
VOIX *Lance son chic-a-di-di-di pour resserrer la volée. Le chant territorial des mâles est un fi-bi sifflant.*
NOURRITURE *Se nourrit de baies d'amélanchier, de cirier, de houx et de viorne, ainsi que de cônes de pin et de graines bouleau.*

GEAI BLEU
Cyanocitta cristata

TAILLE
28 à 30,5 cm

NID *Il construit à la fourche d'un arbre, à une hauteur de 3 à 4,5 mètres, un nid de 18 à 20 cm de largeur, tapissé de radicelles et couvert de mousse, d'herbe, de fils, de laine, de papier et de tissu.*
VOIX *Un djé-djé ou djyâ-djyâ retentissant. Son cri d'alarme est un toullioull semblable à un son de cloche.*
NOURRITURE *Il raffole des baies de l'Airelle en corymbe, du houx et du Mûrier rouge d'Amérique ; aussi les graines de divers sumacs, de tournesol, les cerises, les raisins sauvages.*

GOBEMOUCHERON GRIS-BLEU
Polioptila caerulea

NID *Coupe de matières végétales couverte de lichen, retenue par des fils d'araignée et habituellement située entre 6 et 21 mètres au-dessus du sol.*
VOIX *Un son très aigu, zî-ou-zî-ou, qu'il fait entendre sans arrêt pendant qu'il cherche sa nourriture dans les arbres et dans les fourrés touffus.*
NOURRITURE *Il recherche particulièrement les chênes, où il peut s'abriter et se nourrir. Il glane également des insectes et des araignées sur les feuilles et les ramilles et mange parfois du suif.*

TAILLE
11,5 à 12,5 cm

SITTELLE À POITRINE ROUSSE
Sitta canadensis

NID *Dans un arbre creux ou un trou de Pic tapissé de matières végétales, à une hauteur de 1,5 à 12 m. Contre les prédateurs, la sittelle enduit de résine de pin l'entrée du nid.*
VOIX *Cris les plus courants : it it it, wa-wa-wa et un ank ank ank aigu.*

TAILLE 11,5 à 12 cm

NOURRITURE *Graines de pin, d'épicéa, de sapin.*

GRAND PIC
Dryocopus pileatus

NID *Une cavité creusée dans un arbre mort situé près de l'eau, dans un endroit ombragé, entre 4,5 et 25 mètres au-dessus du sol.*
VOIX *Le cri régulier iouca-iouca-iouca est remplacé, à la pariade, par un couc lent et irrégulier.*
NOURRITURE *Il raffole des fruits de l'amélanchier, des ronces, du Fraisier de Virginie, du sureau, du micocoulier et du Mûrier rouge d'Amérique. Il fouille aussi les feuillages à la recherche d'insectes.*

TAILLE 43 à 49,5 cm

CARDINAL À POITRINE ROSE
Pheucticus ludovicianus ✦ 🏠

TAILLE
18 à 21,5 cm

NID *Fait de brindilles et de tiges lâchement tissées, tapissé de brins d'herbe, de radicelles et de poils. Construit dans les fourrés et dans les arbres, habituellement entre 1,5 et 6 mètres au-dessus du sol.*
VOIX *À la pariade, le chant du mâle est long et harmonieux. Celui de la femelle est semblable, mais plus doux et plus court. Le mâle chante même dans le nid.*
NOURRITURE *Il est attiré par les fleurs de cerisier dont il mange les graines naissantes. Il recherche aussi l'abri et la nourriture que lui offrent l'érable, le cornouiller et l'aubépine. La prédilection de cette espèce pour le doryphore, parasite de la feuille de pomme de terre, est bien connue. D'autres insectes nuisibles, chenilles, papillons nocturnes et sauterelles, composent environ la moitié de son menu. Il les chasse dans la Vigne vierge, le sureau, le mûrier et dans les feuilles et les fruits des vignes sauvages.*

PARULINE MASQUÉE
Geothlypis trichas 🏠

TAILLE
11,5 à 14 cm

NID *Le nid est confectionné à l'aide de graminées, de fougères mortes et d'écorce de vigne et tapissé de fibres végétales ou de poils. Habituellement construit près du sol et fixé à des roseaux, des bruyères et des graminées robustes.*
VOIX *Chant clair et retentissant, ouitchiti, ouitchiti, ouitchiti, ou ouitche-oui-ô, ouitche-oui-ô.*
NOURRITURE *Essentiellement insectivore.*

TANGARA ÉCARLATE
Piranga olivacea ✦ 🏠

NID *Nid peu profond, en forme de soucoupe, tapissé de petites graminées ou d'aiguilles de pin. Construit sur une grosse branche d'arbre, à une hauteur variant de 1,2 à 22 mètres du sol.*
VOIX *Son chant territorial est kwerit-kwîr-kweri-kwerit-kwîr.*
NOURRITURE *Il recherche les chênes, où il chasse les nombreux insectes qui constituent 80 % de son menu. Il se nourrit aussi de divers fruits sauvages.*

TAILLE
16,5 à 19 cm

BRUANT HUDSONIEN
Spizella arborea ✤

TAILLE
15 à 16,5 cm

NID *Coupe faite de graminées, de tiges, d'écorce et de mousse, tapissée de matériaux insolites : plumes, fourrure de lemming et poils de chien. Aménagé habituellement dans les arbres et les arbustes au sud de la toundra, à une hauteur de 30 centimètres à 1,5 mètre du sol.*
VOIX *Chant très doux et musical, tidili-ît, tidili-ît.*
NOURRITURE *Il adore les graines de graminées sauvages vivaces, comme le schizachyrium et le barbon.*

JUNCO ARDOISÉ
Junco hyemalis ✤

NID *Graminées, radicelles, mousse, écorce et brindilles servent à construire une coupe profonde dissimulée sous des racines d'arbre.*
VOIX *Un trille simple ou un gazouillis évoquant celui d'une paruline, fait de notes courtes et faibles.*
NOURRITURE *Il raffole des graines de graminées et de conifères. Au jardin, il recherche les annuelles à graines : cosmos, zinnias, etc.*

TAILLE
15 à 16,5 cm

CAROUGE À ÉPAULETTES
Agelaius phoeniceus

NID *Il tisse une coupe lâchement entrelacée de graminées et de carex, dans les quenouilles, les joncs et les arbrisseaux, souvent dans les marais et au-dessus de la surface de l'eau.*

TAILLE
19 à 24 cm

VOIX *Le mâle fait entendre un chant coulant, onk-la-rî, ou o-ka-lî, qui se répète et se termine en trille. Le cri le plus fréquent est un tchak sonore, émis lors du vol en groupe*

NOURRITURE *Il recherche les graines de graminées dans les marais et les pâturages, mais il préfère les graines de quelque 150 espèces de tournesol, annuelles et vivaces.*

QUISCALE BRONZÉ
Quiscalus quiscula

NID *Amas compact de brindilles, de roseaux et d'herbe, tapissé d'un mélange de matériaux naturels et synthétiques, habituellement construit dans un arbre ou un arbuste résineux. Niche en colonie éparse, lorsque la chose est possible.*

TAILLE
28 à 33 cm

VOIX *Le cri du mâle à la pariade est cogouba-li, et le cri habituel est un fort tchok. Le chant est grinçant.*

NOURRITURE *Graines, glands et fruits. Souvent, il se nourrit de céréales.*

CHARDONNERET JAUNE
Carduelis tristis

NID *Tapissé de duvet de chardon ou d'asclépiade, le nid de fibres végétales est construit dans les haies et les broussailles ou dans les arbres à bois dur, habituellement à quelques mètres du sol.*

TAILLE
12,5 à 14 cm

VOIX *Le cri le plus courant est un per-tchic-o-rî répété deux fois. Le cri lancé en vol est si-mi, si-mi.*

NOURRITURE *Se nourrit d'une grande variété et d'une grande quantité de graines de mauvaises herbes. Ses préférées sont les graines de laitue et de chardon. Mange également quelques pucerons et chenilles.*

ORIOLE DU NORD
Icterus galbula

NID *Sorte de bourse faite de fibres végétales, de bouts de ficelles et de poils, tapissée d'herbe fine et suspendue aux branches d'un feuillu, de 7,5 à 9 mètres ou plus au-dessus du sol.*

VOIX *Un long sifflement modulé et flûté. Son cri d'alarme est un caquetage ondulant.*

NOURRITURE *Il apprécie les fruits, les petits pois du jardin et nectar des fleurs, mais son menu se compose essentiellement d'insectes qu'il débusque dans le feuillage des arbres ombreux. En hiver, les orioles fréquentent parfois les mangeoires garnies d'oranges et de pommes.*

TAILLE
18 à 20,5 cm

TARIN DES PINS
Carduelis pinus

NID *Peu profond, fait de brindilles, de petites racines et d'herbe, tapissé de radicelles, de mousse, de poils et de plumes. Placé sur une branche horizontale, loin du tronc.*

VOIX *Long souiii, bourdonnement rauque, zzzzzz, et tit-ti-tit émis en vol.*

TAILLE
11,5 à 12,5 cm

NOURRITURE *Friand de graines de pin et d'aulne, d'autres graines d'arbres et de mauvaises herbes. Chasse des insectes qu'il mange la tête en bas.*

PLANTES RECOMMANDÉES

LE CHOIX des espèces à cultiver est fonction de leur résistance aux conditions hivernales. À la fin de chaque description, des données sur la rusticité de la plante et sur les zones climatiques favorables sont proposées à titre indicatif. Cependant, la présence de microclimats peut entraîner des variations pouvant aller jusqu'à une et même deux zones.

La durée des saisons varie d'un endroit à l'autre de la région et les périodes de fructification sont indiquées par saison plutôt que par mois. Choisissez des espèces dont les périodes de floraison et de fructification varient, pour que les oiseaux disposent de fruits en toute saison.

La plupart des plantes énumérées ici sont indigènes en Amérique du Nord, mais quelques plantes exotiques (non indigènes) ont également été retenues. Il s'agit d'espèces qui ne sont pas considérées comme « conquérantes » et qui représentent un intérêt particulier pour les oiseaux indigènes.

Vous trouverez dans la liste illustrée des plantes de la région du Sud-Est un certain nombre d'espèces qui conviennent également à certains secteurs du Nord-Est, et vice versa, ce qui élargit grandement le choix qui s'offre au jardinier désireux de convier les oiseaux dans son jardin.

ARBRES

SORBIER D'AMÉRIQUE
Sorbus americana

Arbre à feuillage caduc de taille moyenne, aussi connu sous le nom de Cormier. Feuilles bleu-vert, divisées en 11 à 17 étroites folioles ovales, qui virent au rouge orangé à l'automne. Fleurs blanches printanières et grappes de baies rouge vif tout à fait spectaculaires. Idéal pour les jardins, aussi bien en milieu urbain que dans des endroits moins limités. Pousse en plein soleil, dans un sol humide. Hauteur : 12 m. Très rustique. Zones 3 à 8.

Attire *quelque 14 espèces, dont le Jaseur d'Amérique, le Moqueur roux, le Merlebleu de l'Est, le Moqueur chat, le Gros-bec errant et le Durbec des sapins, friands de ses fruits.*

AMÉLANCHIER ARBRE
Amelanchier arborea

Ce genre comprend des petits arbres et des arbustes à feuilles caduques et à floraison printanière. L'espèce recommandée ici est l'un des membres les plus communs et les plus largement répandus de cet important groupe indigène. Elle produit des fleurs blanches du début du printemps au milieu de l'été, alors qu'apparaissent les petits fruits pourpres. Excellent choix pour les jardins ombragés. Pousse au soleil ou à la mi-ombre, dans un sol bien drainé sans être sec. Hauteur : 6 à 12 m. Rustique. Zone 3.

Attire *au moins 19 espèces d'oiseaux, notamment le Pic chevelu, la Grive des bois, la Gélinotte huppée, le Viréo aux yeux rouges et le Cardinal à poitrine rose.*

GENÉVRIER DE VIRGINIE
Juniperus virginiana

Arbre indigène, rustique, à croissance lente. Les fruits mûrissent au début de l'automne et persistent tout l'hiver. Seul l'arbre femelle produit des cônes bleus ressemblant à des baies; aussi faut-il planter plusieurs arbres pour obtenir une bonne récolte fruitière. Pousse au soleil ou à la mi-ombre, dans un sol d'origine calcaire, et prospère en sol pauvre et érodé. Hauteur : 15 m maximum. Rustique. Zones 3 à 9.

POMMIER ORNEMENTAL
Malus magdeburgensis

Petit arbre très ornemental, à feuillage caduc et à floraison printanière, qui produit des fleurs cupulaires et des fruits. La plupart des 80 cultivars offerts sont des hybrides créés par croisement de plusieurs espèces exotiques. Pour attirer la plus grande diversité possible d'oiseaux, il vaut mieux choisir des variétés à petits fruits qui persistent pendant tout l'hiver. Pousse en plein soleil, dans tout type de sol, sauf en sol gorgé d'eau; tolère la mi-ombre. Hauteur : 2,5 à 15 m. Très rustique. Zones 5 à 8.

CORNOUILLER DE FLORIDE
Cornus florida

Bel arbre à feuillage caduc. Il porte des grappes de fleurs blanches, puis des fruits rouge vif qui apparaissent à la fin de l'été et dont les oiseaux ont déjà mangé la plus grande partie quand arrive la fin de l'automne. Le feuillage automnal va du roux au rouge profond. Le Cornouiller du Japon est une espèce exotique résistante aux maladies mais qui n'attire pas autant les oiseaux. Pousse en plein soleil ou à la mi-ombre. Hauteur : 1 à 3 m. Très rustique. Zones 5 à 8.

Attire jusqu'à 54 espèces, notamment le Jaseur d'Amérique, le Moqueur polyglotte, le Moqueur roux et le Moqueur chat. Site de nidification pour oiseaux chanteurs.

Attire une grande variété d'oiseaux, parmi lesquels le Pic flamboyant et le Bruant à gorge blanche, qui apprécient ses petits fruits qu'ils n'ont aucune difficulté à cueillir et à avaler.

Attire 36 espèces qui se nourrissent de ses fruits, dont six espèces de grives, le Pic flamboyant, le Grand Pic, le Tangara vermillon, le Grosbec errant et le Durbec des sapins.

AUBÉPINE FLABELLIFORME

Crataegus flabellata

Arbre à feuillage caduc, à cime arrondie. Ses feuilles ressemblent à celles du peuplier. Recherché pour ses grappes printanières de fleurs rose et blanc à cinq pétales, parfois doubles, pour ses fruits d'été à pépins rouges ou orange et pour ses coloris d'automne. Parfait en bordure des propriétés ; ses branches offrent des sites de nidification appréciés du Merle d'Amérique, du Cardinal rouge, du Geai bleu et d'autres oiseaux. Pousse en plein soleil, dans un sol riche et bien drainé. Hauteur : 4,5 à 10 m. Très rustique. Zone 5.

MÛRIER ROUGE D'AMÉRIQUE

Morus rubra

Peu d'arbres sont aussi invitants pour les oiseaux chanteurs que cette espèce à fruits rouges comestibles. Des fleurs vertes mâles et femelles poussent habituellement sur des arbres distincts. Il faut parfois planter un arbre mâle et un arbre femelle pour obtenir une bonne récolte fruitière au centre d'un jardin ornithologique. Plein soleil, sol fertile et bien drainé. Hauteur : 7,5 à 12 m. Très rustique. Zone 6.

ÉRABLE À SUCRE

Acer saccharum

*Arbre étalé, à feuillage caduc et à cime ovale dont la sève sert à fabriquer le sirop d'érable. Ses feuilles vert clair à 5 folioles prennent, à l'automne, une vive teinte écarlate.
Il produit des fleurs, petites mais jolies, bientôt suivies de fruits à ailes doubles, les disamares. Il convient à merveille aux grandes propriétés.
Il ne tolère pas les conditions urbaines et pousse dans les bois partiellement ensoleillés ou semi-ombragés, dans un sol fertile et bien drainé. Hauteur : 21 m. Très rustique. Zones 4 à 8.*

Attire *au moins 18 espèces, dont le Jaseur d'Amérique, qui en consomment volontiers les fruits. L'illustration ci-dessus montre les fruits rouges de l'Aubépine monogyne.*

Attire *environ 44 espèces d'oiseaux qui se nourrissent de ses fruits, dont le Coulicou à bec jaune ou à bec noir, le Tangara écarlate et le Tangara vermillon.*

Attire *le Merle d'Amérique et le Viréo aux yeux rouges, qui y nichent. L'Oriole troglodyte et les parulines se nourrissent des insectes qu'ils trouvent dans son feuillage.*

ARBUSTES

CHÊNE BLANC

Quercus alba

Grand arbre ombreux à feuilles caduques, recherché pour son feuillage, le Chêne blanc convient aux grandes propriétés. Les fleurs ternes qu'il produit de la fin du printemps au début de l'automne sont alors remplacées par des glands. Contrairement à la plupart des chênes, celui-ci en produit annuellement, une nourriture très importante pour les mammifères et pour les oiseaux. Pousse en plein soleil, dans un sol humide et bien drainé. Hauteur : maximum 30 m ; tronc de 1,2 m de diamètre. De rustique à très rustique. Zone 5.

VIORNE TRILOBÉE

Viburnum trilobum

Aussi connu sous le nom de Pimbina, son feuillage caduc, vert foncé, rougit à l'automne. Ses fruits rouge vif demeurent tout l'hiver et sont mangés au printemps par les migrateurs. La fructification est plus abondante si plusieurs plants de clones différents sont réunis. Pousse au soleil ou à la mi-ombre, en sol profond et fertile. Hauteur : 2,5 m. De rustique à très rustique. Zone 2.

SUREAU BLANC

Sambucus canadensis

Arbuste à feuillage caduc, très fourni. Des grappes de fleurs blanches l'ornent du début à la fin de l'été. Ses petits fruits pourpres mûrissent de l'été à l'automne. Pousse au soleil, en sol fertile et humide. Hauteur : les jeunes plants d'à peine quelques cm au cours de la première année ont parfois des rameaux qui atteignent 4,5 m par la suite. Très rustique. Zones 4 à 9.

Attire *le Pic flamboyant, le Pic à tête rouge, le Geai bleu ainsi que d'autres oiseaux qui se nourrissent de ses glands. L'illustration ci-dessus montre la fleur staminée du Chêne blanc.*

Attire *au moins sept espèces d'oiseaux dont le Tétras du Canada, la Gélinotte huppée, le Dindon sauvage, le Moqueur roux, le Jaseur d'Amérique et le Merlebleu de l'Est.*

Attire *33 espèces d'oiseaux dont les Pics à ventre roux, à tête rouge, le Merlebleu de l'Est et le Cardinal rouge. Le Merle d'Amérique mange souvent le fruit encore vert.*

RONCES

Rubus sp.

Ce nom collectif désigne les arbustes à feuillage caduc, persistant ou semi-persistant, qui produisent les framboises, les mûres, les plaquebières et les catherinettes. Toutes produisent des fruits que les oiseaux se hâtent de dévorer. Elles offrent d'excellents sites de nidification, à l'abri des prédateurs. Pour produire à foison, les ronces doivent être élaguées. Planter en bordure des petites propriétés. Pousse au soleil, dans un sol fertile et bien drainé. Hauteur: maximum 3 m. De rustique à très rustique. Zones 4 à 9.

Attire au moins 49 espèces dont le Dindon sauvage, le Geai bleu, le Moqueur chat, la Grive fauve, le Jaseur d'Amérique, la Paruline polyglotte et les orioles.

BENJOIN OFFICINAL

Lindera benzoin

Grand arbuste buissonnant à feuillage caduc dont les feuilles vertes parfumées jaunissent à l'automne. Il porte, tout au long du printemps, de petites fleurs jaune verdâtre apparaissant avant les feuilles, suivies, sur les plantes femelles, de baies rouges du milieu de l'été au milieu de l'automne. Il se multiplie par bouturage en été ou par la graine à l'automne. Aussi connu sous le nom de Laurier benjoin. Pousse en plein soleil ou à la mi-ombre, dans un sol humide et fertile. Hauteur: 4,5 m; étalement: 0,6 à 2,5 m. Très rustique. Zone 5.

Attire les oiseaux migrateurs aussi bien que résidants, notamment le Colin de Virginie et le Pic flamboyant, grâce à des fruits riches en matières grasses.

AIRELLE EN CORYMBE

Vaccinium corymbosum

Arbuste indigène touffu à feuillage caduc, présent le long de la côte de l'Atlantique depuis l'est du Maine jusqu'au nord de la Floride. Il commence à produire des fruits vers l'âge de 8 à 10 ans, bien que certaines plantes soient productives dès l'âge de 3 ans. Il forme d'excellentes haies et est un des sites de nidification préférés du Moqueur chat. Pousse au soleil, dans un sol acide, bien drainé ou très humide; tolère la mi-ombre. Hauteur: 2 à 4,5 m. Rustique. Zones 4 à 8.

Attire le Merle d'Amérique, le Merlebleu de l'Est, l'Oriole des vergers et au moins 34 autres espèces par son fruit bleu-noir sucré: le bleuet.

ALISIER

Viburnum lentago

*Aussi connu sous le nom de Bour-
daine, ce vigoureux arbuste dressé à
feuillage caduc porte des feuilles
ovales, d'un vert foncé luisant qui
tourne au rouge et au pourpre à
l'automne. Au printemps, il produit
des sommités aplaties de petites fleurs
blanches étoilées et parfumées, suivies
de fruits rouges ovoïdes qui noircissent en mûrissant pendant l'été.
Pousse en plein soleil ou à la mi-
ombre, dans un sol profond, riche et
humide. Hauteur : 3 m, ce qui en fait
la plus grande espèce de viorne. De
rustique à très rustique. Zones 3 à 8.*

CIRIER DE PENNSYLVANIE

Myrica pensylvanica

*Arbuste aromatique à feuillage caduc,
présent dans les régions côtières et les
terres intérieures sablonneuses. Espèce
adaptable. Fleurit de la fin du printemps au milieu de l'été et produit de
petites baies cireuses gris clair pendant
tout l'hiver. Certaines espèces d'oiseaux, comme le Carouge à épaulettes, y nichent couramment. Pousse
en plein soleil ou à la mi-ombre, dans
un sol sableux et sec, mais tolère les
sols humides. Hauteur : 1 à 2,5 m.
Rustique. Zone 2.*

CORNOUILLER À FEUILLES ALTERNES

Cornus alternifolia

*Comme son nom l'indique, ses feuil-
les alternent le long de la tige. Arbre
ou arbuste de belle apparence, on le
cultive pour ses fleurs, son feuillage
ou ses branches très colorées qui font
un bel effet en hiver. Ses feuilles rou-
gissent à l'automne. Pousse à la mi-
ombre, dans un sol humide et bien
drainé, tolère le plein soleil. Hauteur :
pousse parfois suffisamment pour
devenir un arbre élégant atteignant
9 m et pourvu de branches larges et
arquées. Zones 2 à 8.*

Attire *au moins cinq espèces qui
s'abritent sous son couvert. Le
Moqueur chat, le Merle d'Amérique, le
Merlebleu de l'Est et le Jaseur d'Amérique se nourrissent de ses fruits colorés.*

Attire *au moins 25 espèces, dont la
Paruline à croupion jaune, le Pic à
ventre roux, l'Hirondelle bicolore et
les oiseaux migrateurs, tous friands de
ses fruits nourrissants.*

Attire *au moins 34 espèces intéressées
par ses fruits, dont le Pic mineur, le
Moqueur roux, la Grive des bois, le
Merlebleu de l'Est et le Jaseur
d'Amérique.*

CORNOUILLER STOLONIFÈRE

Cornus stolonifera

Aussi appelé Hart rouge, cet arbuste bas à feuillage caduc est illustré ici par sa variété 'Flaviramea'. Petites fleurs blanches étoilées à la fin du printemps et au début de l'été, suivies de fruits blancs sphériques en grande partie mangés par les oiseaux dès le début de l'automne. Pousse en plein soleil et peut contribuer à freiner l'érosion. Hauteur : 1,2 à 2,4 m maximum ; étalement : 3 m ou plus. Très rustique. Zones 2 à 8.

SUMAC VINAIGRIER

Rhus typhina

Arbuste étalé, drageonnant, à feuillage caduc, dont les minuscules fleurs blanc verdâtre apparaissent du milieu à la fin de l'été. À l'automne, ses feuilles tournent à l'orange vif et les plantes femelles produisent des grappes de fruits sphériques rouge foncé. Illustré ici au moment où il commence à montrer ses couleurs d'automne. Plus petit, le Sumac aromatique est sans doute préférable dans certains jardins. Pousse au soleil, dans un sol bien drainé. Hauteur : 4,5 m. Très rustique. Zones 4 à 9.

ROSIER DE VIRGINIE

Rosa virginiana

Les rosiers sauvages constituent un groupe diversifié d'arbustes bas. Ils ont besoin de soleil et font de parfaites haies, le long des propriétés, ou de magnifiques massifs. À cause de leurs branches touffues et épineuses, les oiseaux de bosquets, comme le Cardinal rouge et le Moqueur roux, s'y réfugient généralement et en font d'importants sites de nidification. La fructification a lieu à l'été et au début de l'automne. Pousse au soleil, dans un sol sec ou humide. Hauteur : 1,2 à 2 m. Zones 4 à 9.

***Attire** au moins 18 espèces d'oiseaux par ses fruits, notamment le Dindon sauvage et le Moqueur chat. Son épais couvert protège les oiseaux chanteurs.*

***Attire** quelques espèces qui nichent au sol, sous ses larges feuilles. Au moins 21 espèces se nourrissent de ses fruits, dont le Viréo aux yeux rouges et le Merle d'Amérique.*

***Attire** au moins 20 espèces d'oiseaux qui se régalent des cynorhodons écarlates apparaissant à la fin de l'été. Ci-dessus, en gros plan, une fleur du rosier indigène 'Rosa rugosa'.*

PLANTES TAPISSANTES

RAISIN D'OURS
Arctostaphylos uva-ursi

Arbuste bas à feuillage persistant, à tiges arquées et entrelacées couvertes de petites feuilles ovales d'un vert éclatant. En été, il porte des fleurs blanc rosé en forme d'urne, suivies de baies écarlates qui persistent tout l'hiver. Il fournit un abri contre les vents forts. Pousse en plein soleil, dans un sol acide et bien drainé. Hauteur : 30 cm. De très rustique à sensible au gel. Zones 2 à 8.

AIRELLE VIGNE-D'IDA
Vaccinium vitis-idaea

Arbuste prostré à feuillage persistant connu également sous le nom de Berris ou de Graines rouges, bonne plante tapissante en raison de ses stolons souterrains. Elle forme des monticules de feuilles ovales ayant l'aspect du cuir et porte des grappes de fleurs en forme de clochettes blanches ou rosées du début de l'été à l'automne. Produit des fruits rouge vif en automne et en hiver. Pousse au soleil ou à la mi-ombre, en sol acide, humide mais bien drainé, tourbeux ou sableux. Hauteur : 2 à 25 cm à la floraison. Très rustique. Zones 2 à 5.

GRAINES NOIRES
Empetrum nigrum

Le nom générique de cet arbuste bas à feuilles persistantes et au parfum épicé signifie « sur les rochers », par référence à l'habitat rocheux et alpin qu'il privilégie. On le rencontre dans toute la région subarctique, dans les habitats exposés et hostiles. Ses feuilles elliptiques, terminées en pointe, rappellent les aiguilles de conifère. Ses drupes noir pourpré apparaissent à la fin de l'été et persistent jusqu'au début de l'hiver. Pousse au soleil, dans un sol humide ou modérément sec. Hauteur : 7,5 à 10 cm. Rustique. Zone 4.

Attire *le Bruant fauve et les gélinottes par ses baies rouges de la taille d'un pois. Aussi connu sous le nom de Bousserole. Ses feuilles séchées servaient de tabac aux Amérindiens.*

Attire *le Bruant à gorge blanche par ses fruits rouges. Bonne plante tapissante pour les surfaces réduites. Ses fruits font de merveilleuses conserves et de délicieux sirops.*

Attire *au moins 40 espèces d'oiseaux qui comptent sur ses baies pour leur subsistance d'hiver, dont le Durbec des sapins, le Moqueur roux, le Moqueur chat et le Tohi.*

Autres plantes intéressantes

Arbres à feuilles persistantes

Abies balsamea
SAPIN BAUMIER
Site de nidification préféré du Merle d'Amérique et de la Tourterelle triste, cet arbre indigène s'adapte mal aux grandes villes. Ses graines nourrissent au moins 13 espèces d'oiseaux, parmi lesquelles le Gros-bec errant, le Roselin pourpré et le Durbec des sapins. *Hauteur:* 12 à 18 m. Pousse au soleil ou à l'ombre, dans un sol humide. Fruits de la fin du printemps au début de l'été. *Type de fruit:* cône. ZONE 4.

Picea glauca
ÉPINETTE BLANCHE
Sites de nidification et couvert hivernal comptent parmi les importants attraits de cet arbre indigène. Au moins 19 espèces d'oiseaux se nourrissent de ses graines, et principalement le Gros-bec errant, la Sittelle à poitrine rousse et le Bec-croisé des sapins. *Hauteur:* 25 à 30 m. Pousse au soleil ou à l'ombre, dans un sol humide ou drainé. Fruits au début de l'automne. *Type de fruit:* cône. ZONE 3.

Picea pungens
ÉPINETTE DU COLORADO
Voir liste illustrée des plantes, région des montagnes et des déserts, p. 138.

Picea rubens
ÉPINETTE ROUGE
Indigène. *Hauteur:* 18 à 21 m. Pousse au soleil ou à l'ombre, dans un sol drainé. Fruits au début de l'automne. *Type de fruit:* cône. ZONE 2.

Pinus resinosa
PIN ROUGE
Au moins 48 espèces d'oiseaux se nourrissent des graines de ce pin indigène qui produit en surabondance tous les 3 à 7 ans. Très rustique, il se cultive même en sol pauvre. *Hauteur:* 25 m maximum. Pousse au soleil ou dans un endroit semi-ensoleillé, dans un sol sec ou drainé. Fruits de la fin de l'été à la fin de l'automne. *Type de fruit:* cône. ZONE 3.

Pinus rigida
PIN DUR
Ce pin indigène est l'espèce de pin la plus indiquée pour les sols pauvres, sableux ou même graveleux. Ses graines attirent de nombreuses espèces d'oiseaux. *Hauteur:* 12 à 18 m. Pousse au soleil, dans un sol sec ou humide. Fruits à la fin de l'automne. *Type de fruit:* cône. ZONE 5.

Thuja occidentalis
THUYA DE L'EST
Arbuste indigène formant des haies impénétrables; sert de site de nidification au Quiscale bronzé, au Merle d'Amérique et au Roselin familier. Le Tarin des pins fait de ses graines un aliment favori. *Hauteur:* 6 à 12 m. Pousse au soleil ou à la mi-ombre, dans un sol humide. Fruits au début de l'automne. *Type de fruit:* cône. ZONE 3.

Tsuga canadensis
PRUCHE DU CANADA
Cet arbre indigène résiste à la pollution atmosphérique. Site de nidification privilégié du Merle d'Amérique, du Geai bleu et de la Grive des bois. Importante source alimentaire pour les mésanges. Peut être taillé en haie. *Hauteur:* 15 à 25 m. Pousse dans diverses conditions d'ensoleillement, mais tolère très bien l'ombre; préfère les sols humides ou drainés. Fruits au début de l'automne. *Type de fruit:* cône. ZONE 3.

Grands arbres à feuillage caduc

Acer negundo
ÉRABLE À GIGUÈRE
Cet arbre indigène fournit un aliment d'hiver favori du Gros-bec errant et du Roselin pourpré. Planté en brise-vent avec d'autres espèces, il est très rustique et de croissance rapide, mais sa durée de vie est courte. *Hauteur:* 15 à 23 m. Pousse au soleil ou à l'ombre, dans un sol humide, mais tolère les sols pauvres. Fruits de la fin de l'été à la fin de l'automne. *Type de fruit:* samare brune. ZONE 3.

Acer rubrum
ÉRABLE ROUGE
Cet arbre indigène très rustique peut vivre 150 ans et son feuillage rougit de façon spectaculaire à l'automne. *Hauteur:* 15 à 21 m. Pousse au soleil ou dans un endroit semi-ensoleillé, dans un sol humide. Fruits au début de l'été. *Type de fruit:* samare rouge. ZONE 3.

Acer saccharinum
ÉRABLE ARGENTÉ
Cette espèce indigène tolère bien les conditions urbaines, croît rapidement, mais vit relativement peu longtemps. Le Gros-bec errant est friand de ses bourgeons. *Hauteur:* 18 à 30 m. Pousse au soleil ou dans un endroit semi-ensoleillé, dans un sol humide ou sec. Fruits au début de l'été. *Type de fruit:* samare verte ou rouge. ZONE 3.

Betula alleghaniensis
BOULEAU JAUNE
Cette espèce indigène produit une bonne quantité de graines à une fréquence pouvant aller de 1 à 2 ans. Au moins 12 espèces consomment ces graines, dont les chardonnerets, les juncos, les mésanges et le Tarin des pins. *Hauteur:* 18 à 21 m. Pousse au soleil ou dans un endroit semi-ensoleillé, dans un sol frais, humide ou drainé. Fruits de la fin de l'été à la fin de l'automne. *Type de fruit:* samare. ZONE 4.

Betula lenta
BOULEAU FLEXIBLE
Indigène. *Hauteur:* 15 à 18 m. Pousse au soleil ou à l'ombre, dans un sol humide, fertile ou rocailleux. Fruits de la fin de l'été à la fin de l'automne. *Type de fruit:* samare. ZONE 4.

Betula papyrifera
BOULEAU À PAPIER
Indigène. *Hauteur:* 15 à 25 m. Pousse au soleil ou dans un endroit semi-ensoleillé, dans un sol humide ou drainé. Fruits de la fin de l'été au début de l'automne. *Type de fruit:* samare. ZONE 2.

Carya glabra
CARYER À COCHONS
Indigène. *Hauteur:* 15 à 21 m. Pousse au soleil ou à l'ombre, dans un sol drainé. Fruits en automne. *Type de fruit:* noix. ZONE 5.

Carya ovata
CARYER À NOIX DOUCES
Voir liste illustrée des plantes, région du Sud-Est, p. 107.

Carya tomentosa
CARYER TOMENTEUX
Indigène. *Hauteur:* 12 à 15 m. Pousse au soleil ou à l'ombre, dans un sol drainé. Fruits en automne. *Type de fruit:* noix. ZONE 5.

Celtis occidentalis
MICOCOULIER OCCIDENTAL
Voir liste illustrée des plantes, région des plaines et des Prairies, p. 123.

Diospyros virginiana
PLAQUEMINIER DE VIRGINIE
Voir liste illustrée des plantes, région du Sud-Est, p. 105.

Fagus grandifolia
HÊTRE À GRANDES FEUILLES
Les noix que produit cette espèce indigène constituent une excellente source alimentaire pour de nombreux oiseaux et mammifères. Au moins 25 espèces d'oiseaux s'en nourrissent, parmi lesquelles le Colin de Virginie et le Jaseur d'Amérique. Sa cime déployée lui confère une allure imposante. *Hauteur:* 12 à 21 m. Pousse au soleil ou à l'ombre, dans un sol argilo-sableux et humide. Fruits au début de l'automne. *Type de fruit:* akène. ZONE 4.

Fraxinus americana
FRÊNE BLANC
Le Gros-bec errant et le Roselin pourpré raffolent des graines ailées de cette espèce indigène. Résiste aux maladies. *Hauteur:* 21 à 30 m. Pousse au soleil ou dans un endroit semi-ensoleillé, dans un sol sec ou humide. Fruits du début à la fin de l'automne. *Type de fruit:* samare. ZONE 4.

Fraxinus pennsylvanica
FRÊNE ROUGE
Tolérant les conditions urbaines, cet arbre indigène est donc une essence indiquée pour l'arrière-cour. Ses graines sont un aliment privilégié du Canard branchu, du Colin de Virginie, du Gros-bec errant, du Durbec des sapins et du Roselin pourpré. *Hauteur:* 9 à 15 m. Pousse au soleil ou dans un endroit semi-ensoleillé, dans un sol humide, sec ou drainé. Fruits au début de l'automne. *Type de fruit:* samare. ZONE 2.

Juglans cinerea
NOYER CENDRÉ
Les noix que produit cet arbre indigène à croissance rapide attirent le Troglodyte de Caroline, le Pic à ventre roux, les mésanges et les sittelles. *Hauteur:* 12 à 18 m. Pousse au soleil, dans un sol humide, sec ou drainé. Fruits du début à la fin de l'automne. *Type de fruit:* noix. ZONE 3.

Juglans nigra
NOYER NOIR
Cette excellente essence indigène devrait être plantée en solitaire, car les toxines émises par ses racines peuvent être fatales à certaines plantes. Produit des noix comestibles dont se nourrissent de nombreuses espèces d'oiseaux et de mammifères. *Hauteur:* 21 à 36,5 m. Pousse au soleil ou dans un endroit semi-ensoleillé, dans un sol bien drainé. Fruits du début à la fin de l'automne. *Type de fruit:* noix. ZONE 5.

Larix laricina
MÉLÈZE LARICIN
Cette espèce indigène est une importante source de graines pour le Bec-croisé des sapins et le Roselin pourpré. Sert souvent de site de nidification. *Hauteur:* 12 à 25 m. Pousse au soleil, dans un sol humide. Fruits de la fin de l'été au début de l'automne. *Type de fruit:* noix. ZONE 2.

Liquidambar styraciflua
LIQUIDAMBAR D'AMÉRIQUE
Voir liste illustrée des plantes, région du Sud-Est, p. 104.

Liriodendron tulipifera
TULIPIER DE VIRGINIE
Espèce indigène ornementale aussi connue sous le nom de Bois jaune, cet arbre rustique supporte la vie urbaine. Le nectar de ses fleurs attire le Colibri à gorge rubis. *Hauteur:* 18 à 49 m. Pousse au soleil, dans un sol humide ou drainé. Fruits en automne. *Type de fruit:* samare. ZONE 6.

Populus balsamifera
PEUPLIER BAUMIER
Les bourgeons de cet arbre indigène rustique sont un aliment favori de la Gélinotte huppée. *Hauteur:* 18 à 25 m. Pousse au soleil, dans un sol sec ou drainé. Fruits au début de l'été. *Type de fruit:* capsule. ZONE 2.

Populus deltoides
PEUPLIER À FEUILLES DELTOÏDES
Les pics font des trous dans cet arbre indigène au bois tendre pour faire leur nid. Se plaît davantage dans les plaines inondables et en bordure des rivières. *Hauteur:* 25 à 30 m. Pousse au soleil ou dans un endroit semi-ensoleillé, dans un sol humide. Fruits du printemps au début de l'été. *Type de fruit:* capsule. ZONE 2.

Populus tremuloides
PEUPLIER FAUX-TREMBLE
La Gélinotte huppée et au moins 8 autres espèces se nourrissent des bourgeons et des chatons de cet arbre indigène. Le Gros-bec errant et le Roselin pourpré en consomment volontiers les bourgeons. *Hauteur:* 12 à 18 m. Pousse au soleil ou dans un endroit semi-ensoleillé, dans un sol sec ou humide. Fruits de la fin du printemps au début de l'été. *Type de fruit:* capsule. ZONE 1.

Prunus serotina
CERISIER TARDIF
Voir liste illustrée des plantes, région du Sud-Est, p. 105.

Quercus coccinea
CHÊNE ÉCARLATE
Avec sa production bisannuelle de glands, cet arbre indigène fournit un aliment favori du Quiscale bronzé, du Geai bleu et du Dindon sauvage. Également renommé comme espèce ornementale à cause du feuillage rouge dont il se pare à l'automne. *Hauteur:* 21 à 25 m. Pousse au soleil ou dans un endroit semi-ensoleillé, dans un sol sec ou sableux. Fruits en automne. *Type de fruit:* gland. ZONE 4.

Quercus macrocarpa
CHÊNE À GROS FRUITS
Cette espèce indigène tolère les conditions urbaines et les sols pauvres. Ses fruits sont un aliment préféré du Canard branchu. *Hauteur:* 25 à 46 m. Pousse au soleil, dans un sol sec ou drainé. Fruits en automne. *Type de fruit:* gland. ZONE 4.

Quercus palustris
CHÊNE DES MARAIS
Excellente essence ornementale à cultiver dans les arrière-cours et le long des rues, cette espèce indigène est renommée pour sa cime exceptionnellement développée. Au moins 29 espèces d'oiseaux se nourrissent de ses glands. *Hauteur:* 18 à 23 m. Pousse au soleil ou dans un endroit semi-ensoleillé, dans un sol humide. Fruits du début à la fin de l'automne. *Type de fruit:* gland. ZONE 5.

Quercus rubra
CHÊNE ROUGE
Arbre indigène qui tolère les conditions urbaines. De nombreux oiseaux se nourrissent de ses glands. C'est également un excellent arbre d'ombre. Les récoltes de glands sont souvent espacées de 3 à 5 ans. *Hauteur:* 18 à 25 m. Pousse au soleil ou dans un endroit semi-ensoleillé, dans un sol humide, riche ou drainé.

Fruits du début à la fin de l'automne. *Type de fruit:* gland. ZONE 4.

Quercus velutina
CHÊNE NOIR
Ce populaire arbre d'ombre indigène peut vivre 200 ans. À peu près tous les trois ans, il produit des glands qui sont l'aliment favori du Dindon sauvage, du Colin de Virginie, du Geai bleu et du Tohi à flancs roux. *Hauteur:* 25 à 46 m. Pousse au soleil ou dans un endroit semi-ensoleillé, dans un sol riche, humide ou drainé. Fruits du début à la fin de l'automne. *Type de fruit:* gland. ZONE 4.

Sassafras albidum
LAURIER-SASSAFRAS
Voir liste illustrée des plantes, région du Sud-Est, p. 107.

PETITS ARBRES À FEUILLAGE CADUC

Carpinus caroliniana
CHARME DE CAROLINE
Cet arbre indigène produit des graines recherchées par la Gélinotte huppée. *Hauteur:* 6 à 12 m. Pousse au soleil ou à l'ombre, dans un sol sec ou humide. Fruits de la fin de l'été à la fin de l'automne. *Type de fruit:* nucule brune. ZONE 5.

Crataegus crus-galli
AUBÉPINE ERGOT-DE-COQ
Voir liste illustrée des plantes, région des plaines et des Prairies, p. 122.

Malus pumila
POMMIER COMMUN
Cet arbre indigène sert de site de nidification au Merlebleu de l'Est, au Viréo aux yeux rouges, au Tyran huppé et au Merle d'Amérique, et ses fruits contribuent à la subsistance de nombreux oiseaux. Au printemps, le Jaseur d'Amérique consomme ses fleurs parfumées. *Hauteur:* 6 à 9 m. Pousse au soleil, de préférence dans un sol argileux ou argilo-sableux, mais peut croître dans divers sols. Fruits en automne. *Type de fruit:* fruit charnu vert-rouge. ZONE 4.

Ostrya virginiana
OSTRYER DE VIRGINIE
Ayant de la tolérance pour l'ombre, cet arbre indigène peut être associé à une essence de grande taille. La Gélinotte huppée est très friande de ses fruits. *Hauteur:* 6 à 13,5 m. Pousse au soleil ou dans un endroit semi-ensoleillé, dans un sol sec ou drainé. Fruits de la fin de l'été à la fin de l'automne. *Type de fruit:* nucule brune. ZONE 5.

Prunus pennsylvanica
CERISIER DE PENNSYLVANIE
Cet arbre indigène préfère les sites isolés ou incultes; on aura avantage à le planter en groupe, à l'écart des allées et des patios. Ses fruits comestibles attirent le Merlebleu d'Amé-

rique et représentent un aliment de grande valeur pour les oiseaux et les animaux sauvages. *Hauteur :* 3 à 4 m. Pousse au soleil, dans un sol sec. Fruits de l'été au début de l'automne. *Type de fruit :* drupe rouge. ZONE 2.

Prunus virginiana
CERISIER DE VIRGINIE
Voir liste illustrée des plantes, région des plaines et des Prairies, p. 124.

Sorbus aucuparia
SORBIER DES OISELEURS
Cet arbre exotique utile et largement répandu rappelle le Sorbier d'Amérique. Il compte de nombreuses variétés cultivées. *Hauteur :* 9 à 13,5 m. Pousse au soleil, dans un sol sec, humide ou drainé. Fruits en automne. *Type de fruit :* fruit charnu pomacé jaune-écarlate. ZONE 2.

Sorbus decora
SORBIER PLAISANT
La plus nordique de nos espèces indigènes, le Sorbier plaisant a parfois une croissance arbustive. *Hauteur :* 4,5 m maximum. Pousse au soleil, dans un sol sec, humide ou drainé. Fruits du début de l'automne à la fin de l'hiver. *Type de fruit :* fruit charnu pomacé orange. ZONE 2.

ARBUSTES À FEUILLES PERSISTANTES

Gaylussacia brachycera
BOX HUCKLEBERRY
Plus de 50 espèces d'oiseaux, dont le Pic flamboyant, le Geai bleu et le Pic à tête rouge, se nourrissent du fruit des gaylussaccias indigènes. Ces arbustes bas sont fréquemment utilisés comme sites de nidification. *Hauteur :* 0,6 m maximum. Pousse au soleil, dans un sol sec, acide ou drainé. Fruits du début à la fin de l'été. *Type de fruit :* baie noire. ZONE 6.

Ilex glabra
HOUX GLABRE
Cette espèce est particulièrement efficace pour attirer les oiseaux. Plante monoïque : il faut donc grouper des sujets mâles et femelles si l'on veut que ces derniers produisent des fruits. *Hauteur :* 1,8 à 3 m. Pousse au soleil, dans un sol acide, mais tolère l'ombre. Fruits de l'automne à la fin du printemps. *Type de fruit :* baie noire. ZONE 4.

Juniperus chinensis
GENÉVRIER DE CHINE
On trouve de nombreux cultivars de cette espèce exotique. Seuls les sujets femelles portent des fruits. *Hauteur :* 0,6 à 3,5 m. Pousse au soleil ou dans un endroit semi-ensoleillé, dans un sol sec, humide ou drainé. Le fruit persiste jusqu'à la fin de l'automne. *Type de fruit :* baie bleu-vert. ZONE 4.

Cultivars du Genévrier de Chine :
Genévrier *'Hetzii'*
Cet arbuste exotique au feuillage bleu-vert, dont l'étalement atteint de 3,5 à 4,5 m, est remarquable par sa croissance rapide. *Hauteur :* 3 à 3,5 m. Pousse au soleil ou dans un endroit semi-ensoleillé, dans un sol sec, humide ou drainé. Fruit persistant. *Type de fruit :* baie bleu-vert. ZONE 5.

Genévrier *'Pfitzerana'*
Cet arbuste exotique possède une silhouette évasée et une ramure étalée. *Hauteur :* 1,8 m maximum. Pousse au soleil, dans un sol sec, humide ou drainé. Fruit persistant. *Type de fruit :* baie bleu-vert. ZONE 5.

Genévrier *'Sargentii'*
Cet arbuste exotique atteint un étalement de plus de 1,8 m. *Hauteur :* 0,6 m maximum. Pousse au soleil, dans un sol sec, humide ou drainé. Fruit persistant. *Type de fruit :* baie bleu-vert. ZONE 5.

Juniperus communis
GENÉVRIER COMMUN
Voir liste illustrée des plantes, région du Sud-Est, p. 111.

Taxus canadensis
IF DU CANADA
Cet arbre indigène est très utilisé comme couvert et comme site de nidification. Il porte des fruits clairsemés qui conviennent à 7 espèces d'oiseaux. *Hauteur :* 1 m maximum. Pousse à l'ombre, dans un sol humide, drainé ou riche en humus. Fruits de l'été au début de l'automne. *Type de fruit :* drupoïde rouge. ZONE 3.

GRANDS ARBUSTES À FEUILLAGE CADUC

Alnus rugosa
AULNE RUGUEUX
Cet arbuste indigène est une bonne espèce à planter pour coloniser les abords des étangs et des cours d'eau. Il se reproduit rapidement en plein soleil, et ses graines sont une importante source alimentaire pour le Chardonneret jaune, le Tarin des pins et le Sizerin flammé. *Hauteur :* 4,5 à 7,5 m. Pousse au soleil, dans un sol humide ou marécageux. Fruits de la fin de l'été à la fin de l'automne. *Type de fruit :* nucule dans un chaton femelle. ZONE 5.

Alnus serrulata
AULNE SERRULÉ
Indigène. *Hauteur :* 1,8 à 3,5 m. Pousse au soleil, dans un sol humide ou marécageux. Fruits de la fin de l'été à la fin de l'automne. *Type de fruit :* nucule dans un chaton femelle. ZONE 5.

Aronia arbutifolia
ARONIE À FEUILLES D'ARBOUSIER
Cet arbuste indigène est remarquable par son magnifique feuillage automnal. Au moins

12 espèces d'oiseaux se nourrissent de ses fruits, qui sont un aliment de première importance pour le Jaseur d'Amérique et le Moqueur roux. Les baies persistent une partie de l'hiver. *Hauteur :* 3 m maximum. Pousse au soleil ou dans un endroit semi-ensoleillé, dans un sol humide ou sec. Fruits de la fin de l'été à la fin de l'automne. *Type de fruit :* baie noire. ZONE 6.

Aronia melanocarpa
ARONIA NOIR
Égal en beauté à l'Aronie à feuilles d'Arbousier (voir ci-dessus), une espèce parente, l'Aronia noir atteint toutefois une taille supérieure. C'est une essence précieuse pour les bordures où il n'entre pas en concurrence avec ses voisins pour l'occupation de l'espace. *Hauteur :* 3 m maximum. Pousse au soleil ou dans un endroit semi-ensoleillé, dans un sol humide ou sec. Le fruit apparaît à la fin de l'été jusqu'à la fin de l'automne. *Type de fruit :* baie noire. ZONE 5.

Cephalanthus occidentalis
CÉPHALANTHE OCCIDENTAL
Voir liste des plantes de milieu aquatique, p. 73.

Corylus americana
NOISETIER D'AMÉRIQUE
Cet arbuste indigène offre un bon couvert et ses noix sont recherchées par le Geai bleu et le Pic chevelu. *Hauteur :* 3 m maximum. Pousse au soleil, dans un sol sec ou humide. Fruits de l'été à la fin de l'automne. *Type de fruit :* noix brune. ZONE 5.

Crataegus uniflora
ONE-FLOWER HAWTHORN
Cette espèce arbustive indigène fournit des sites de nidification à des oiseaux tels que le Moucherolle des saules. De plus, au moins 36 espèces se nourrissent du fruit de l'aubépine. *Hauteur :* 1 à 2,5 m. Pousse au soleil ou dans un endroit semi-ensoleillé, dans un sol sec ou sableux. Fruits en automne. *Type de fruit :* fruit charnu jaune ou rouge. ZONE 5.

Ilex laevigata
SMOOTH WINTERBERRY
Cet arbuste indigène produit, à l'automne, des fruits attrayants qui persistent pendant l'hiver. De nombreux oiseaux sont attirés par ses baies, notamment le Moqueur polyglotte, le Moqueur chat, le Moqueur roux et la Grive solitaire. *Hauteur :* 3 à 6 m. Pousse au soleil ou à l'ombre, dans un sol sec ou humide. Fruits du début de l'automne à la fin de l'hiver. *Type de fruit :* baie rouge. ZONE 5.

Ilex verticillata
HOUX VERTICILLÉ
Voir liste illustrée des plantes, région du Sud-Est, p. 109.

Lonicera morrowii
CHÈVREFEUILLE DE MORROW
La valeur ornementale de cette espèce exotique tient autant à ses fleurs qu'à son feuillage et à ses

fruits. Au moins 20 espèces d'oiseaux se nourrissent de fruits de chèvrefeuille, sans compter que les fleurs sont une source de nectar recherchée par le Colibri à gorge rubis. Il forme un excellent écran de végétation et offre couvert et nourriture en abondance. *Hauteur :* 1,8 à 2,5 m. Pousse au soleil, dans un sol sec, humide ou drainé. Fruits du début à la fin de l'été. *Type de fruit :* baie rouge ou jaune. ZONE 5.

Lonicera standishii
STANDISH HONEYSUCKLE
Cette espèce est idéale pour créer un écran. Elle fournit couvert et nourriture à profusion à au moins 20 espèces d'oiseaux attirés par ses fleurs, son feuillage et ses fruits. *Hauteur :* 1,5 à 1,8 m. Pousse au soleil ou dans un endroit partiellement ensoleillé, dans un sol sableux. Fruits au début de l'été. *Type de fruit :* baie rouge. ZONE 5.

Malus sargentii
POMMETIER DE SARGENT
Voir liste illustrée des plantes, région des plaines et des Prairies, p. 124.

Malus sieboldii
POMMIER DE SIEBOLD
Cet arbuste exotique, qui porte des fleurs blanches et dont les fruits persistent pendant l'hiver, atteint parfois les dimensions d'un petit arbre. *Hauteur :* 1,5 à 2,5 m. Pousse au soleil, dans un sol bien drainé. Fruits de l'automne à la fin de l'hiver. *Type de fruit :* fruit charnu rouge-jaune. ZONE 5.

Pyracantha coccinea
BUISSON ARDENT
Son feuillage en fait l'un des plus beaux arbustes exotiques ornementaux à feuillage persistant pour la partie sud de cette région. On peut le planter le long des murs ou l'utiliser pour former une haie à la française. Au moins 17 espèces d'oiseaux se nourrissent de ses baies. *Hauteur :* 2,5 à 4,5 m. Pousse au soleil ou à la mi-ombre, dans un sol drainé. Fruits à la fin de l'été. *Type de fruit :* baie rouge orangé. ZONE 7.

Rhamnus cathartica
NERPRUN CATHARTIQUE
Excellent arbuste d'arrière-plan ou de haie qui tolère les conditions urbaines. Au moins 15 espèces d'oiseaux se nourrissent de ses fruits. *Hauteur :* 3 à 6 m. Pousse au soleil ou à l'ombre, dans un sol sec, humide ou tourbeux. Fruits de l'été à la fin de l'automne. *Type de fruit :* drupe noire. ZONE 2.

Rhamnus frangula
NERPRUN BOURDAINE
Cet arbuste indigène fait très bonne figure dans les jardins urbains à titre de plante d'arrière-plan ou comme arbuste de haie. Ses fruits sont attirants pour 15 espèces d'oiseaux, dont le Moqueur polyglotte et le Moqueur roux.

Hauteur : 2,5 à 3,5 m. Pousse à l'ombre ou dans un endroit partiellement ensoleillé, dans un sol sec, humide ou tourbeux. Fruits de l'été à la fin de l'automne. *Type de fruit :* drupe noire. ZONE 2.

Rhus copallina
SUMAC COPAL
Indigène. *Hauteur :* 1,2 à 3 m. Pousse au soleil, dans un sol sec ou rocailleux. Fruits en automne. *Type de fruit :* drupe rouge. ZONE 5.

Rhus glabra
SUMAC GLABRE
On connaît au moins 31 espèces qui se nourrissent des fruits de ce sumac indigène, dont le Moqueur chat, la Grive des bois, le Merlebleu de l'Est et l'Étourneau sansonnet. Les fruits de cet arbuste restent sur les branches jusqu'à la fin de l'hiver, fournissant ainsi aux oiseaux une nourriture « d'urgence ». *Hauteur :* 3 à 4,5 m. Pousse au soleil, dans divers sols, même des sols pauvres. Fruits de la fin de l'été à la fin de l'automne. *Type de fruit :* drupe rouge. ZONE 2.

Rosa carolina
ROSIER DE CAROLINE
Indigène. *Hauteur :* 1,5 à 2 m. Pousse au soleil, dans un sol sec. Fruits du début de l'été au début de l'automne. Ils sont persistants. *Type de fruit :* cynorhodon écarlate. ZONE 5.

Rosa palustris
ROSIER PALUSTRE
Planté en massif touffu, cet arbuste indigène offre d'excellents sites de nidification. Au moins 20 espèces d'oiseaux sont attirés par ses cynorhodons, aliment préféré du Moqueur polyglotte, de la Grive à dos olive et du Jaseur d'Amérique. *Hauteur :* 2,5 m maximum. Pousse au soleil, dans un sol humide. Fruits de la fin de l'été au début de l'automne. *Type de fruit :* cynorhodon écarlate. ZONE 5.

Salix discolor
SAULE DISCOLORE
La Gélinotte huppée se nourrit des bourgeons de cet arbuste indigène qui constitue un site de nidification intéressant pour le Chardonneret élégant. *Hauteur :* 3 à 6 m. Pousse au soleil, dans un sol bas ou humide. Fruits du début à la fin du printemps. *Type de fruit :* capsule. ZONE 2.

Sambucus pubens
SUREAU ROUGE
Cet arbuste indigène produit des fruits abondants qui attirent au moins 23 espèces d'oiseaux et qui représentent une nourriture favorite pour le Pic à ventre roux, le Merle d'Amérique, la Grive fauve et le Cardinal à poitrine rose. L'espèce européenne *S. racemosa* est semblable. *Hauteur :* 0,6 à 3,5 m. Pousse au soleil, dans un sol sec, rocailleux ou drainé. Fruits du début de l'été au début de l'automne. *Type de fruit :* baie rouge. ZONE 5.

Viburnum acerifolium
VIORNE À FEUILLES D'ÉRABLE
Arbuste indigène exceptionnellement adapté à diverses conditions de sol et d'ensoleillement. On connaît au moins 10 espèces d'oiseaux qui se nourrissent de ses fruits, notamment le Jaseur d'Amérique et le Merle d'Amérique. *Hauteur :* 1 à 1,8 m. Pousse au soleil ou à l'ombre, dans un sol sec ou drainé. Fruits en été et en hiver. *Type de fruit :* drupe pourpre. ZONE 4.

Viburnum alnifolium
VIORNE À FEUILLES D'AULNE
Cet arbuste indigène peut être planté sous les arbres d'un boisé. À maturité, ses fruits sont consommés par au moins 6 espèces d'oiseaux. *Hauteur :* 3 m maximum. Pousse à l'ombre, dans un sol humide. Fruits de l'été à la fin de l'automne. *Type de fruit :* drupe pourpre. ZONE 4.

Viburnum cassinoides
VIORNE CASSINOÏDE
Sa tolérance pour l'air salin fait de cet arbuste indigène de belle apparence une espèce appropriée aux secteurs côtiers. Ses fleurs et ses fruits sont volontiers consommés par au moins 9 espèces d'oiseaux. *Hauteur :* 1,8 à 3,5 m. Pousse au soleil ou à l'ombre, dans un sol humide. Fruits du début de l'automne à la fin de l'hiver. *Type de fruit :* drupe bleu-noir. ZONE 4.

Viburnum dentatum
VIORNE DENTÉE
Voir liste illustrée des plantes, région du Sud-Est, p. 108.

Viburnum prunifolium
VIORNE À FEUILLES DE PRUNIER
Cet arbuste indigène présente une ravissante coloration rougeâtre à l'automne et de belles fleurs blanches au printemps. Au moins 8 espèces d'oiseaux, dont le Jaseur d'Amérique, se nourrissent de son fruit. *Hauteur :* 2,5 à 4,5 m. Pousse au soleil ou à l'ombre, dans un sol sec, humide ou drainé. Fruits en automne, persistent tout l'hiver. *Type de fruit :* drupe bleu-noir. ZONE 3.

Viburnum recognitum
NORTHERN ARROWWOOD
Cet arbuste rustique se cultive en massifs ou en bosquets, créant ainsi un bon habitat couvert qui convient à de nombreux animaux. Souvent utilisé dans les aménagements paysagers, car il se transplante bien, croît lentement et exige peu d'entretien. À planter là où l'on recherche un feuillage épais, comme dans les bordures, les haies ou les murs de verdure. *Hauteur :* 3 à 6 m. Pousse au soleil ou à la mi-ombre, dans un sol bien drainé. Fruits à la fin de l'été. *Type de fruit :* drupe bleue. ZONE 2.

PETITS ARBUSTES À FEUILLAGE CADUC

Amelanchier bartramiana
AMÉLANCHIER DE BARTRAM

Cet arbuste indigène produit des fleurs et des fruits plus tardivement que les autres amélanchiers. Ses baies sont particulièrement prisées par le Jaseur d'Amérique et le Merlebleu d'Amérique. Au moins 40 espèces d'oiseaux du Nord-Est se nourrissent de fruits d'amélanchier. *Hauteur :* 0,6 à 1,2 m. Pousse au soleil ou dans un endroit semi-ensoleillé, dans un sol riche, tourbeux ou varié. Fruits du début de l'été au début de l'automne. *Type de fruit :* fruit charnu noir pourpré. ZONE 3.

Amelanchier stolonifera
AMÉLANCHIER STOLONIFÈRE

Cet arbuste indigène bas et touffu croît dans le sable et le gravier. Comme d'autres amélanchiers, celui-ci fournit un aliment d'été important pour de nombreux oiseaux chanteurs. *Hauteur :* 0,3 à 1 m. Pousse au soleil, dans un sol sec, humide ou drainé. Fruits en été. *Type de fruit :* fruit charnu noir. ZONE 5.

Berberis thunbergii
ÉPINE-VINETTE DU JAPON

Ce petit arbuste exotique est utilisé pour former des haies. Très ornemental en toutes saisons, il n'est pas sujet à la rouille noire de la tige. Arbuste prolifique auquel les oiseaux s'intéressent de façon variable. *Hauteur :* 1,5 m maximum. Pousse au soleil ou dans un endroit partiellement ensoleillé, dans un sol sec ou drainé. Fruits de l'été à la fin de l'hiver. *Type de fruit :* baie rouge. ZONE 5.

Cornus amomum
CORNOUILLER SOYEUX

Aussi appelé Hart rouge du Sud, ce cornouiller de taille moyenne se cultive bien dans les endroits humides où il forme de belles haies. Au moins 18 espèces d'oiseaux se nourrissent de ses fruits, notamment la Grive à dos olive, le Roselin pourpré, le Merlebleu de l'Est et le Moqueur chat. *Hauteur :* 1,2 à 3 m. Pousse au soleil ou dans un endroit partiellement ensoleillé, dans un sol humide ou bien drainé. Fruits à la fin de l'été. *Type de fruit :* baie bleu-blanc. ZONE 4.

Cotoneaster horizontalis
COTONÉASTER HORIZONTAL

Voir liste illustrée des plantes, région du Sud-Est, p. 108.

Gaylussacia baccata
GAYLUSSACCIA À FRUITS BACCIFORMES

Ce magnifique petit arbuste ornemental indigène dont la cime peut atteindre 1,2 m produit des fruits comestibles sucrés dont se nourrissent au moins 24 espèces d'oiseaux. *Hauteur :* 1 m maximum. Pousse au soleil ou dans un endroit semi-ensoleillé, dans un sol sec, rocailleux ou sableux. Fruits de l'été au début de l'automne. *Type de fruit :* baie noire. ZONE 2.

Gaylussacia dumosa
DWARF HUCKLEBERRY

Cet arbuste indigène offre un bon couvert au sol dans les prairies mouillées et les zones humides. *Hauteur :* 0,3 à 0,6 m. Pousse au soleil, dans un sol très humide. Fruits du début de l'été à la fin de l'automne. *Type de fruit :* baie noire. ZONE 2.

Gaylussacia frondosa
DANGLEBERRY

Bel arbuste indigène, particulièrement lorsqu'il est cultivé dans les bordures ou qu'il forme des massifs. Ses baies contribuent à la subsistance de la Tourterelle triste, du Moqueur polyglotte, du Tangara écarlate et de bien d'autres espèces. *Hauteur :* 1 à 1,8 m. Pousse au soleil, dans un sol acide ou bien drainé. Fruits du début de l'été au début de l'automne. *Type de fruit :* baie bleu foncé. ZONE 5.

Hypericum prolificum
MILLEPERTUIS PROLIFÈRE

Cet arbuste porte de jolies fleurs et fait bon ménage avec d'autres espèces dans les haies. Cinq espèces d'oiseaux se nourrissent de ses fruits, entre autres le Faisan de Colchide, le Colin de Virginie et le junco. *Hauteur :* 0,3 à 1,2 m. Pousse à la mi-ombre ou à l'ombre, dans un sol rocailleux ou sableux. Fruits de la fin de l'été à la fin de l'hiver. *Type de fruit :* akène brun rougeâtre. ZONE 5.

Lonicera canadensis
CHÈVREFEUILLE DU CANADA

Indigène. *Hauteur :* 1 à 1,2 m. Pousse à l'ombre, dans un sol humide. Fruits au début de l'été. *Type de fruit :* baie rouge. ZONE 4.

Lonicera oblongifolia
CHÈVREFEUILLE À FEUILLES OBLONGUES

Au moins 20 espèces d'oiseaux se nourrissent et s'abritent dans cet arbuste indigène, dont le Moqueur chat, le Merle d'Amérique et le Chardonneret élégant. *Hauteur :* 0,6 à 1,5 m. Pousse au soleil ou dans un endroit semi-ensoleillé, dans un sol humide. Fruits de l'été au début de l'automne. *Type de fruit :* baie rouge. ZONE 4.

Lonicera quinquelocularis
MISTLETOW HONEYSUCKLE

Exotique. *Hauteur :* 1,5 m. Pousse au soleil ou dans un endroit semi-ensoleillé, dans un sol humide. Fruits de l'été au début de l'hiver. *Type de fruit :* baie blanche translucide. ZONE 6.

Rhamnus alnifolius
NERPRUN À FEUILLES D'AULNE

Cet arbuste indigène très estimé pour sa valeur ornementale possède des feuilles et des fruits foncés. Son épais feuillage en fait un élément intéressant dans une bordure. Au moins 15 espèces se nourrissent de ses baies, notamment le Moqueur polyglotte, le Grand Pic et le Moqueur roux. *Hauteur :* 0,6 à 1 m. Pousse à l'ombre, dans un sol détrempé. Fruits de la fin de l'été à la fin de l'automne. *Type de fruit :* drupe noire. ZONE 2.

Ribes cynosbati
GROSEILLIER DES CHIENS

Ce groseillier indigène donne de bons résultats dans un sol dénudé et il prospère dans la terre à jardinage. Bon site de nidification. Au moins 16 espèces d'oiseaux se nourrissent de ses baies. Excellent arbuste à planter pour freiner l'érosion des sols dans les pâturages ouverts. *Hauteur :* 1 à 1,2 m. Pousse au soleil ou à l'ombre, dans un sol sec, humide, pauvre ou drainé. Fruits de l'été au début de l'automne. *Type de fruit :* baie pourpre. ZONE 5.

Rosa blanda
ROSIER INERME

Indigène. *Hauteur :* 0,3 à 1,2 m. Pousse au soleil ou dans un endroit semi-ensoleillé, dans un sol sec, humide ou rocailleux. Fruits de l'été au début de l'automne. *Type de fruit :* cynorhodon écarlate. ZONE 2.

Rosa rugosa
ROSIER RUGUEUX

Exotique. *Hauteur :* 1,8 m maximum. Pousse au soleil ou dans un endroit semi-ensoleillé, dans un sol drainé. Fruits du début de l'été au début de l'automne. *Type de fruit :* cynorhodon écarlate. ZONE 2.

Rubus allegheniensis
RONCE ALLÉGHANIENNE

Tout comme les autres membres de la famille des framboisiers, cet arbuste indigène produit une nourriture très importante pour les oiseaux à la fin de l'été. Dans la région du Nord-Est, au moins 40 espèces d'oiseaux se nourrissent de framboises. *Hauteur :* 1 à 2,5 m. Pousse au soleil, dans un sol drainé. Fruits de l'été au début de l'automne. *Type de fruit :* drupéole noire. ZONE 4.

Rubus flagellaris
RONCE À FLAGELLES

Cet arbuste indigène, comme d'autres membres de la famille des framboisiers, fournit à la fois une importante nourriture d'été et d'excellents sites de nidification. Au moins 49 espèces d'oiseaux nordiques se nourrissent de ses fruits, et 12 espèces nichent dans ses branches. *Hauteur :* 0,3 à 0,6 m. Pousse en plein soleil, dans un sol sec ou drainé. Fruits en été. *Type de fruit :* drupéole noire. ZONE 4.

Rubus occidentalis
RONCE OCCIDENTALE

Indigène. *Hauteur :* 1 à 1,8 m. Pousse au soleil, dans un sol neutre détrempé. Fruits de l'été à la fin de l'automne. *Type de fruit :* drupéole noire. ZONE 4.

Spiraea alba
SPIRÉE BLANCHE
Cet arbuste indigène forme des bosquets, d'où son importance pour les oiseaux auxquels il fournit couvert et sites de nidification. *Hauteur :* 0,3 à 1,2 m. Pousse au soleil, dans un sol naturel détrempé. Fruits de l'été à la fin de l'automne. *Type de fruit :* sans attrait. ZONE 5.

Symphoricarpos albus
SYMPHORINE BLANCHE
Voir liste illustrée des plantes, région des plaines et des Prairies, p. 126.

Symphoricarpos orbiculatus
SYMPHORINE À FEUILLES RONDES
Voir liste illustrée des plantes, région des plaines et des Prairies, p. 124.

Vaccinium angustifolium
AIRELLE À FEUILLES ÉTROITES
Voir liste illustrée des plantes, région des plaines et des Prairies, p. 127.

PLANTES GRIMPANTES

Campsis radicans
JASMIN TROMPETTE DE VIRGINIE
Voir liste illustrée des plantes, région du Sud-Est, p. 110.

Celastrus scandens
CÉLASTRE GRIMPANT
Aussi connue sous le nom de Bourreau des arbres, cette plante grimpante ornementale à feuillage caduc vire au jaune à l'automne. On doit planter des sujets mâles et femelles rapprochés. Au moins 15 espèces d'oiseaux se nourrissent de ses fruits. Pousse au soleil, dans un sol sec ou drainé. Fruits de la fin de l'été au début de l'hiver. *Type de fruit :* gousse rouge et jaune. ZONE 2.

Menispermum canadense
MÉNISPERME DU CANADA
Les feuilles de cette plante grimpante à feuillage caduc ressemblent à celles du lierre. La plante peut grimper jusqu'à 3,5 m. Également utile comme couvre-sol, bien qu'elle ne survive pas à l'hiver. On connaît au moins 5 espèces d'oiseaux qui se nourrissent de ses fruits. Pousse au soleil, à l'ombre ou dans des conditions variées d'ensoleillement, dans un sol humide ou drainé. Fruits de la fin de l'été à la fin de l'automne. *Type de fruit :* drupe noire. ZONE 4.

Parthenocissus quinquefolia
PARTHÉNOCISSE À CINQ FOLIOLES
Voir liste des plantes, région du Sud-Est, p. 115.

Smilax glauca
SAWBRIER
Cette plante grimpante indigène à feuillage caduc offre un couvert, une nourriture et des sites de nidification de choix à au moins 19 espèces d'oiseaux. Ses baies font les délices du Moqueur polyglotte, du Moqueur chat et de la Grive à dos olive. Pousse au soleil ou dans des conditions variées d'ensoleillement, dans un sol marécageux. Fruits en automne. *Type de fruit :* baie bleu-noir. ZONE 6.

Smilax rotundifolia
SALSEPAREILLE À FEUILLES RONDES
Cette plante grimpante indigène à feuillage caduc ressemble à la précédente, mais elle est garnie de puissantes épines. Ses fruits survivent pendant tout l'hiver et au moins 20 espèces d'oiseaux s'en nourrissent. Pousse au soleil, dans un sol humide ou drainé. Fruits au début de l'automne. *Type de fruit :* baie bleu-noir. ZONE 5.

Vitis aestivalis
SUMMER GRAPE
Les raisins que produit cette vigne indigène à feuillage caduc attirent de nombreux oiseaux, particulièrement le Cardinal rouge et le Moqueur chat. Au moins 52 espèces d'oiseaux mangent du raisin ; 24 espèces en font un aliment favori. De nombreux oiseaux insectivores tels que les viréos, les parulines, les moucherolles et les coulicous nichent dans les vignes grimpantes ou utilisent les écorces de raisin dans la confection de leur nid. Pousse au soleil, dans un sol sec. Fruits en automne. *Type de fruit :* baie noire. ZONE 5.

Vitis labrusca
RAISIN DE RENARD
Les oiseaux qui se nourrissent des Summer grapes sont également attirés par cette plante grimpante indigène à feuillage caduc. Pousse au soleil, à l'ombre ou dans des conditions variées d'ensoleillement, dans un sol humide, sec ou drainé. Fruits de la fin de l'été à la fin de l'automne. *Type de fruit :* baie noir ambré. ZONE 5.

Vitis novae-angliae
NEW ENGLAND GRAPE
Les oiseaux qui se nourrissent des Summer grapes sont également attirés par cette plante grimpante indigène à feuillage caduc. Pousse au soleil, dans un sol fertile ou drainé. Fruits au début de l'automne. *Type de fruit :* baie noire. ZONE 5.

Vitis riparia
VIGNE DES RIVAGES
Les oiseaux qui se nourrissent des Summer grapes sont également attirés par cette plante grimpante indigène à feuillage caduc. Pousse au soleil, dans un sol humide. Fruits de la fin de l'été au début de l'automne. *Type de fruit :* baie bleu-noir. ZONE 3.

Vitis vulpina
VIGNE ODORANTE
Indigène à feuillage caduc. Pousse au soleil, dans un sol riche ou drainé. Fruits en automne. *Type de fruit :* baie noire. ZONE 6.

PLANTES TAPISSANTES

Ajuga reptans
BUGLE RAMPANTE
Voir liste illustrée des plantes, région du Sud-Est, p. 111.

Cornus canadensis
CORNOUILLER DU CANADA
Voir liste illustrée des plantes, région des montagnes et des déserts, p. 143.

Cotoneaster adpressus
COTONÉASTER COUCHÉ
Cette plante exotique à feuillage caduc atteint 0,3 à 0,6 m de hauteur et un maximum de 2,5 m de largeur. Pousse au soleil ou dans un endroit semi-ensoleillé, dans un sol humide. Fruits de la fin de l'été à la fin de l'automne. *Type de fruit :* fruit rouge charnu. ZONE 5.

Fragaria chiloensis
FRAISIER SAUVAGE
Cette plante indigène à feuillage persistant fournit couvert et nourriture à au moins 29 espèces d'oiseaux. Pousse au soleil ou dans un endroit semi-ensoleillé, dans un sol drainé. Fruits du printemps à la fin de l'été. *Type de fruit :* baie rouge. ZONE 5.

Fragaria virginiana
FRAISIER DE VIRGINIE
Plante indigène à feuillage persistant qui produit des fruits plus petits que ceux du fraisier décrit ci-dessus. Pousse au soleil ou dans un endroit semi-ensoleillé, dans un sol drainé. Fruits du printemps à la fin de l'été. *Type de fruit :* baie rouge. ZONE 4.

Gaultheria procumbens
GAULTHÉRIE COUCHÉE
Voir liste illustrée des plantes, région du Sud-Est, p. 111.

Juniperus horizontalis
GENÉVRIER HORIZONTAL
Voir liste illustrée des plantes, région des plaines et des Prairies, p. 127.

Cultivar du Genévrier horizontal :
Genévrier 'Wiltoni'
Cette plante indigène à feuillage persistant atteint de 7,5 à 15 cm de hauteur et forme un épais tapis de 3 m de largeur. Pousse au soleil, dans un sol peu profond. Fruits de la fin de l'été à la fin de l'hiver. *Type de fruit :* baie bleu-vert. ZONE 3.

Mitchella repens
MITCHELLA RAMPANT
Cette belle plante rampante à feuillage persistant forme un épais tapis. Ses baies sont consommées par au moins 8 espèces d'oiseaux. Pousse à l'ombre, dans un sol humide ou acide. Fruits du début à la fin de l'été. *Type de fruit :* baie rouge. ZONE 3.

Vaccinium uliginosum
AIRELLE DES MARÉCAGES
Plante à feuillage persistant qui convient bien aux rocailles et aux sols peu profonds. Au moins 87 espèces d'oiseaux se nourrissent de ses fruits. Pousse au soleil, dans un sol sec ou drainé. Fruits de la fin de l'été à la fin de l'automne. *Type de fruit :* baie bleue. ZONE 2.

RÉGION DU SUD-EST

D E NOMBREUSES espèces d'oiseaux nordiques migrent vers cette région pour y passer l'hiver. Le jardin idéal comprend des plantes indigènes qui produisent des graines et des baies et assurent la subsistance de ces oiseaux durant l'automne et l'hiver.

Micocoulier du Mississippi
Celtis laevigata
Arbre indigène à feuillage caduc qui se cultive dans les endroits plutôt secs. Ses fruits, recherchés par le Jaseur d'Amérique, persistent tout l'hiver.

Chêne toujours vert
Quercus virginiana
Véritable symbole du sud des États-Unis, ses glands sont une importante source d'alimentation pour les oiseaux et ses branches offrent de bon sites de nidification. *(Voir page 113.)*

TAILLE
11,5 à 12,5 cm

TROGLODYTE FAMILIER

TROGLODYTES ÀEDON

Le menu de cet oiseau se compose d'araignées, de guêpes, de chenilles, de grillons et de sauterelles, qu'il débusque dans les feuilles d'arbres et d'arbustes, comme l'American beautybush.

Houx touffu
Ilex opaca
Les fruits d'un rouge éclatant ne sont produits que par les sujets femelles, aussi faut-il planter un sujet mâle aux environs. *(Voir page 104.)*

Apalachine
Ilex vomitoria
Excellente haie. Fournit des fruits et des sites de nidification à de nombreuses espèces d'oiseaux. *(Voir page 110.)*

TAILLE
12,5 cm

VIRÉO AUX YEUX BLANCS

VIREO GRISEUS

Les viréos fréquentent les arbustes, les rosiers et les ronces. Ils se nourrissent d'insectes cachés dans les feuillages près du sol. À l'automne, ils cueillent entre autres des baies de Genévrier horizontal.

Genévrier horizontal
Juniperus horizontalis
Il forme un épais tapis et ses baies bleu-vert sont une invitation pour de nombreuses espèces d'oiseaux. *(Voir page 127)*

Pas chinois
À l'aide d'anciennes dalles ou d'agencements de briques, on peut aménager une allée de pas chinois qui passe par la bordure arbustive et par la plate-bande fleurie.

Pin à encens
Pinus taeda

Le Pin à encens, comme d'autres espèces de pins du sud, offre un excellent couvert et produit des graines qui représentent une importante source alimentaire pour de nombreuses espèces d'oiseaux, dont la Mésange de Caroline et la Sittelle à tête brune. *(Voir page 106.)*

PIOUI DE L'EST
CONTOPUS VIRENS

Cet oiseau insectivore perche dans les grands arbres, comme les pins, d'où il chante et chasse les insectes. Il construit son nid sur une branche horizontale de l'arbre.

TAILLE
15 à 16,5 cm

American beautyberry
Callicarpa americana

Ce petit arbuste à feuillage caduc atteignant 1 à 1,8 m est tout indiqué dans les habitats à alternance de soleil et d'ombre. Ses baies persistent jusqu'au milieu de l'hiver et représentent une importante nourriture hivernale pour le Colin de Virginie. *(Voir page 114.)*

Jasmin trompette de Virginie
Campsis radicans

Surtout cultivé pour ses fleurs tubulaires riches en nectar, aliment essentiel des colibris. *(Voir page 110.)*

UN JARDIN DE SUBSISTANCE EN AUTOMNE

À la fin de l'été, le Jasmin offre son nectar aux colibris. L'automne, beautyberry et houx regorgent de baies, suivis en hiver par le Genévrier horizontal et autres couvre-sols. Grands pins et chêne procurent leurs graines et protègent les nids.

Pelouse tondue
Les oiseaux qui nichent dans les arbustes et les arbres sont souvent tentés par une fontaine, un bassin, une mangeoire, un bain de poussière.

Plate-bande fleurie
Des annuelles aux couleurs vives s'épanouissent au pied des arbustes bas, offrant leur nectar aux oiseaux. Eschscholtzie de Californie et chrysanthèmes constituent d'excellents choix.

LES VISITEURS ASSIDUS

LES JARDINIERS ornithologues du Sud-Est ont la possibilité d'attirer des oiseaux de toutes sortes, car cette région correspond à l'aire d'hivernage de nombreuses espèces venues du Nord-Est. Ainsi, Merlebleus de l'Est, Grives solitaires, Merles d'Amérique, Moqueurs roux, Tohis à flancs roux, Pics flamboyants, Hirondelles bicolores et Bruants chanteurs migrent massivement vers le Sud-Est en attendant que passent les mois les plus rigoureux de l'hiver.

Cette région comprend des habitats très diversifiés, allant des épinettes et des sapins typiques des montagnes appalachiennes jusqu'aux arbustes du littoral et à la luxuriante végétation subtropicale du sud de la Floride. Comme les arbres et arbustes fruitiers survivent tout l'hiver dans ces lieux au climat relativement clément, c'est là que les oiseaux frugivores établissent leurs quartiers d'hiver. Se mêlant à d'autres oiseaux, comme les roitelets, la Sittelle à poitrine blanche hante alors les vergers à la recherche de sa subsistance.

TAILLE
23 à 28 cm

MOQUEUR POLYGLOTTE
Mimus polyglottos

NID *Grosse coupe au tressage lâche faite de brindilles mortes et tapissée d'herbes et de radicelles. Construit à la fourche d'un arbre ou d'un arbuste et habituellement situé entre 1 et 3 m au-dessus du sol, parfois jusqu'à 15 m.*
VOIX *Chant vigoureux, imitant d'autres oiseaux en une succession de phrases répétées de 3 à 6 fois. Il imite aussi aboiements et caquètements.*
NOURRITURE *Il se nourrit des fruits du cirier, du sureau, du micocoulier, du mûrier, du sumac, de l'amélanchier et du Cornouiller de Floride ; surtout insectivore au printemps et en été.*

PIC À VENTRE ROUX
Melanerpes carolinus

NID *Cavité creusée à une profondeur de 25 à 30 cm dans un arbre mort ou une essence à bois tendre, habituellement entre 1,5 et 12 m au-dessus du sol.*
VOIX *Il émet fréquemment un tcheur qu'il répète plusieurs fois.*
NOURRITURE *Il se nourrit de graines de pin, de glands et de baies du cirier, du sureau, du mûrier rouge et du Cornouiller de Floride. Aussi insectivore.*

TAILLE
24 à 26,5 cm

HIRONDELLE NOIRE
Progne subis 🏠

TAILLE
19 à 21,5 cm

NID *Les Hirondelles noires utilisent peu les arbres creux et les fissures des édifices. Elles préfèrent nicher en copropriété à environ 6 m au-dessus du sol. Elles tapissent leurs nids de feuilles, brindilles, plumes et boue.*
VOIX *Série de notes et de gazouillements riches et glouglouttants.*
NOURRITURE *Avide de mouches et de libellules, elle est attirée par les étangs et les marais.*

HIRONDELLE BICOLORE
Tachycineta bicolor ✦ 🏠

NID *L'Hirondelle bicolore construit habituellement son nid dans les cavités des arbres, en particulier dans les trous que font les pics dans les platanes. Elle peut nicher dans les édifices et dans les poteaux de clôtures, mais ne dédaignera pas les maisonnettes si elles sont installées assez près du sol et à proximité d'un étang, d'un ruisseau ou d'une prairie humide.*
VOIX *Elle émet un clouït ou tchît coulant et gazouillant.*
NOURRITURE *Elle raffole des succulents cônes du Genévrier de Virginie, ainsi que des petits fruits du Cirier de Pennsylvanie et du Cirier de Louisiane.*

TAILLE
12,5 à 15 cm

SITTELLE À POITRINE BLANCHE
Sitta carolinensis 🪶

NID *Une cavité naturelle, ou encore un trou creusé par un pic dans un arbre indigène tel que le chêne, le châtaignier ou l'érable, voilà l'endroit idéal pour un nid de sittelle. Il arrive parfois à celle-ci de creuser un trou dans une grosse branche morte ou malade, puis de tapisser la cavité de radicelles, de brins d'herbe et de plumes.*
VOIX *Son chant est un sifflement sourd: tiou-tiou-tiou-tiou. Au printemps, elle fait entendre un iank-iank nasal particulier ou un doux hit-hit.*
NOURRITURE *Friande de glands, de faînes et de noix, la Sittelle à poitrine blanche mange aussi des graines de tournesol et du maïs concassé et recherche les érables, les chênes et les pins où elle trouve abri et subsistance. Lorsque la nourriture abonde, elle met des provisions en réserve dans les petites anfractuosités de l'écorce des arbres. L'hiver venu, elle puise dans ce garde-manger secret, tout en fréquentant par ailleurs les mangeoires, attirée par le suif.*

TAILLE
12,5 à 15 cm

MÉSANGE BICOLORE
Parus bicolor 🪶

NID *Elle utilise une cavité naturelle dans un arbre ou un trou de pic qu'elle tapisse de feuilles, de mousse, d'écorce, de poils et de cheveux. Elle va même jusqu'à prélever le poil sur le dos des animaux et les cheveux sur la tête même des gens. Habituellement situé entre 0,6 et 27 m au-dessus du sol.*
VOIX *Chant sonore et clair composé d'une série de quatre à huit notes et ressemblant à piteur-piteur-piteur-piteur.*
NOURRITURE *Elle recherche les chênes pour leurs glands et les fruits du cirier, du sureau, du micocoulier et de l'amélanchier. Les chenilles forment la moitié de son menu.*

TAILLE
12,5 à 15 cm

SITTELLE À TÊTE BRUNE
Sitta pusilla 🪶

NID *Habituellement, la Sittelle à tête brune creuse un trou dans un arbre, un chicot ou une souche, mais il lui arrive parfois d'utiliser des cavités naturelles situées à moins de 3 m du sol.*
VOIX *Elle émet un pit-pit-pit-pit aigu et rapide différent du chant de ses consœurs.*
NOURRITURE *Elle recherche les graines de pin et les insectes des écorces, et raffole d'arachides hachées et de suif.*

TAILLE
10 à 12,5 cm

MERLEBLEU DE L'EST
Sialia sialis

TAILLE
16,5 à 19 cm

NID *Il aime bien les trous de pic abandonnés et les cavités naturelles dans les vieux arbres ou les chicots. Il utilise aussi les nichoirs, particulièrement ceux qui sont installés dans les vergers. Son nid est habituellement situé entre 1 et 6 m du sol.*
VOIX *Il émet un doux tchou-oui ou un plaintif tcheu-eri, tcheu-eri.*
NOURRITURE *Il recherche les fruits d'arbustes tels que le sureau, le micocoulier, l'amélanchier et le sumac, ou d'arbres tels que le Cornouiller de Floride, le houx et le Genévrier de Virginie. Il est également attiré par le Raisin de renard et la Vigne vierge, bien qu'environ 70 % de son menu se composent d'insectes, notamment de chenilles, de scarabées, de fourmis et d'araignées.*

TROGLODYTE DE CAROLINE
Thryothorus ludovicianus

NID *Cavités dans les arbres, fissures dans les murs de pierre, racines d'arbres arrachés ou anfractuosités dans les édifices. Le nid est souvent situé à moins de 3 m au-dessus du sol.*
VOIX *Chant trisyllabique clair ressemblant à ti-kettèle, ti-kettèle, ti-kettèle.*
NOURRITURE *Il fouille les paillis de feuilles mortes à la recherche d'araignées, de scarabées, de grillons et de cloportes. Il se nourrit aussi de fruits de ciriers indigènes.*

TAILLE
14 à 15 cm

PETIT-DUC MACULÉ
Otus asio

NID *Il utilise souvent les nids désaffectés du Pic flamboyant, construits par celui-ci dans les platanes, les ormes et les pins morts. Il accepte aussi volontiers les nichoirs conçus pour les crécerelles et les Canards branchus. Habituellement situé entre 1,5 et 9 m du sol.*
VOIX *Sifflement chevrotant, hennissement, singulier pour un hibou.*

TAILLE
20,5 à 25,5 cm

NOURRITURE *Se nourrit de gros insectes, de salamandres, de mulots et de grenouilles.*

MÉSANGE DE CAROLINE
Parus carolinensis

NID *Le plus souvent, une cavité creusée dans un arbre mort ou un trou de pic abandonné rempli de duvet végétal, de mousse, de feuilles et de plumes, situé entre 1,5 et 1,8 m au-dessus du sol.*
VOIX *Un fî-bi sifflant dont la première note est plus aiguë.*
NOURRITURE *Elle se nourrit de fruits sauvages et de graines de conifères. En hiver, elle visite les mangeoires fournies en suif et graines de tournesol.*

TAILLE
11,5 à 12 cm

PARULINE JAUNE
Dendroica petechia

NID *En forme de coupe compacte et bien formée, le nid est construit par la femelle dans un arbre droit ou dans la fourche d'un arbuste. Il se compose de graminées, de fibres d'asclépiade, de lichens, de mousses et de fourrure. Situé entre 1 et 2,5 m au-dessus du sol.*
VOIX *Un swît-swît-swît-aie-so-swît vif et musical, émis rapidement.*
NOURRITURE *Fouille les arbres et les arbustes à la recherche de chenilles et d'autres insectes.*

TAILLE
12,5 cm

PARULINE À CROUPION JAUNE
Dendroica coronata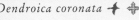

TAILLE
12,5 à 15 cm

NID *Une énorme construction lâchement tressée de radicelles, de brindilles et d'herbe, entrelacée de poils d'animaux et habituellement située sur une branche horizontale de conifère, près du tronc, entre 1,5 et 15 m au-dessus du sol.*
VOIX *Trille semblable à celui du junco, mais descendant et montant de ton vers la fin.*
NOURRITURE *Se nourrit de fruits de cirier et de houx et, au printemps et en été, d'insectes. Consomme aussi des graines de graminées et de tournesol.*

BRUANT CHANTEUR
Melospiza melodia

NID *Construction faite de matériaux végétaux grossiers et tapissée d'herbe douce et de poils. Habituellement bien caché sous les mauvaises herbes et les graminées ou dans un arbuste bas, entre 0,6 et 1 m au-dessus du sol, mais on en a vu jusqu'à 3,5 m.*
VOIX *Plusieurs notes claires, suit, suit, suit, suivies d'un trille mélodieux rapide et clair.*
NOURRITURE *Se nourrit des graines et des fruits du framboisier, du sureau et de l'Airelle en corymbe.*

TAILLE
12,5 à 17 cm

PASSERIN NONPAREIL
Passerina ciris

NID *Coupe peu profonde faite de graminées, de tiges d'herbes et de feuilles séchées. Habituellement situé dans les arbustes, les plantes grimpantes ou les petits arbres, entre 1 et 1,8 m au-dessus du sol.*
VOIX *Un son clair et musical ressemblant à piou-ita, piou-ita djé-iti iou tou.*
NOURRITURE *Graines de chardon, de pissenlit, de verge d'or et de graminées. Mangeoires : tournesol et millet blanc.*

TAILLE
14 cm

BRUANT DES CHAMPS
Spizella pusilla

NID *Coupe soignée faite de tiges de mauvaises herbes et de graminées, tapissée de poils et d'autres matériaux fins. Habituellement situé sur le sol ou près du sol, mais parfois jusqu'à 1,2 m au-dessus du sol, dans un enchevêtrement de plantes grimpantes.*
VOIX *Son chant débute lentement par des notes claires et mélodieuses qui s'accélèrent et se terminent en trille.*
NOURRITURE *Graines d'herbes et de graminées, insectes et miettes de nourriture. Visite les mangeoires.*

TAILLE
12,5 cm

TANGARA VERMILLON
Piranga rubra

NID *Coupe peu profonde au tressage lâche, le nid est fait de tiges, de graminées, de feuilles et d'écorce, construit sur une branche horizontale et habituellement situé entre 3 et 10,5 m au-dessus du sol.*
VOIX *Phrases musicales, pic-i-toc-i-toc, qui rappellent celles du Merle d'Amérique.*
NOURRITURE *Il recherche les fruits colorés du framboisier et du mûrier rouge, mais se nourrit également d'insectes, de scarabées, de guêpes, d'araignées et de vers. Il fréquente les mangeoires et se montre friand de beurre d'arachide et de maïs concassé mélangé à du gras végétal.*

TAILLE
18 à 20,5 cm

PLANTES RECOMMANDÉES

Bien que cette région soit dotée d'un climat plus doux que la région du Nord-Est, surtout en hiver, beaucoup de ses espèces végétales d'intérêt ornithologique sont identiques à celles du Nord-Est *(voir page 112)*. Cependant, les températures estivales extrêmes peuvent causer un choc aux jeunes plants et il faut les arroser régulièrement pendant l'été.

En plantant des conifères, on offre aux oiseaux un couvert qui les protégera de l'hiver comme de l'été, et on crée des sites de nidification pour le printemps et l'été.

Parmi les plantes recommandées pour le sud-est, on remarquera le grand nombre d'arbres et d'arbustes à feuillage persistant, dont quelques variétés de magnolia, de chêne et de houx. Ces espèces abritent les oiseaux toute l'année en plus de contribuer à leur subsistance pendant la saison de reproduction et au moment où la nourriture serait autrement insuffisante.

Un des intérêts de cette région est la grande variété des espèces végétales qui y prospèrent dans les conditions locales. Vérifiez les données concernant la rusticité des plantes au moment de la sélection. Même le sud-est connaît des gels occasionnels qui peuvent être dévastateurs.

ARBRES

HOUX TOUFFU
Ilex opaca

Son feuillage persistant offre un couvert aux oiseaux tout au long de l'année. Seuls les arbres femelles produisent les drupes rouge vif. Comme la pollinisation des fleurs est assurée par les insectes, on doit planter au moins un arbre mâle aux alentours. Pousse à la mi-ombre, dans divers sols, riches ou sableux. Hauteur : 15 m. Rustique. Zone 6.

***Attire** au moins 12 espèces pour ses fruits, dont le Jaseur d'Amérique, le Merlebleu et le Moqueur polyglotte. Planter de préférence en groupes.*

LIQUIDAMBAR D'AMÉRIQUE
Liquidambar styraciflua

Arbre majestueux, à feuillage caduc et à croissance rapide, indigène au centre de la côte atlantique. Ses capsules de graines ornementales et ses feuilles étoilées sont du plus bel effet. Fleurit au début du printemps et produit des graines de septembre à novembre. Pousse en plein soleil, dans un sol humide et riche. Hauteur : 36,5 m maximum ; croît de 0,3 à 0,6 m par année. Rustique. Zone 6.

***Attire** au moins 21 espèces d'oiseaux qui se nourrissent de ses graines, entre autres le Carouge à épaulettes, le Colin de Virginie, le Cardinal rouge, la Tourterelle triste et le Gros-bec errant.*

CERISIER TARDIF

Prunus serotina

Arbre indigène à feuillage caduc et à maturation rapide. Se couvre d'épis de fleurs blanches parfumées à la fin du printemps, puis de petites cerises rouges qui noircissent à l'automne. Produit des fruits tous les 3 ou 4 ans, du début de l'été au milieu de l'automne. Feuilles lustrées, vert foncé, qui jaunissent à l'automne. Pousse au soleil et tolère divers sols, tant les sols riches et humides que les sols légers et sableux. Hauteur : 15 m maximum ; peut vivre plus de 150 ans. Rustique. Zones : 4 à 8.

TOUPÉLO

Nyssa sylvatica

Arbre à feuillage caduc, largement conique, aussi connu sous le nom de Gommier noir. Remarquable par ses feuilles ovales, d'un vert lustré plutôt foncé. L'automne venu, il se pare de teintes éclatantes jaunes, orange et rouges. Les branches sont habituellement chargées de petites drupes bleu foncé vers la fin de l'été ou au milieu de l'automne. Excellent choix comme arbre d'arrière-cour ou pour aménager les rives d'un étang. On le retrouve du Maine au Missouri et, vers le sud, jusqu'au Texas et en Floride. Pousse au soleil, dans un sol humide. Hauteur : 18 m. Rustique. Zone 5.

PLAQUEMINIER DE VIRGINIE

Diospyros virginiana

Arbre à feuillage caduc largement déployé, que l'on rencontre habituellement dans les prés anciens et en bordure des routes. Produit des fleurs en forme de clochettes au milieu de l'été. Commence à produire des fruits lorsqu'il atteint environ 1,8 m. Du début à la fin de l'automne, ces baies jaunes charnues mûrissent et deviennent rouge jaunâtre ou rouge orangé. Présent du sud du Connecticut à la Floride et, vers l'ouest, jusqu'au Texas et au Kansas. Pousse en plein soleil, dans un sol sec et léger, mais tolère un sol humide. Hauteur : 9 à 15 m. Rustique. Zone 5.

Attire au moins 47 espèces qui se nourrissent de ses fruits, et notamment le Pic à tête rouge, le Pic flamboyant, le Moqueur polyglotte, le Cardinal à poitrine rose et le Bruant à gorge blanche.

Attire beaucoup d'oiseaux par ses délicieux fruits bleu foncé, notamment la Grive des bois, le Pic flamboyant, le Cardinal à poitrine rose, le Jaseur d'Amérique et le Tangara écarlate.

Attire le Moqueur polyglotte, le Moqueur chat, le Jaseur d'Amérique, le Merle d'Amérique, le Colin de Virginie, le Merlebleu de l'Est, le Moucherolle phébi et bien d'autres.

CHÊNE À FEUILLES DE LAURIER

Quercus laurifolia

Arbre à feuillage caduc, largement conique. Ses feuilles d'un vert vif, étroites et lustrées, persistent tout l'automne et tout l'hiver. Produit des fleurs très petites de la fin du printemps au début de l'été, suivies de glands, fruits brunâtres, ovoïdes ou ronds. Il sert de site de nidification à des buses et à d'autres oiseaux. Sujet à la flétrissure du chêne, de façon bénigne. Pousse au soleil ou à la mi-ombre, dans un sol profond et bien drainé. Hauteur : 18 à 21 m. De rustique à très rustique. Zone 8.

PIN À ENCENS

Pinus taeda

Pin à feuilles persistantes et à croissance rapide qui prospère dans divers sols, tant ceux des plaines côtières mal drainées que ceux, mieux drainés, des régions vallonnées. Il produit une abondance de graines, qui constituent une importante source alimentaire pour de nombreux oiseaux des pinèdes du sud-est. Excellent choix pour fournir un couvert aux oiseaux sur les propriétés plus vastes. Pousse dans un endroit ensoleillé et dans un sol humide. Hauteur : jusqu'à 30 m. Rustique. Zone 8.

PAVIER ROUGE

Aesculus pavia

Marronnier d'Inde indigène à feuillage caduc que l'on peut cultiver comme petit arbre ou comme très grand arbuste. Il a une forme arrondie et fleurit abondamment. En été, des panicules de fleurs rouge foncé de 7,5 à 15 cm apparaissent au milieu de feuilles lustrées, vert foncé, composées de cinq étroites folioles ovales. Les fruits qui les remplacent ont parfois des enveloppes épineuses. Pousse au soleil ou à la mi-ombre, dans un sol argilo-sableux et bien drainé. Hauteur : 6 m. De rustique à très rustique. Zones 6 à 9.

Attire de nombreuses espèces, dont le Colin de Virginie, le Moqueur roux, le Canard branchu, le Quiscale bronzé, le Geai bleu et le Pic à tête rouge, qui se nourrissent de ses glands.

Attire le Tohi à flancs roux, qui racle le sol de ses pattes pour faire apparaître les graines et les insectes. Intéresse aussi la Sittelle à tête brune.

Attire de nombreuses espèces de colibris, grâce au rouge corail vif de ses panicules. Au moins 30 oiseaux ont été observés en pleine frénésie alimentaire autour d'un même arbre.

LAURIER-SASSAFRAS

Sassafras albidum

Arbre dressé à feuillage caduc, qui peut s'étaler en produisant de nombreux rejets. Ses feuilles vert foncé, lustrées et aromatiques, ovales ou profondément lobées, tournent au jaune ou au rouge à l'automne. Produit, au printemps, des fleurs vert jaunâtre peu remarquables. Ses drupes ovoïdes bleu foncé apparaissent à la fin de l'été ou à l'automne. Pousse au soleil ou à la mi-ombre, dans un sol profond, fertile, bien drainé et acide. Hauteur : 15 m. Très rustique. Zones 5 à 8.

CARYER OVALE

Carya ovata

Aussi appelé Noyer tendre, cet arbre à feuillage caduc, largement cylindrique, est cultivé pour ses couleurs automnales et ses noix comestibles. On le trouve à flanc de colline, en terrain sec, dans les forêts mixtes. C'est une essence idéale pour une vaste propriété. De croissance lente, il ne produit pas beaucoup de fruits avant 40 ans, mais il peut vivre 300 ans. Pousse dans un habitat ouvert et ensoleillé, mais également dans un endroit semi-ombragé, dans un sol profond et fertile. Hauteur : 30 m. Rustique. Zone 5.

MICOCOULIER DU MISSISSIPPI

Celtis laevigata

Cet arbre indigène à feuillage caduc pousse dans les bois humides, mais aussi dans des endroits plus secs. Parfait comme arbre d'arrière-cour pour attirer les oiseaux. Les fruits mûrissent à la fin de l'été et restent sur l'arbre pendant l'hiver. Production maximale entre 30 ans et 70 ans. Pousse en Virginie et au sud de l'Indiana jusqu'à l'est du Texas et au centre de la Floride. Croît au soleil, en sol fertile et bien drainé. Hauteur : 30 m maximum. Rustique. Zone 7.

Attire *au moins 22 espèces d'oiseaux qui se nourrissent de ses délicieux fruits bleus particulièrement prisés du Grand Pic, du Tyran tritri, du Moqueur chat et du Merlebleu de l'Est.*

Attire *la Mésange de Caroline, la Paruline des pins, la Sittelle à poitrine blanche et le Tohi à flancs roux, qui picorent les débris de noix ouvertes et abandonnées par les écureuils.*

Attire *le Jaseur d'Amérique, le Pic maculé, le Moqueur polyglotte et au moins 23 autres espèces qui se régalent de ce petit fruit orange qui devient noir.*

ARBUSTES

VIORNE DENTÉE
Viburnum dentatum

Cet arbuste à feuillage caduc offre un excellent couvert et des sites de nidification de choix. Il tolère la pollution urbaine. Il est également utile en bordure des étangs. Produit des drupes bleues, de l'été jusqu'à l'automne. Il est plus prolifique lorsqu'on regroupe plusieurs arbustes de différents clones. Pousse au soleil ou à la mi-ombre, dans un sol profond, humide et fertile. Hauteur : 4,5 m maximum. Très rustique. Zone 2.

Attire de nombreux oiseaux, dont le Merlebleu de l'Est, le Viréo aux yeux rouges, le Pic flamboyant et le Cardinal à poitrine rose, qui se nourrissent tous de ses fruits.

COTONÉASTER HORIZONTAL
Cotoneaster horizontalis

Arbuste étalé, à feuillage semi-persistant et à ramure rigide. Excellent dans les rocailles ou comme couvre-sol. Ses petites feuilles rondes vert foncé prennent une éclatante teinte rouge orangé à la fin de l'automne. Porte des fleurs blanc rosâtre, de la fin du printemps au début de l'été, suivies de fruits rouges. Pousse au soleil ou à la mi-ombre, dans un sol bien drainé, ce qui en fait une plante particulièrement utile en milieu sec. Ne tolère pas les sols gorgés d'eau. Hauteur : 0,6 à 1 m ; étalement : 4,5 m maximum. De rustique à très rustique. Zone 6.

Attire de nombreuses espèces, dont le Tohi à flancs roux, le Merle d'Amérique, le Moqueur roux, le Moqueur chat et le Moqueur polyglotte, qui se nourrissent tous de ses fruits.

HOUX GLABRE
Ilex glabra

Arbuste dressé, touffu, à feuillage persistant. Ses petites feuilles vert foncé oblongues ou ovales ont un bord lisse ou légèrement denté à l'extrémité. Ses fruits (baies) noirs apparaissent à l'automne, remplaçant les fleurs printanières à peine visibles. Croît lentement et s'étale. Les houx ne se transplantent pas facilement, mais réagissent bien à l'élagage sévère et à l'étêtage, lesquels devraient se faire à la fin du printemps. Pousse au soleil ou à la mi-ombre, dans un sol bien drainé, mais tolère le sol sec et sableux. Prospère en sol acide. Hauteur : 2,5 m. Très rustique. Zones 5 à 9.

Attire au moins 15 espèces d'oiseaux qui se nourrissent de ses baies, dont le Moqueur polyglotte, la Grive solitaire et le Colin de Virginie. Les baies apparaissent à la suite des fleurs blanches.

APALANCHE D'AMÉRIQUE

Ilex decidua

Ce petit arbre à feuillage caduc produit des fleurs blanches peu apparentes, à la fin du printemps et au début de l'été, laissant place à des baies orange ou rouges à l'automne. Ces fruits persistent tout l'hiver et constituent une importante source alimentaire pour les oiseaux. Planter en massif, en bordure ou en haie. Pousse au soleil et à la mi-ombre, dans un sol acide et bien drainé, mais tolère un sol alcalin, sec ou humide. *Hauteur : 3 à 6 m. Rustique. Zone 6.*

WEIGELA

Weigela florida 'Variegata'

Arbuste touffu et dense à feuillage caduc. Se couvre de fleurs en entonnoir rose foncé, à la fin du printemps et au début de l'été. L'intérieur des fleurs est plus pâle, presque blanc. Les feuilles vertes portent une large bordure crème. Pousse au soleil, dans un sol fertile, bien drainé mais humide. *Hauteur : 2,5 m. Très rustique. Zones 5 à 9.*

HOUX VERTICILLÉ

Ilex verticillata

Grand arbuste étalé à feuillage caduc. Les jeunes branches sont d'un vert pourpré. Feuilles vert lustré, dentées, ovales ou lancéolées. Produit d'attrayantes baies rouges, de la fin de l'été à la fin de l'automne, qui persistent sur les branches nues pendant les mois d'hiver. Pousse au soleil et à la mi-ombre, dans un sol très humide, riche et légèrement acide. *Hauteur : 3 m ; étalement : 2,5 m maximum. Très rustique. Zones 4 à 9.*

Attire de nombreux oiseaux, dont le Merlebleu de l'Est, le Merle d'Amérique, le Jaseur d'Amérique, le Roselin pourpré et le Pic à ventre roux. Précieux en hiver.

Attire le Colibri à gorge rubis, qui se nourrit du nectar de ses fleurs vives. L'illustration ci-dessus représente la fleur de la variété 'Bristol Ruby'.

Attire de nombreuses espèces d'oiseaux, dont le Moqueur polyglotte, le Moqueur chat, le Moqueur roux et la Grive solitaire, grâce à ses baies rouges qui persistent tout l'hiver.

PLANTES GRIMPANTES

APALACHINE

Ilex vomitoria

Ce houx produit une excellente haie, avec sites de nidification et fruits en abondance. Les drupes rouges mûrissent en automne et restent sur les branches pendant tout l'hiver. Les fruits ne sont produits que par les sujets femelles, mais il arrive que des fleurs femelles et des fleurs mâles poussent sur le même arbuste. Présent de l'ouest de la Virginie jusqu'au golfe du Mexique et au nord de la Floride. Pousse au soleil et à la mi-ombre ; sol bien drainé, humide et sableux. Hauteur : 7,5 m maximum. Rustique. Zone 7.

CHÈVREFEUILLE DE VIRGINIE

Lonicera sempervirens

Plante grimpante indigène à feuilles ovales semi-persistantes. Fleurs saumon ou orange qui s'ouvrent en trompette. Produit des baies rouges de la fin de l'été à la fin de l'automne. Présent jusqu'au Texas. Pousse au soleil, en sol humide et bien drainé. Hauteur : parfois 6 m. Sans support, bon couvre-sol (minimum de 3,5 m de largeur). Résiste au gel. Zone 4.

JASMIN TROMPETTE DE VIRGINIE

Campsis radicans

Plante grimpante indigène, à feuillage caduc dense, grimpant. Feuilles composées de 7 à 11 folioles ovales et dentées, à partie inférieure duveteuse. Porte des petites grappes de fleurs tubulaires orange de plusieurs centimètres. Fleurit de l'été à la fin de l'automne. Indigène du Connecticut à la Floride et, vers l'ouest, jusqu'en Iowa et au Texas. Prospère sur la face sud des constructions, dans la partie nord de son aire. Pousse au soleil, dans un sol bien drainé et fertile. Hauteur : 9 m maximum. Rustique. Zone 5.

Attire le Moqueur chat, le Moqueur polyglotte, le Colin de Virginie, le Moqueur roux et de nombreux autres oiseaux chanteurs qui raffolent de ses fruits.

Attire les colibris pour ses fleurs tubulaires, et les oiseaux chanteurs, qui picorent ses petites baies rouges. Pousse souvent dans les bois, les prés anciens et les bosquets.

Attire de nombreuses espèces de colibris, notamment le Colibri roux et le Colibri d'Anna, qui recherchent ses fleurs cylindriques orange, écarlates ou jaunes.

PLANTES TAPISSANTES

BUGLE RAMPANTE

Ajuga reptans

Composée de petites rosettes de feuilles brillantes, d'un bronze pourpre foncé, cette plante vivace à feuillage persistant se répand librement par stolons. De courts épis de fleurs bleues apparaissent au printemps. Pousse au soleil ou à la mi-ombre ; tolère tous les types de sol, mais croît plus vigoureusement en conditions humides. Hauteur : 15 cm ; étalement : 1 m maximum. Très rustique. Zone 4.

***Attire** le Colibri à gorge rubis, le Colibri d'Anna, le Colibri à gorge noire, le Colibri roux et de nombreuses espèces d'oiseaux chanteurs. Ravissant couvre-sol ornemental.*

GENÉVRIER COMMUN

Juniperus communis

Arbuste à feuillage persistant, touffu et tapissant, aussi connu sous le nom de Genièvre. Feuilles en aiguilles. Il a une grande valeur ornithologique car il offre à la fois des sites de nidification protégés et des fruits comestibles. À l'automne, il produit des fruits bleu foncé de la grosseur d'un petit pois, qui demandent 2 ans de maturation et qui peuvent persister sur l'arbuste pendant 3 ans. La variété représentée ici est la 'Depressa'. Pousse en plein soleil, dans un sol stérile. Hauteur : 0,3 à 1,2 m ; étalement : 3 m maximum. Très rustique. Zone 2.

***Attire** le Merlebleu de l'Est, le Jaseur d'Amérique, le Merle d'Amérique, le Durbec des sapins, le Gros-bec errant et le Roselin pourpré, pour ses fruits. Sert de couvert au Colin de Virginie.*

GAULTHÉRIE COUCHÉE

Gaultheria procumbens

Ce petit arbuste rampant à feuilles persistantes est aussi connu sous le nom de Thé des bois. Feuilles aromatiques pouvant atteindre 5 cm de longueur, qui ont l'aspect du cuir et dégagent une odeur d'essence de wintergreen quand on les froisse. Les petites fleurs blanches apparaissent au milieu de l'été, et les baies rouges comestibles peuvent persister de l'automne jusqu'au printemps. Pousse au soleil, dans un sol acide et bien drainé. Hauteur : dépasse rarement 15 cm. De semi-rustique à très rustique. Zone 4.

***Attire** le Faisan de Colchide, le Colin de Virginie et au moins 8 autres espèces qui se nourrissent de ses baies rouges. Pour former un couvre-sol, planter à 30 cm d'intervalle.*

Autres plantes intéressantes

Arbres à feuillage persistant

Ilex cassine
HOUX DE DAHOON
Cet arbre indigène représente une bonne source de subsistance hivernale pour de nombreux oiseaux. *Hauteur :* 12 m maximum. Pousse au soleil ou à l'ombre, dans un sol humide ou drainé. Fruits de l'automne à la fin de l'hiver. *Type de fruit :* baie rouge ou jaune. ZONE 7B.

Juniperus virginiana
GENÉVRIER DE VIRGINIE
Voir liste illustrée des plantes, région du Nord-Est, p. 85.

Magnolia grandiflora
MAGNOLIA À GRANDES FLEURS
Au moins 19 espèces consomment le fruit de cet arbre indigène, dont le Moqueur chat, la Corneille de rivage, le Pic flamboyant, le Tyran tritri et le Moqueur polyglotte. *Hauteur :* 15 m. Pousse au soleil, dans un sol humide ou drainé. Fruits de l'été à la fin de l'automne. *Type de fruit :* drupe rose. ZONES 7 à 10.

Persea borbonia
AVOCATIER DE CAROLINE
Cet arbre indigène croît dans les marécages et le long des ruisseaux et produit un aliment privilégié du Merlebleu de l'Est, du Merle d'Amérique et du Colin de Virginie. *Hauteur :* 21 m maximum. Pousse au soleil, dans un sol humide. Fruits de la fin de l'été à la fin de l'automne. *Type de fruit :* drupe bleue ou pourpre. ZONE 8.

Pinus clausa
SAND PINE
Cet arbre indigène est présent dans la région côtière de la Floride. C'est un site de nidification du Geai à gorge blanche. *Hauteur :* 18 m maximum. Pousse au soleil, dans un sol sableux ou stérile. Fruits persistants. *Type de fruit :* cône. ZONE 9.

Pinus echinata
PIN À COURTES FEUILLES
De nombreuses espèces d'oiseaux se nourrissent des graines de cet arbre et se servent de celui-ci comme site de nidification. *Hauteur :* 30 m maximum. Pousse au soleil, dans un sol sableux ou argilo-sableux. Fruits en automne. *Type de fruit :* cône. ZONE 6.

Pinus elliottii
PITCHPIN AMÉRICAIN
Cet arbre indigène est l'un de ceux dont la croissance est la plus rapide et la maturation la plus précoce parmi les arbres de l'Est.

Hauteur : 30 m maximum. Pousse au soleil, dans un sol sableux ou humide. Fruits en automne. *Type de fruit :* cône. ZONE 8.

Pinus palustris
PIN À LONGUES FEUILLES
Cet arbre indigène pousse très bien près de la mer. Fournit un aliment de choix et, souvent, un site de nidification au Cardinal rouge, à la Sittelle à tête brune et à la Mésange bicolore. *Hauteur :* 38 m maximum. Pousse au soleil, dans un sol sableux. Fruits en automne. *Type de fruit :* cône. ZONE 7.

Pinus virginiana
PIN DE VIRGINIE
Arbre indigène souvent utilisé comme site de nidification. Ses graines sont un aliment favori du Colin de Virginie, du Cardinal rouge, de la Mésange de Caroline, de la Sittelle à tête brune et du Bruant chanteur. *Hauteur :* 12 maximum. Pousse au soleil, dans un sol sec ou drainé. Fruits en automne. *Type de fruit :* cône. ZONE 5.

Sabal palmetto
CHOU PALMISTE
Cet arbre dépourvu de branches croît dans les prairies, les marais, les pinèdes et les sols perturbés. Il produit des grappes de petits fruits noirs dont se nourrissent de nombreuses espèces d'oiseaux, parmi lesquelles le Colin de Virginie, le Cardinal rouge et le Moucherolle phébi. *Hauteur :* 24 m maximum. Pousse au soleil, dans un sol sableux. Fruits à la fin de l'automne. *Type de fruit :* drupe noire. ZONE 9A.

Serena repens
SAW PALMETTO
Cet arbre rustique, indigène en Floride, est le seul palmier indigène ramifié. Son tronc est souvent horizontal et rampant. Il demande peu d'entretien et pousse bien dans les sols pauvres. Magnifiques feuilles en éventail de 0,6 à 1 m de diamètre. Le fruit rond ou ovoïde sert d'aliment à de nombreuses espèces d'oiseaux. *Hauteur :* 7 m maximum. Pousse au soleil, dans un sol sableux. Fruits de la fin de l'automne à la fin de l'hiver. *Type de fruit :* drupe noir bleuâtre. ZONE 9.

Tsuga canadensis
PRUCHE DU CANADA
Voir liste des plantes, région du Nord-Est, p. 92.

Vaccinium arboreum
MYRTILLIER
Les fruits de cet arbre indigène sont consommés par de nombreux oiseaux et sont particulièrement recherchés par le Moqueur polyglotte. *Hauteur :* 6 m maximum. Pousse au soleil ou à l'ombre, dans un sol sec ou drainé. Fruits au début de l'automne. *Type de fruit :* baie noire. ZONE 6.

Viburnum rufidulum
RUSTY BLACKHAW
Cet arbre indigène au feuillage semi-persistant est l'aliment favori du Merlebleu de l'Est et du Jaseur d'Amérique. *Hauteur :* 5 à 5,5 m. Pousse au soleil, dans un sol sableux ou argilo-sableux. Fruits de l'été à la fin de l'automne. *Type de fruit :* drupe bleu-noir. ZONE 6.

Grands arbres à feuillage caduc

Acer rubrum
ÉRABLE ROUGE
Voir liste des plantes, région du Nord-Est, p. 92.

Acer saccharum
ÉRABLE À SUCRE
Voir liste illustrée des plantes, région du Nord-Est, p. 86.

Betula nigra
BOULEAU NOIR
Arbre indigène à ramure ouverte. Résistant à la sécheresse, il se développe bien là où d'autres espèces ne peuvent pousser. Ses fleurs sont des chatons qui apparaissent au milieu du printemps. Ses graines brun-roux sont une denrée de choix pour le Tarin des pins, le Sizerin flammé, le Bruant fauve et le Bruant hudsonien. *Hauteur :* 15 à 23 m. Pousse au soleil ou à la mi-ombre. Fruits au début de l'été. *Type de fruit :* graine. ZONE 5.

Carya aquatica
CARYA AQUATIQUE
Cet arbre indigène produit un aliment consommé par le Canard branchu et le Canard colvert. *Hauteur :* 30 m maximum. Pousse au soleil, dans un sol humide. Fruits en automne. *Type de fruit :* noix. ZONE 7.

Carya illinoinensis
CARYER PACANIER
Cet arbre indigène est le plus grand de tous les noyers. Fournit un aliment préféré du Canard branchu ; ses noix sont consommées par au moins 9 autres espèces d'oiseaux. *Hauteur :* 45 m maximum. Pousse au soleil, dans un sol sec, humide ou drainé. Fruits au début de l'automne. *Type de fruit :* noix. ZONE 6.

Celtis occidentalis
MICOCOULIER OCCIDENTAL
Voir liste illustrée des plantes, région des plaines et des Prairies, p. 123.

Crataegus brachyacantha
BLUEBERRY HAWTHORN
Arbre indigène fréquemment utilisé comme site de nidification. Au moins 36 espèces d'oiseaux se nourrissent de fruits d'aubépine. *Hauteur :* 12 m maximum. Pousse au soleil ou dans un endroit semi-ensoleillé, dans un sol sableux ou argilo-sableux. Fruits de l'été à la fin de l'automne. *Type de fruit :* fruit charnu bleu-noir luisant. ZONE 8.

Morus rubra
MÛRIER ROUGE D'AMÉRIQUE
Voir liste illustrée des plantes, région du Nord-Est, p. 86.

Quercus coccinea
CHÊNE ÉCARLATE
Voir liste des plantes, région du Nord-Est, p. 93.

Quercus falcata
SPANISH RED OAK
Arbre indigène souvent utilisé comme site de nidification par les buses et par d'autres espèces, il représente une ressource alimentaire particulièrement importante pour le Colin de Virginie, le Quiscale bronzé, le Moqueur roux et le Pic à tête rouge. *Hauteur :* 24 m maximum. Pousse au soleil ou dans un endroit semi-ensoleillé, dans un sol sec, sableux ou argileux. Fruits en automne. *Type de fruit :* gland. ZONE 7.

Quercus marilandica
JAQUIER NOIR
Parmi les oiseaux énumérés plus haut, un grand nombre sont attirés par cet arbre indigène. *Hauteur :* 9 m maximum. Pousse au soleil ou dans un endroit semi-ensoleillé, dans un sol sec, sableux ou stérile. Fruits en automne. *Type de fruit :* gland. ZONE 6.

Quercus michauxii
CHÊNE PRIN
Arbre indigène. Attire de nombreux oiseaux qui se nourrissent de ses fruits et nichent dans ses branches. *Hauteur :* 18 à 24 m. Pousse au soleil ou dans un endroit semi-ensoleillé, dans un sol humide. Fruits en automne. *Type de fruit :* gland. ZONE 6.

Quercus nigra
CHÊNE NOIR
Indigène. *Hauteur :* 18 à 21 m. Pousse au soleil ou dans un endroit semi-ensoleillé, dans un sol humide. Fruits en automne. *Type de fruit :* gland. ZONE 6.

Quercus palustris
CHÊNE DES MARAIS
Voir liste des plantes, région du Nord-Est, p. 93.

Quercus phellos
CHÊNE À FEUILLES DE SAULE
Indigène. *Hauteur :* 18 à 24 m. Pousse au soleil ou dans un endroit semi-ensoleillé, dans un sol drainé. Fruits en automne. *Type de fruit :* gland. ZONE 6.

Quercus prinus
CHÊNE CHÂTAIGNIER
Indigène. *Hauteur :* 18 à 24 m. Pousse au soleil ou dans un endroit semi-ensoleillé, dans un sol sec, sableux ou graveleux. Fruits en automne. *Type de fruit :* gland. ZONE 6.

Quercus rubra
CHÊNE ROUGE
Voir liste des plantes, région du Nord-Est, p. 93.

Quercus stellata
CHÊNE ÉTOILÉ
Indigène. *Hauteur :* 12 à 15 m. Pousse au soleil ou dans un endroit semi-ensoleillé, dans un sol sec ou stérile. Fruits en automne. *Type de fruit :* gland. ZONE 5.

Quercus velutina
CHÊNE NOIR
Voir liste des plantes, région du Nord-Est, p. 93.

Quercus virginiana
CHÊNE TOUJOURS VERT
Symbole du sud, cet arbre est très important pour la faune. Ses noix nutritives sont une excellente source alimentaire pour de nombreuses espèces d'oiseaux et de mammifères. Il tolère le sel et constitue un choix idéal pour les propriétés côtières. Feuilles vert foncé. *Hauteur :* jusqu'à 15 m. Pousse au soleil ou à la mi-ombre, dans un sol sableux. Fruits au début de l'automne. *Type de fruit :* gland. ZONE 8.

Taxodium distichum
CYPRÈS CHAUVE DE LOUISIANE
Arbre indigène à port conique. Les aiguilles en spirale poussent au printemps et tombent vers le milieu de l'automne. Les cônes brun pourpre apparaissent au début d'octobre. Fréquemment utilisé comme site de nidification par la Buse à épaulettes, les aigrettes et les petits oiseaux terrestres. *Hauteur :* 23 à 30 m. Pousse au soleil ou à la mi-ombre, dans divers sols. Fruits au milieu de l'automne. *Type de fruit :* cône. ZONE 5.

PETITS ARBRES
À FEUILLAGE CADUC

Chionanthus retusus
ARBRE À FRANGES DE CHINE
Les graines de cet arbre exotique ressemblent à des dattes et nourrissent de nombreuses espèces d'oiseaux. *Hauteur :* 6 à 7,5 m. Pousse au soleil ou à l'ombre, dans un sol riche ou acide. Fruits en automne. *Type de fruit :* drupe bleu foncé. ZONE 6.

Chionanthus virginicus
ARBRE À FRANGES D'AMÉRIQUE
Arbre indigène qui tolère les conditions urbaines. Son fruit est consommé par de nombreuses espèces d'oiseaux, particulièrement par le Grand Pic dans les régions plutôt rurales. *Hauteur :* 6 à 7,5 m. Pousse au soleil ou dans un endroit semi-ensoleillé, dans un sol humide ou drainé. Fruits en automne. *Type de fruit :* drupe bleu foncé. ZONE 5.

Cornus alternifolia
CORNOUILLER À FEUILLES ALTERNES
Voir liste illustrée des plantes, région du Nord-Est, p. 89.

Cornus florida
CORNOUILLER DE FLORIDE
Voir liste illustrée des plantes, région du Nord-Est, p. 85.

Crataegus marshallii
PARSLEY HAWTHORN
Les buissons épineux de cet arbre indigène sont un bon couvert pour les oiseaux. *Hauteur :* 1,5 à 7,5 m. Pousse au soleil, dans un sol marécageux. Fruits de la fin de l'été à la fin de l'hiver. *Type de fruit :* fruit charnu rouge vif. ZONE 6.

Crataegus phaenopyrum
AUBÉPINE DE WASHINGTON
Arbre indigène. Des grappes aplaties de fleurs blanches, produites au début de l'été, sont suivies de fruits rouge orangé qui persistent tout l'hiver jusqu'au printemps suivant. Ces fruits servent de nourriture au Jaseur d'Amérique, au Moqueur de Californie, au Moqueur polyglotte et à de nombreuses autres espèces. *Hauteur :* 6 à 10 m. Pousse en plein soleil, dans divers sols, mais de préférence dans un sol sec. Fruits au début de l'automne. *Type de fruit :* fruit charnu. ZONE 5.

Malus sp.
POMMIER ORNEMENTAL
Voir liste illustrée des plantes, région du Nord-Est, p. 85.

Myrica cerifera
CIRIER DE LOUISIANE
Voir liste illustrée des plantes, région de la côte du Pacifique, p. 160.

Ostrya virginia
OSTRYER DE VIRGINIE
Voir liste des plantes, région du Nord-Est, p. 93.

Prunus americana
PRUNIER D'AMÉRIQUE
Voir liste illustrée des plantes, région des plaines et des Prairies, p. 122.

Prunus angustifolia
PRUNIER CHICASAW
Arbre indigène produisant un fruit pourpre charnu dont se nourrissent le Merle d'Amérique et le Moqueur polyglotte. *Hauteur :* 4,5 m maximum. Pousse dans un endroit partiellement ensoleillé, dans un sol humide et bien drainé. Fruits en été. *Type de fruit :* drupe jaune-rouge. ZONE 6.

Quercus chapmanii
CHAPMAN OAK
En raison de sa croissance arbustive, cet arbre indigène couvre des espaces larges, offrant une abondance d'abris et de nourriture à de nombreuses espèces d'oiseaux. Produit des glands chaque année. *Hauteur :* 2,5 m maximum. Pousse au soleil, dans un sol bien drainé. Le fruit mûrit au cours de la première saison. *Type de fruit :* gland. ZONE 9.

Quercus incana
BLUEJACK OAK
Cet arbre indigène est un très prolifique producteur de glands, aliment favori du Colin de Virginie et du Tohi à flancs roux. *Hauteur :* 6 m maximum. Pousse au soleil ou dans un

endroit semi-ensoleillé, dans un sol sec ou sableux. Fruits en automne. *Type de fruit:* gland. ZONE 8.

Rhamnus caroliniana
CAROLINA BUCKTHORN
De nombreux oiseaux chanteurs, tout particulièrement le Moqueur chat, consomment les baies de cet arbre indigène. *Hauteur:* 7,5 à 10 m. Pousse au soleil ou à l'ombre, dans un sol humide ou drainé. Fruits en automne. *Type de fruit:* drupe rouge-noir. ZONE 6.

Sorbus americana
SORBIER D'AMÉRIQUE
Voir liste illustrée des plantes, région du Nord-Est, p. 84.

Sorbus aucuparia
SORBIER DES OISELEURS
Voir liste des plantes, région du Nord-Est, p. 94.

Viburnum nudum
POSSUM HAW VIBURNUM
Arbre indigène à feuillage caduc qui offre une bonne protection à de nombreuses espèces d'oiseaux dans les régions très pluvieuses. *Hauteur:* 6 m maximum. Pousse au soleil, dans un sol marécageux, sableux ou acide. Fruits en automne. *Type de fruit:* drupe rose à bleu. ZONE 7.

ARBUSTES À FEUILLAGE PERSISTANT

Cotoneaster dammeri
COTONÉASTER DE DAMMER
Espèce exotique. *Hauteur:* 0,3 m maximum. Pousse au soleil ou dans un endroit semi-ensoleillé, dans un sol drainé. Fruits de l'automne à la fin de l'hiver. *Type de fruit:* fruit charnu rouge. ZONE 6.

Cotoneaster franchettii
COTONÉASTER DE FRANCHET
Voir liste illustrée des plantes, région des plaines et des Prairies, p. 125.

Gaylussacia brachycera
BOX HUCKLEBERRY
Voir liste des plantes, région du Nord-Est, p. 94.

Ilex coriacea
LARGE GALLBERRY
Indigène. *Hauteur:* 2,5 m maximum. Pousse dans diverses conditions d'ensoleillement et dans un sol sableux ou acide. Fruits en automne. *Type de fruit:* baie noire. ZONE 7.

Ilex myrtifolia
MYRTLE DAHOON
Indigène. *Hauteur:* 7 m maximum. Pousse dans diverses conditions d'ensoleillement et dans un sol sableux ou acide. Fruits de l'automne à la fin de l'hiver. *Type de fruit:* baie rouge ou orange. ZONE 7B.

Juniperus chinensis
GENÉVRIER DE CHINE
Voir liste des plantes, région du Nord-Est, p. 94.

Juniperus conferta
GENÉVRIER DES RIVAGES
Cet arbuste exotique tolère très bien le sel et procure un bon abri au sol. Pour obtenir des fruits, planter des sujets mâles et femelles. *Hauteur:* 0,3 m maximum. Pousse au soleil ou dans un endroit semi-ensoleillé, dans un sol humide ou drainé. Fruits de la fin du printemps à la fin de l'été. *Type de fruit:* baie bleue. ZONE 6.

Prunus caroliniana
CAROLINA CHERRY LAUREL
Cet arbuste indigène produit un aliment favori du Merlebleu, du Moqueur polyglotte, du Merle d'Amérique et du Jaseur d'Amérique. *Hauteur:* 5,5 m maximum. Pousse dans diverses conditions d'ensoleillement et dans divers sols. Fruits persistants. *Type de fruit:* baie noire. ZONE 7.

Quercus minima
DWARF LIVE OAK
Les glands de cet arbuste indigène sont un aliment favori du Dindon sauvage. *Hauteur:* 1 m maximum. Pousse dans diverses conditions d'ensoleillement et dans un sol sableux ou argileux. Fruits à la fin de l'été. *Type de fruit:* gland. ZONE 10.

Sabal minor
PALMIER NAIN
Cet arbuste indigène offre une bonne nourriture aux oiseaux chanteurs. Représente aussi un excellent site de nidification pour les oiseaux qui nichent au sol, comme la Paruline couronnée et le Colin de Virginie. *Hauteur:* 2,5 m maximum. Pousse au soleil, dans divers sols. Fruits toute l'année. *Type de fruit:* baie noire. ZONES 8 et 9.

Taxus canadensis
IF DU CANADA
Voir liste des plantes, région du Nord-Est, p. 94.

Vaccinium myrsinites
GROUND BLUEBERRY
Cet arbuste indigène représente l'une des plus importantes sources alimentaires de la Gélinotte huppée pendant l'été et au début de l'automne. *Hauteur:* 1 m maximum. Pousse au soleil, dans un sol drainé ou sableux. Fruits à la fin du printemps. *Type de fruit:* baie pourpre ou noire. ZONE 7.

Viburnum obovatum
WALTER'S VIBURNUM
Arbre indigène à croissance rapide, à large cime déployée. Au printemps, de remarquables fleurs blanchâtres font leur apparition et sont suivies, à l'été, de fruits rouges ou noirs qui font les délices de nombreuses espèces d'oiseaux, dont le Jaseur d'Amérique et le Pic flamboyant. *Hauteur:* 2,7 m maximum. Pousse au soleil ou à la mi-ombre, dans un sol fertile. Fruits de la

fin de l'automne au début du printemps. *Type de fruit:* baie rouge ou noire. ZONE 9B.

ARBUSTES À FEUILLAGE CADUC

Alnus rugosa
AULNE RUGUEUX
Voir liste des plantes, région du Nord-Est, p. 94.

Amelanchier arborea
AMÉLANCHIER ARBRE
Voir liste illustrée des plantes, région du Nord-Est, p. 84.

Aralia spinosa
ANGÉLIQUE ÉPINEUSE
Arbuste indigène à ramure ouverte. Ses fleurs blanches commencent à faire leur apparition au milieu de l'été et sont suivies de fruits noirs. Il sert de site de nidification au Cardinal rouge et à l'Ani à bec lisse. Le Bruant à gorge blanche, la Grive à dos olive et la Grive des bois se nourrissent de ses fruits. *Hauteur:* 10 à 15 m. Pousse au soleil ou à la mi-ombre, dans divers sols. Fruits à la fin de l'été. *Type de fruit:* baie noire. ZONE 5.

Callicarpa americana
AMERICAN BEAUTYBERRY
Cet arbuste indigène à feuillage caduc est parfaitement indiqué pour les habitats ombragés. De petites fleurs bleuâtres apparaissent à l'aisselle de la feuille, du début du printemps au début de l'été. Pendant l'hiver, au moins 12 espèces d'oiseaux se nourrissent de ses fruits, et tout particulièrement le Colin de Virginie qui s'en régale. *Hauteur:* 1 à 1,8 m. Pousse au soleil ou à la mi-ombre, dans un sol bien drainé. Fruits à la fin de l'été. *Type de fruit:* baie rose pourpré. ZONE 6.

Cephalanthus occidentalis
CÉPHALANTHE OCCIDENTAL
Voir liste des plantes de milieu aquatique, p. 73.

Cornus amomum
CORNOUILLER SOYEUX
Voir liste des plantes, région du Nord-Est, p. 96.

Cornus stolonifera
CORNOUILLER STOLONIFÈRE
Voir liste illustrée des plantes, région du Nord-Est, p. 90.

Euonymus alata
FUSAIN AILÉ
Arbuste exotique à feuillage caduc. Ses flamboyantes feuilles d'automne rouge vif en font un merveilleux élément de plate-bande. Représente une excellente source alimentaire pour le Merlebleu de l'Est, le Moqueur polyglotte, le Bruant fauve et la Paruline à croupion jaune. *Hauteur:* 2,5 à 4,5 m. Pousse au soleil ou dans un endroit semi-ensoleillé, dans un sol humide ou drainé. Fruits à la fin de l'été. *Type de fruit:* capsule pourpre. ZONE 4.

Gaylussacia dumosa
DWARF HUCKLEBERRY
Voir liste des plantes, région du Nord-Est, p. 96.

Gaylussacia frondosa
BLACK DANGLEBERRY
Voir liste des plantes, région du Nord-Est, p. 96.

Lindera benzoin
BENJOIN OFFICINAL
Voir liste illustrée des plantes, région du Nord-Est, p. 88.

Lonicera fragrantissima
CHÈVREFEUILLE À FLEURS ODORANTES
Arbuste exotique à feuillage caduc constituant un excellent site de nidification pour de nombreuses espèces d'oiseaux. Très parfumé, comme son nom l'indique; aliment privilégié du Moqueur chat. *Hauteur:* 1,8 à 2,5 m. Pousse au soleil, dans un sol drainé. Fruits de l'automne à la fin de l'hiver. *Type de fruit:* baie rouge. ZONE 6.

Myrica pensylvanica
CIRIER DE PENNSYLVANIE
Voir liste illustrée des plantes, région du Nord-Est, p. 89.

Pyracantha coccinea
BUISSON ARDENT
Voir liste des plantes, région du Nord-Est, p. 95.

Rhus glabra
SUMAC GLABRE
Voir liste des plantes, région du Nord-Est, p. 95.

Rhus typhina
SUMAC VINAIGRIER
Voir liste illustrée des plantes, région du Nord-Est, p. 90.

Rosa carolina
ROSIER DE CAROLINE
Voir liste des plantes, région du Nord-Est, p. 95.

Rosa palustris
ROSIER PALUSTRE
Voir liste des plantes, région du Nord-Est, p. 95.

Rosa rugosa
ROSIER RUGUEUX
Voir liste des plantes, région du Nord-Est, p. 96.

Rubus sp.
RONCES
Voir liste illustrée des plantes, région du Nord-Est, p. 88.

Sambucus canadensis
SUREAU BLANC
Voir liste illustrée des plantes, région du Nord-Est, p. 87.

Symphoricarpos orbiculatus
SYMPHORINE À FEUILLES RONDES
Voir liste illustrée des plantes, région des plaines et des Prairies, p. 124.

Vaccinium corymbosum
AIRELLE EN CORYMBE
Voir liste illustrée des plantes, région du Nord-Est, p. 88.

Vaccinium stamineum
AIRELLE À LONGUES ÉTAMINES
Cet arbuste indigène fournit un aliment important pour la Gélinotte huppée, pour le Colin de Virginie et pour d'autres oiseaux qui se nourrissent au sol. *Hauteur:* 1,8 m. Pousse au soleil ou à l'ombre, dans un sol sec ou drainé. Fruits à la fin de l'été. *Type de fruit:* baie verte ou pourpre. ZONE 5.

Viburnum acerifolium
VIGNE À FEUILLES D'ÉRABLE
Voir liste des plantes, région du Nord-Est, p. 95.

Viburnum alnifolium
VIORNE À FEUILLES D'AULNE
Voir liste des plantes, région du Nord-Est, p. 95.

PLANTES GRIMPANTES

Berchemia scandens
JUJUBIER GRIMPANT
Plante grimpante indigène à feuillage caduc qui monte jusqu'à une hauteur de 4,5 à 6 m. Au moins 14 espèces d'oiseaux se nourrissent de ses fruits. Pousse au soleil, dans un sol humide ou riche. Fruits de l'été à la fin de l'automne. *Type de fruit:* drupe bleue ou noire. ZONE 6.

Cocculus carolinus
CAROLINA MOONSEED
Plante indigène à feuillage caduc ou semi-persistant, dont le fruit, de la grosseur d'un pois, persiste souvent pendant tout l'hiver. Seule la plante femelle porte des fruits, dont se nourrissent le Moqueur roux, le Moqueur polyglotte et le Moucherolle phébi. Pousse au soleil, dans un sol humide, sec ou drainé. Fruits à la fin de l'été. *Type de fruit:* drupe rouge. ZONE 7.

Parthenocissus quinquefolia
PARTHÉNOCISSE À CINQ FOLIOLES
Plante grimpante indigène à feuillage caduc, aussi connue sous le nom de Vigne vierge. Produit de petites baies qui sont un fruit important pour au moins 35 espèces, dont les grives, les pics, les viréos et les parulines. Peut grimper jusqu'au sommet des plus grands arbres, treillis et murs, mais il faut le surveiller car il a tendance à étouffer les petits arbustes. Prend une vibrante teinte cramoisie à l'automne. Rustique. Pousse au soleil ou à l'ombre, dans un sol humide ou drainé. Fruits de la fin de l'été à la fin de l'hiver. *Type de fruit:* baie. ZONE 4.

Smilax glauca
SAWBRIER
Voir liste des plantes, région du Nord-Est, p. 97.

Smilax laurifolia
LAUREL GREENBRIER
Cette plante grimpante indigène à feuillage persistant fournit un couvert, une nourriture et des sites de nidification de qualité à de nombreuses espèces d'oiseaux, dont le Pic flamboyant, le Grand Pic, la Gélinotte huppée et le Pic à ventre roux. Pousse au soleil ou dans un endroit semi-ensoleillé, dans un sol humide. Les fruits apparaissent à la fin de l'été et persistent. *Type de fruit:* baie noire. ZONE 7.

Vitis aestivalis
SUMMER GRAPE
Voir liste des plantes, région du Nord-Est, p. 97.

Vitis cinerea
SWEET WINTER GRAPE
Ces vignes indigènes à feuillage caduc qui coiffent d'autres plantes fournissent des sites de nidification à des oiseaux tels que le Cardinal rouge, le Moqueur chat et le Moqueur roux, qui se servent également de l'écorce du raisin dans l'aménagement de leurs nids. Pousse au soleil ou à l'ombre, dans un sol humide ou drainé. Fruits en automne. *Type de fruit:* baie noire ou pourpre. ZONE 5.

Vitis labrusca
RAISIN DE RENARD
Voir liste des plantes, région du Nord-Est, p. 97.

Vitis vulpina
VIGNE DES RIVAGES
Voir liste des plantes, région du Nord-Est, p. 97.

PLANTES TAPISSANTES

Arctostaphylos uva-ursi
RAISIN D'OURS
Voir liste illustrée des plantes, région du Nord-Est, p. 91.

Cornus canadensis
CORNOUILLER DU CANADA
Voir liste illustrée des plantes, région des montagnes et des déserts, p. 143.

Cotoneaster adpressus
COTONÉASTER COUCHÉ
Voir liste des plantes, région du Nord-Est, p. 97.

Fragaria chiloensis
FRAISIER SAUVAGE
Voir liste des plantes, région du Nord-Est, p. 97.

Fragaria virginiana
FRAISIER DE VIRGINIE
Voir liste des plantes, région du Nord-Est, p. 97.

Juniperus horizontalis
GENÉVRIER HORIZONTAL
Voir liste illustrée des plantes, région des plaines et des Prairies, p. 127.

RÉGION DES PLAINES ET DES PRAIRIES

Les températures extrêmes qui règnent dans cette région tant l'été que l'hiver peuvent rendre la vie très difficile aux oiseaux. Le jardin idéal devrait être planté d'arbres et d'arbustes leur offrant un refuge contre les rigueurs du climat et de la nourriture en automne et en hiver.

TAILLE
15 à 19 cm

GUIRACA BLEU
GUIRACA CAERULEA

Ce membre de la famille des cardinaux se nourrit d'insectes, de graines de mauvaises herbes et de fruits sauvages. Il niche dans les jeunes arbres fruitiers.

TAILLE
13 cm

BRUANT FAMILIER
SPIZELLA PASSERINA

Il fréquente les jardins et niche près des maisons, dans les arbres et les arbustes à feuillage persistant. Se nourrit de graines et d'insectes.

Épinette du Colorado
Picea pungens

Les graines de ce conifère, site de nidification très prisé, plaisent à de nombreux oiseaux, dont le Tarin des pins. *(Voir page 188.)*

Pin ponderosa
Pinus ponderosa

Arbre énorme dont le tronc atteint parfois un diamètre de 1,5 à 2,5 m. Excellent brise-vent sur les grandes propriétés. *(Voir page 123.)*

Physocarpe à feuilles d'obier
Physocarpus opulifolius

Arbuste à feuilles caduques cultivé pour son feuillage et ses fleurs blanches ou rose pâle. *(Voir page 159.)*

Cornouiller à grappes
Cornus racemosa

Arbuste buissonnant dont les fruits blancs s'épanouissent au bout de pétioles écarlates. Attire de nombreuses espèces, dont le Tyran tritri. *(Voir page 123.)*

Point d'eau

Un bassin aménagé, lieu propice à la reproduction des insectes, attirera des espèces insectivores qui, autrement, ne fréquenteraient peut-être pas ce jardin à longueur d'année.

*TAILLE
20 cm*

Chêne à gros fruits
Quercus macrocarpa

Cet imposant chêne indigène produit généralement des glands à l'automne. Il tolère l'environnement urbain, ce qui en fait un choix tout indiqué pour les grands jardins. *(Voir page 93.)*

TYRAN TRITRI
TYRANNUS TYRANNUS

Ce tyran se nourrit principalement d'insectes attrapés en plein vol. Il a un penchant particulier pour les abeilles. Les baies et les graines d'arbres et d'arbustes, comme celles du Cornouiller à grappes, font aussi partie de son menu.

Symphorine à feuilles rondes
Symphoricarpos orbiculatus

Cet arbuste touffu à feuillage caduc donne des fruits qui persistent tout l'hiver. Ces baies d'un rouge pourpre sombre sont très appréciées du Merle d'Amérique et du Guiraca bleu. *(Voir page 124.)*

Genévrier de Virginie
Juniperus virginiana

Au moins 54 espèces, dont le Jaseur d'Amérique, le Moqueur chat, le Moqueur polyglotte, les bruants et les gros-becs, se nourrissent des fruits de ce genévrier. *(Voir page 85.)*

JARDIN OFFRANT À LA FOIS LE GÎTE ET LE COUVERT

Un vrai paradis tant pour les oiseaux résidants que migrateurs : des sites de nidification, de la nourriture, de l'eau et des insectes.

Aubépine ergot-de-coq
Crataegus crus-galli

Son feuillage caduc produit beaucoup de fruits dont raffolent de nombreuses espèces dont le Jaseur d'Amérique et les bruants. *(Voir page 122.)*

LES VISITEURS ASSIDUS

VENTS VIOLENTS, hivers interminables, neige abondante et températures sous zéro sont propres à la partie nord de cette région. Ces conditions inhospitalières forcent la plupart des oiseaux à migrer vers le Sud, où ils pourront se nourrir de graines et d'insectes. La plupart des résidents estivaux, comme l'Oriole des vergers et le Tyran huppé, migrent vers l'Amérique centrale, tandis que d'autres, comme les dickcissels et les goglus, passent l'hiver plus au Sud encore, sous les cieux plus cléments de l'Argentine et du Venezuela.

TAILLE
33 à 35 cm

Les prairies autrefois couvertes de graminées indigènes sont aujourd'hui des champs de blé, d'avoine, de maïs et de sorgho milo. Ces cultures ont maintenant leur place dans l'alimentation d'espèces qui migrent sur de courtes distances et restent toute l'année en territoire américain, comme le Carouge à tête jaune, le Quiscale de Brewer, le Bruant à face noire et le Bruant à joues marron. Le jardinier qui habite les plaines du Nord ou la région des Prairies au sud du Kansas peut aider les oiseaux à affronter les rigueurs de l'hiver en bordant son jardin d'arbres brise-vent et d'arbustes où ils pourront s'abriter en toutes saisons.

PIC FLAMBOYANT
Colaptes auratus ✦ 🏠

NID *Cavité creusée dans un arbre vivant ou mort, entre 0,6 m et 1,8 m du sol. Ce pic élit parfois domicile dans un nichoir, sur un poteau de clôture et dans les trous des poteaux de téléphone et d'électricité. La grandeur de la cavité peut varier, mais l'entrée a toujours un diamètre de 7,5 cm.*
VOIX *Un ouic-ouic-ouic répété; aussi, un qui-eur simple.*
NOURRITURE *Il se nourrit des fruits du sureau, de l'airelle et du cornouiller ainsi que de graines de trèfle et de graminées. Il raffole aussi des fraises sauvages.*

BRUANT NOIR ET BLANC
Calamospiza melanocorys ✣ ✦ 🏠

NID *Coupe lâche faite de graminées et de radicelles, souvent tapissée de duvet végétal. Généralement construite au sol, dans une dépression peu profonde.*
VOIX *Riche combinaison de trilles entrecoupés de notes claires et criardes.*
NOURRITURE *Même si les graines de chénopode, la renouée, le pissenlit, le Chardon de Russie et la verveine constituent son menu, son alimentation se compose surtout d'insectes, dont la sauterelle, le charançon et le scarabée.*

TAILLE
14 à 19 cm

MOQUEUR CHAT
Dumetella carolinensis ✈ 🏠

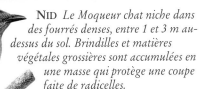

TAILLE
21,5 à 23 cm

NID *Le Moqueur chat niche dans des fourrés denses, entre 1 et 3 m au-dessus du sol. Brindilles et matières végétales grossières sont accumulées en une masse qui protège une coupe faite de radicelles.*
VOIX *Son cri ressemble à un miaulement. Son chant est un babillage de notes et de phrases hachées comme celui du Moqueur polyglotte, mais sans répétition de phrases.*
NOURRITURE *Il se nourrit des fruits de la ronce, de l'airelle, du mûrier, du Benjoin officinal, du sumac, mais aussi de fourmis, de scarabées et de chenilles.*

PASSERIN INDIGO
Passerina cyanea 🐦

NID *Construit près du sol, sous un couvert dense. Coupe compacte, tissée de brins d'herbe séchés, de lanières d'écorce, de brindilles, fixée à un buisson ou à un enchevêtrement de ronces.*

TAILLE
13 à 14,5 cm

VOIX *Son chant est une série de notes doubles, aiguës et stridentes, de tons différents, qui vont en decrescendo vers la fin.*
NOURRITURE *Il se nourrit de graines de verge d'or, d'aster, de chardon, de pissenlit et de graminées. Il mange parfois du millet blanc aux mangeoires.*

QUISCALE DE BREWER
Euphagus cyanocephalus ✦ ✈ 🏠

NID *En général un enchevêtrement de brindilles et de gros brins d'herbe, renforcé de boue ou de bouse de vache séchée et souvent tapissé de radicelles et d'herbe plus fine. Construit au sol, sous le couvert d'une végétation dense, ou à l'occasion dans de grands conifères, à une hauteur pouvant atteindre 45 m.*
VOIX *Trilles, cris aigus et notes sifflées. Il émet parfois un ksh-îk grinçant.*
NOURRITURE *Il est attiré par les graines de tournesol, les cerises sauvages et les graminées (en période de nidification). Il mange aussi des insectes, du grain et des graines de mauvaises herbes.*

TAILLE
20 à 24 cm

PARULINE POLYGLOTTE
Icteria virens 🏠

NID *Sous le couvert de buissons touffus, la femelle construit une grande coupe faite de feuilles mortes, d'herbe et d'écorce, généralement entre 0,6 et 1,8 m au-dessus du sol. Plusieurs couples nichent à proximité, formant plus ou moins une colonie.*
VOIX *Une suite assez inhabituelle de sifflements à la fois clairs et distordus, de notes rauques, de miaulements et de gloussements.*

TAILLE
18 à 19 cm

NOURRITURE *Elle est attirée par les fruits des ronces, des framboisiers, des fraisiers et du sureau.*

GROS-BEC ERRANT
Coccothraustes vespertinus ✦ 🐦

NID *La femelle construit une coupe frêle et peu profonde bien cachée dans le feuillage d'un conifère; elle est faite de radicelles et de brindilles et située entre 6 et 18 m au-dessus du sol.*
VOIX *Le Gros-bec errant émet constamment toute une série de tchîp. Son chant est un bref gazouillis musical, et son cri est un pîir.*

TAILLE
19 à 21,5 cm

NOURRITURE *Du cornouiller et du Cerisier sauvage, et graines d'érable et de tournesol.*

TOURTERELLE TRISTE
Zanaida macroura 🐦

NID *Plate-forme de brindilles lâchement retenues, à peine tapissée et si mince qu'on peut voir les œufs au travers. Construite sur une fourche d'arbre ou sur une branche, parfois dans des plantes grimpantes basses, entre 1,5 et 7,5 m au-dessus du sol.*

TAILLE
28 à 33 cm

VOIX *Son chant est un triste hou-ah-hou-hou-hou.*
NOURRITURE *Friande de graines de mauvaises herbes, dont le vulpin et l'Oxalide corniculée, de graines tombées de mangeoires, de graines de pin et des fruits du Phytolaque à dix étamines.*

CAROUGE À TÊTE JAUNE
Xanthocephalus xanthocephalus

NID *La femelle construit le nid avec des fibres de végétation aquatique qu'elle tisse autour de plantes de marécages à tige dressée. Elle fabrique ainsi un panier habituellement situé entre 15 et 90 cm au-dessus de la surface de l'eau. Ces carouges nichent souvent en colonies.*
VOIX *Son chant, qui évoque une charnière rouillée, est un mélange cacophonique de sons grinçants.*
NOURRITURE *Il se nourrit d'avoine, de maïs et d'autres céréales, ainsi que de graines de sétaire et d'ambroisie. Il mange également des scarabées, des sauterelles, des chenilles et d'autres insectes des marais.*

TAILLE
à 28 cm

CRÉCERELLE D'AMÉRIQUE
Falco sparvarius

NID *Cet oiseau ne construit pas son propre nid ; il utilise les trous creusés par les pics et d'autres cavités inoccupées, y compris les niches sur la façade des édifices ou les cavités naturelles des arbres.*
VOIX *Son cri est un kili-kili-kili rapide et aigu.*
NOURRITURE *La Crécerelle d'Amérique fouille les chicots morts à la recherche de nids de pics abandonnés. Elle mange des sauterelles, des mulots et des reptiles.*

TAILLE
23 à 30 cm

MOQUEUR ROUX
Toxostoma rufum

NID *Fait de brindilles, de feuilles sèches et de tiges de plantes grimpantes parfois construit au sol ou dans un arbre, jusqu'à 3 m au-dessus du sol.*
VOIX *Son chant est une succession harmonieuse de phrases franches et saccadées, émises par paires. Il imite parfois d'autres oiseaux.*
NOURRITURE *Il est friand des fruits de la ronce, de l'airelle, du sureau, de la viorne, de l'amélanchier, du fraisier sauvage et de la Vigne cotonneuse.*

TAILLE
27 à 30 cm

TYRAN HUPPÉ
Myiarchus crinitus

NID *Cet oiseau préfère nicher dans les cavités naturelles, habituellement entre 3 et 6 m au-dessus du sol. Il utilisera les nichoirs dont l'ouverture est de 4 cm.*
VOIX *Un fort ouîîp.*
NOURRITURE *Il se nourrit surtout d'insectes ainsi que de mûres, de cerises, de raisins sauvages et des fruits du sassafras.*

TAILLE
20 à 23 cm

HIRONDELLE RUSTIQUE
Hirundo rustica

NID *Coupe de boue et de brins d'herbe tapissée de plumes et construite sur une poutre ou un chevron, dans un bâtiment. Aime aussi nicher sous les ponts, en petites colonies.*
VOIX *Gazouillis mélodieux ou svit-svit-svit répété.*
NOURRITURE *Recherche les insectes.*

TAILLE
15 à 19 cm

BRUANT À GORGE BLANCHE
Zonotrichia albicollis

NID *Coupe faite de graminées, d'aiguilles de pin et de brindilles, tapissée de radicelles, de brins d'herbe et de poils de chevreuil, souvent construite au sol, sur un monticule caché par un arbuste bas.*
VOIX *Son chant ressemble à « Où es-tu, Frédéric, Frédéric, Frédéric ? »*
NOURRITURE *Il aime les graines d'ambroisie, de renouée et de sétaire, l'avoine, le maïs, le raisin et les fraises. Il mange également du maïs concassé et du millet aux mangeoires, ainsi que des insectes.*

TAILLE
16,5 à 18 cm

ORIOLE DES VERGERS
Icterus spurius

NID *Panier de brins d'herbe tissés, suspendu entre 3 et 6 m au-dessus du sol à une fourche horizontale. Ces oiseaux nichent souvent en colonies.*

VOIX *Cascade de notes et de sifflements décroissants. Évoque celle du merle.*

NOURRITURE *Aime les fruits du Mûrier rouge d'Amérique, mais raffole d'insectes, dont les fourmis et les grillons.*

TAILLE
15 à 18,5 cm

DICKCISSEL D'AMÉRIQUE
Spiza americana

TAILLE
15 à 18 cm

NID *Coupe volumineuse faite de tiges de mauvaises herbes, de feuilles et de graminées et tapissée de brins d'herbe très fins, de poils et de radicelles. Il niche habituellement entre 0,6 m et 4 m au-dessus du sol, dans un arbre, une haie ou une touffe de graminées.*

VOIX *Il répète son nom en staccato, lançant un joyeux dick-dick-dick-cissel.*

NOURRITURE *Cet oiseau se nourrit principalement au sol, d'araignées et d'insectes. Il mange aussi des graines de mauvaises herbes comme la sétaire et l'ambroisie.*

CORNEILLE D'AMÉRIQUE
Corvus brachyrhynchos

NID *Bol volumineux fait d'éclisses et de petites branches, tapissé de feuilles et de mousse et généralement camouflé dans l'écorce d'un arbre. Habituellement construit de 7 à 23 m au-dessus du sol et, à l'occasion, au sol.*

VOIX *Elle lance un câ-câ-câ bruyant et répété.*

NOURRITURE *Elle mange les fruits de nombreux arbustes, des graines de céréales, des insectes, œufs, oisillons et petits reptiles.*

TAILLE
43 à 53 cm

VACHER À TÊTE BRUNE
Molothrus ater

NID *La femelle dépose ses œufs dans le nid d'autres oiseaux. Elle peut pondre de 10 à 12 œufs par saison, chacun dans un nid différent. L'oiseau hôte, qui peut être une paruline ou un bruant, couve l'œuf pendant onze ou douze jours et nourrit ensuite le petit vacher au détriment de ses propres oisillons.*

VOIX *Il émet un sifflement aigu, et aussi un glougloug-glîî.*

NOURRITURE *Le Vacher à tête brune mange du maïs, du blé, de l'avoine, du sarrasin et des graines de mauvaises herbes, comme la sétaire, le panic et le pissenlit. Il se nourrit aussi de mûres, de bleuets, de baies de thuya et de genévrier ainsi que d'insectes: chenilles, mouches, scarabées et fourmis.*

TAILLE
18 à 20 cm

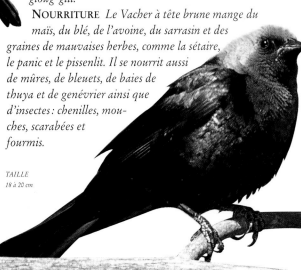

BRUANT À JOUES MARRON
Chondestes grammacus

NID *Assez volumineux, fait d'herbe et de tiges de plantes, construit au sol dans une dépression peu profonde et à couvert. Parfois dans un arbuste.*

VOIX *Une suite de trilles fluides et de sons bourdonnants et vibrants, précédés de deux notes claires.*

NOURRITURE *À moitié composée d'insectes; graines de sétaire, de panic, d'ambroisie, de tournesol et de blé.*

TAILLE
14 à 16,5 cm

PLANTES RECOMMANDÉES

CETTE RÉGION s'étend du nord du Canada à la frontière du Mexique. De vastes prairies d'herbes hautes en recouvraient autrefois la moitié Est, tandis que la région qui débute à la base des Rocheuses et descend vers le sud jusqu'au Texas était plutôt le domaine des plaines d'herbes basses.

Aujourd'hui, les Prairies ont fait place aux terres cultivées et les plaines servent de pâturages aux ranches d'élevage. Seuls quelques vestiges de ces magnifiques communautés herbagères indigènes subsistent encore et les populations d'oiseaux qui y étaient chez elles ont considérablement diminué.

Dans la partie nord, il est important de sélectionner des plantes rustiques, capables de résister au vent et au froid. Des conifères plantés du côté nordouest de la maison la protégeront des vents glacials qui soufflent habituellement de cette direction. Du côté sud, des arbres à feuillage caduc, comme les chênes et les érables, garderont la maison fraîche durant les chaleurs de l'été. En hiver, après la chute des feuilles, les chauds rayons du soleil parviendront sans obstacle jusqu'aux fenêtres de la face sud de la maison.

Au sud, une plus vaste sélection de plantes s'offre au jardinier. Les variétés choisies doivent toutefois être en mesure de supporter un climat extrêmement chaud et aride.

ARBRES

PRUNIER D'AMÉRIQUE
Prunus americana

Ce petit arbre à feuillage caduc produit des grappes de fleurs blanches aplaties à la fin du printemps et des drupes rouges, de l'été à la fin de l'automne. Très ornemental. Se cultive au soleil ou à la mi-ombre, dans un sol humide et bien drainé. Hauteur et étalement : 6 à 10 m. Très rustique. Zone 6.

Attire *par ses fruits de nombreuses espèces, dont le Colin de Virginie, le Merle d'Amérique, le Faisan de Colchide et le Pic à tête rouge. Certains oiseaux y nichent.*

AUBÉPINE ERGOT-DE-COQ
Crataegus crus-galli

Arbre à feuillage caduc pourvu d'attrayantes fleurs blanches et d'un feuillage d'un vif jaune orangé. Les pousses portent de longues épines incurvées et des feuilles ovales vert foncé et vernissées qui deviennent d'un cramoisi éclatant en automne. La floraison commence au début du printemps et se poursuit tout l'été en virant au rouge. Les fruits charnus, qui varient du rouge au vert, mûrissent jusqu'au milieu de l'hiver. Se cultive en plein soleil, en sol bien drainé ou rocailleux. Hauteur : 9 m maximum. Rustique. Zone 5.

Attire *plus de 20 espèces qui sont friandes de ses fruits, dont le Jaseur d'Amérique, le Bruant fauve et la Gélinotte huppée. Au moins huit espèces y nichent ou s'y mettent à couvert.*

MICOCOULIER OCCIDENTAL

Celtis occidentalis

Arbre indigène étalé à feuillage caduc qui pousse sur les flancs de colline rocailleux, les grands pâturages et les terrains humides en bordure des cours d'eau. Ses feuilles à dentelure pointue, ovales et d'un vert éclatant, virent au jaune à l'automne. Il produit alors des drupes pourpres qui persistent tout l'hiver si les oiseaux ne les mangent pas. Résiste à la sécheresse. Se cultive au soleil, dans un sol alcalin, mais peut s'adapter à divers sols. Hauteur : 9 à 15 m. Très rustique. Zones 2 à 9.

CORNOUILLER À GRAPPES

Cornus racemosa

Arbuste buissonnant très répandu dont le feuillage est d'un magnifique magenta du début au milieu de l'automne. D'abondantes grappes de fruits blancs à pétiole écarlate se découpent sur le feuillage tirant sur le rouge foncé. Le Cornouiller à grappes pousse bien en divers endroits, ce qui en fait une essence ornementale très intéressante à planter dans les jardins. Se cultive au soleil ou à la mi-ombre, dans un sol fertile et bien drainé. Hauteur : rarement plus de 3 m. Rustique. Zone 5.

PIN PONDEROSA

Pinus ponderosa

Immense conifère à port érigé originaire de l'Ouest qui pousse généralement en gros bouquets monotypiques. Planté en écran, il servira de couvert aux oiseaux pendant toute l'année et constitue un efficace brise-vent. Commence à produire des graines quand il atteint une vingtaine d'années. Donne une bonne récolte tous les deux à cinq ans. Se cultive au soleil ou à la mi-ombre, et tolère divers types de sol. Hauteur : 45 m maximum ; tronc : 1,5 à 2,5 m de diamètre. Rustique. Zones 5 à 8.

Attire *avec ses fruits au moins 24 espèces, dont le Pic flamboyant, le Moqueur polyglotte, la Grive à dos olive et le Cardinal rouge qui en sont particulièrement friands.*

Attire *au moins 17 espèces qui consomment avidement ses fruits délicieux, dont le Pic flamboyant, le Pic mineur, le Cardinal rouge et le Merlebleu de l'Est.*

Attire *de nombreuses espèces, dont le Pigeon à queue barrée et le Pic de Lewis, pour qui les abondantes et minuscules graines (12 000 par 450 g) sont vitales.*

ARBUSTES

POMMETIER DE SARGENT

Malus sargentii

Petit arbre ou arbuste à feuillage caduc et à feuilles ovales vert foncé parfois lobées. Profusion de fleurs blanches à la fin du printemps, suivies de fruits rouge foncé persistants. Afin d'attirer le plus grand nombre d'espèces possible, choisir des arbres à petits fruits, car ceux-ci se détachent et s'avalent plus facilement. Se cultive en plein soleil, dans divers sols. Tolère la mi-ombre. Hauteur : 1,8 à 4,2 m. Très rustique. Zones 4 à 8.

CERISIER DE VIRGINIE

Prunus virginiana

Arbuste ou petit arbre à feuillage caduc qui produit des épis denses de petites fleurs blanches étoilées, du milieu à la fin du printemps ; celles-ci sont suivies de fruits rouge pourpre foncé. Les feuilles fanées de tous les cerisiers contiennent une substance toxique pour les bestiaux. Se cultive en plein soleil et prospère dans divers types de sols. Hauteur : 1,8 à 9 m. Rustique. Zones 3 à 8.

SYMPHORINE À FEUILLES RONDES

Symphoricarpos orbiculatus

Arbuste buissonnant et touffu à feuillage caduc qui produit des fleurs blanches ou roses à la fin de l'été et au début de l'automne. Elles sont suivies de baies rondes d'un rouge tirant sur le pourpre foncé qui persistent tout l'hiver. Feuilles ovales vert foncé. Planter en massifs isolés ou au pourtour du jardin pour former une haie dense. En s'agrippant aux pentes abruptes, il freine l'érosion des sols. Croît en plein soleil ou à la mi-ombre, en des sols très diversifiés. Hauteur : 0,6 à 1,5 m. Très rustique. Zones 3 à 9.

Attire une grande variété d'oiseaux, dont le Jaseur d'Amérique, le Merle d'Amérique, le Moqueur polyglotte, le Moqueur chat et le Gros-bec errant qui se nourrissent de ses fruits.

Attire par ses fruits acidulés au moins 43 espèces. Le Merlebleu de l'Est, la Gélinotte huppée, le Tétras à queue fine et le Tétras des prairies en sont friands.

Attire les colibris, et au moins 14 autres espèces consomment ses fruits colorés, dont le Gros-bec errant, le Durbec des sapins et le Merle d'Amérique.

COTONÉASTER DE FRANCHET

Cotoneaster franchettii

Arbuste cultivé pour son feuillage, ses fleurs et ses fruits. Ses branches arquées servent de refuge aux oiseaux. Feuilles vert-gris et blanches au revers. Produit au début de l'été des petites fleurs à cinq pétales, blanches teintées de rose, suivies en automne, d'une profusion de fruits oblongs d'un rouge orangé éclatant. Sujet à la brûlure bactérienne. Se cultive au soleil ou à la mi-ombre, dans un sol bien drainé. Essence particulièrement utile en terrain sec. Hauteur : 3 m ; étalement : 3 m maximum. Très rustique. Zones 7 à 9.

CHILOPSIS À FEUILLES LINÉAIRES

Chilopsis linearis

Cet arbuste à croissance rapide (il peut pousser d'un mètre en une saison) est à feuillage caduc du milieu de l'été à la fin de l'hiver. Ses feuilles longues et étroites mesurent de 5 à 12 cm. Produit des fleurs roses ou rose pourpre, en forme de cornet, du milieu à la fin du printemps. Se cultive en plein soleil. Hauteur et étalement : 2 à 7,5 m. Rustique. Zone 6.

GROSEILLIER À FLEURS ROUGES

Ribes sanguineum

Arbuste érigé au feuillage caduc cultivé pour ses fruits comestibles et ses fleurs. Dans un jardin, il pousse bien dans diverses situations. La variété 'Pulborough Scarlet' donne des fleurs tubulaires rouge foncé au printemps. Elles sont parfois suivies de fruits ronds et noirs (groseilles) couverts d'une pruine blanche. Feuilles vert foncé odorantes qui présentent de trois à cinq lobes. Se cultive en plein soleil, dans un sol fertile et bien drainé. Hauteur : 1,8 m ; étalement : peut atteindre 1,8 m. Très rustique. Zones 6 à 8.

Attire diverses espèces, dont le Moqueur roux, le Moqueur chat, le Merle d'Amérique et le Jaseur d'Amérique qui mangent ses fruits rouges.

Attire, avec ses fleurs en cornet qui regorgent de nectar, les colibris du sud-ouest, dont le Colibri à gorge noire et le Colibri à queue large.

Attire le Colibri roux et d'autres espèces de colibris qui tirent le nectar de ses fleurs. Diverses espèces se nourrissent de ses fruits, dont le Pic flamboyant et le Solitaire de Townsend.

OCOTILLO

Fouquiera splendens

Arbuste indigène à feuillage persistant parfois cultivé en haie. Du printemps à la fin de l'été, il produit des grappes de fleurs d'un rouge orangé éclatant. Tronc profondément cannelé couvert de robustes épines. Se cultive en plein soleil, dans un sol bien drainé. Hauteur : 3 à 4,5 m. Rustique. Zone 8.

SYMPHORINE BLANCHE

Symphoricarpos albus

Arbuste buissonnant à feuillage caduc qui pousse sur les versants de colline rocailleux et en d'autres lieux où les conditions sont trop difficiles pour la plupart des arbustes. Ses baies mûrissent de la fin de l'été au début de l'automne et persistent tout l'hiver. Bonne essence à planter en haie ou en bordure d'un jardin pour attirer les oiseaux. Se cultive en plein soleil ou à la mi-ombre, dans un sol fertile et bien drainé. Hauteur : 1,8 m dans un bon sol, mais généralement beaucoup plus petit. Rustique. Zones 4 à 7.

SUMAC À TROIS LOBES

Rhus trilobata

Cet arbuste à feuillage caduc et aux racines profondes résiste bien aux périodes de sécheresse et donne un excellent brise-vent. Ses feuilles vert sombre à trois folioles ovales deviennent orangées ou pourpres tirant sur le rouge à l'automne. Produit de minuscules fleurs jaunes au printemps, avant la feuillaison ; celles-ci sont suivies de fruits sphériques rouges qui mûrissent de la fin de l'été au début de l'automne. Se cultive en plein soleil, dans un sol calcaire, mais peut tolérer divers types de sol. Hauteur : 3,6 m. Très rustique. Zones 4 à 9.

Attire *l'Oriole masqué, le Colibri à gorge rubis, le Colibri d'Anna et le Colibri roux qui viennent au printemps et en été boire le nectar de ses fleurs.*

Attire *de nombreuses espèces, y compris le Faisan de Colchide, le Merle d'Amérique, le Jaseur d'Amérique et le Durbec des sapins que ses baies blanches alimentent en hiver.*

Attire *au moins 25 espèces qui se nourrissent de ses baies rouges, dont le Gros-bec errant, le Merle d'Amérique, le Colin de Virginie et le Tétras des prairies.*

COUVRE-SOLS

GENÉVRIER HORIZONTAL

Juniperus horizontalis

Arbuste rampant dont les aiguilles acérées éloignent les cerfs, les lièvres et les mulots. Vérifier si les spécimens vendus portent les petits fruits bleus caractéristiques du genévrier. Ses rameaux épineux protègent les oiseaux qui nichent au sol. Se cultive en plein soleil, dans un sol bien drainé. Hauteur : 30 cm maximum. Rustique. Zone 4.

SCHIZACHYRIUM À BALAIS

Andropogon scoparius

Cette graminée vivace, indigène des Prairies, pousse en bouquets ou touffes denses. Elle donne un excellent couvre-sol et convient bien aux différents coins du jardin, tant les plus exigus que les plus vastes. Des épillets blancs apparaissent à l'automne, juste avant que les feuilles ne virent à l'ambre tirant sur le rouge. Se cultive en plein soleil ou à la mi-ombre, dans un sol léger, sableux et bien drainé. Hauteur : 30 cm maximum. Rustique. Zone 4.

AIRELLE À FEUILLES ÉTROITES

Vaccinium angustifolium

Cette plante, qui produit le fruit vendu sous le nom de bleuet de la Nouvelle-Angleterre, est très importante pour les oiseaux, car au moins 37 espèces mangent des bleuets. Arbuste à feuillage caduc en forme de buisson touffu. À l'automne, les feuilles deviennent d'un orangé écarlate. Se cultive en plein soleil, dans un sol acide et bien drainé. Hauteur : 30 cm maximum. Rustique. Zone 3.

Attire *de nombreuses espèces, dont le Jaseur d'Amérique, le Merle d'Amérique, la Grive à dos olive et le Faisan de Colchide qui trouvent ses petits fruits bleus délicieux.*

Attire *les bruants et les juncos qui se perchent souvent sur les tiges pour se nourrir dès épillets blancs. Des fleurs sauvages peuvent peupler les espaces qui se créent entre les touffes.*

Attire *plus de 37 espèces. Les bleuets constituent l'une des nourritures préférées de 24 d'entre elles, dont le Moqueur polyglotte, le Moqueur chat et la Grive à dos olive.*

AUTRES PLANTES INTÉRESSANTES

ARBRES À FEUILLAGE PERSISTANT

Juniperus ashei
GENÉVRIER CENDRÉ
Arbre indigène qui pousse au Texas, du centre jusqu'au sud-ouest. Remarquable pour son abondante production de graines qui constituent une importante source d'alimentation du Merle d'Amérique. *Hauteur* : 1,8 m à 6 m. Pousse au soleil, dans un sol sec, sableux ou graveleux. Fruits toute l'année. *Type de fruit* : baie bleue. ZONE 7.

Juniperus monosperma
GENÉVRIER À UNE GRAINE
De croissance rapide pour un genévrier, cet arbre indigène est un site de nidification de choix. Seuls les sujets femelles portent des fruits ; ceux-ci sont une importante source d'alimentation du Colin de Gambel et de plusieurs espèces d'oiseaux chanteurs. *Hauteur* : 6 à 9 m. Se cultive au soleil, dans un sol rocailleux. Fruits toute l'année. *Type de fruit* : baie bleue. ZONE 7.

Juniperus scopulorum
GENÉVRIER DES ROCHEUSES
Essence indigène qui résiste bien à la sécheresse et dont l'allure rappelle le Genévrier de Virginie. N'est pas recommandé pour la partie Est de la présente région. *Hauteur* : 9 à 12 m. Se cultive au soleil, dans un sol alcalin, sec ou sableux. Fruits toute l'année. *Type de fruit* : baie bleue. ZONE 4.

Juniperus virginiana
GENÉVRIER DE VIRGINIE
Voir liste illustrée des plantes, région du Nord-Est, p. 85.

Picea glauca, var. densata
BLACK HILLS SPRUCE
Dans les plaines du Nord, ce conifère indigène résiste mieux à l'hiver que l'Épinette du Colorado (voir page 92). *Hauteur* : 21 m maximum. Pousse au soleil ou à la mi-ombre, dans un sol humide. Fruits en automne. *Type de fruit* : cône. ZONE 3.

Picea pungens
ÉPINETTE DU COLORADO
Voir liste des plantes, région du Nord-Est, p. 92.

Pinus nigra
PIN NOIR D'AUTRICHE
Essence exotique à planter à l'abri des vents directs. Elle offre un excellent couvert et des graines en abondance. Bien adaptée aux plaines du Nord. *Hauteur* : 21 à 27 m. Pousse au soleil ou à la mi-ombre, dans divers sols, même les sols sableux ou pauvres. Fruits de l'automne à la fin de l'hiver. *Type de fruit* : cône. ZONE 4.

Pinus sylvestris
PIN SYLVESTRE
Cette essence exotique pousse bien dans diverses situations ; elle produit une bonne récolte tous les aux deux à cinq ans. *Hauteur* : 18 à 23 m. Pousse au soleil ou dans un endroit partiellement ensoleillé, dans divers sols, pourvu qu'ils soient drainés. Fruits du début à la fin de l'automne. *Type de fruit* : cône. ZONE 3.

Tsuga heterophylla
PRUCHE DE L'OUEST
Conifère indigène qui constitue un excellent choix pour les haies et les habitats ombragés. Donne une abondante récolte tous les deux ou trois ans ; ses graines sont très appréciées du Tarin des pins et des mésanges. *Hauteur* : 9 à 15 m. Pousse au soleil, dans un sol sec, humide ou drainé. Fruits en automne. *Type de fruit* : cône. ZONE 6.

Thuja occidentalis
THUYA DE L'EST
Voir liste des plantes, région du Nord-Est, p. 92.

ARBRES À FEUILLAGE CADUC

Acer negundo
ÉRABLE À GIGUÈRE
Voir liste des plantes, région du Nord-Est, p. 92.

Acer nigrum
ÉRABLE NOIR
L'Érable noir indigène est un proche parent de l'Érable à sucre (voir page 86). Ses feuilles sont toutefois à sinus moins prononcés et son écorce plus profondément cannelée. Il fleurit au printemps. Le Gros-bec errant, le Durbec des sapins et le Colin de Virginie raffolent de ses fruits. *Hauteur* : 23 à 30 m. Pousse au soleil. Fruits en automne. *Type de fruit* : disamare. ZONE 3.

Betula papyrifera
BOULEAU À PAPIER
Voir liste des plantes, région du Nord-Est, p. 92.

Betula nigra
BOULEAU NOIR
Voir liste des plantes, région du Sud-Est, p. 112.

Betula papyrifera var. humilis
BOULEAU DE L'ALASKA
Cette variété originaire de l'Alaska est plus rustique et moins haute que les variétés de l'Est. Ses graines et ses bourgeons sont l'une des nourritures préférées de la Gélinotte huppée, du Tarin des pins et du Chardonneret jaune. *Hauteur* : 9 m maximum. Pousse au soleil, dans un sol sec ou humide. Fruits de la fin de l'été au début de l'automne. *Type de fruit* : samare. ZONE 1.

Carya illinoinensis
CARYER PACANIER
Voir liste des plantes, région du Sud-Est, p. 112.

Celtis laevigata
MICOCOULIER DU MISSISSIPPI
Voir liste illustrée des plantes, région du Sud-Est, p. 107.

Celtis reticulata
MICOCOULIER À FEUILLES RÉTICULÉES
Les baies de cet arbre indigène sont riches en calcium ; elles nourrissent l'Oriole à ailes blanches, le Merle d'Amérique, le Grand Géocoucou et le Pic flamboyant. *Hauteur* : 6,3 m maximum. Pousse au soleil, dans un sol sec, humide, riche ou drainé. Fruits au printemps. *Type de fruit* : samare. ZONE 6.

Crataegus chrysocarpa
AUBÉPINE À POMMES DORÉES
Arbre indigène rustique qui s'accommode bien des conditions difficiles des plaines du Nord. Toutes les variétés d'aubépines attirent au moins 36 espèces d'oiseaux frugivores, dont le Colin de Virginie, le Pic flamboyant, le Jaseur d'Amérique et le Merle d'Amérique. *Hauteur* : 4 m maximum. Pousse au soleil, dans un sol sec, humide ou rocailleux. Fruits au début de l'automne. *Type de fruit* : fruit charnu rouge. ZONE 4.

Crataegus mollis
AUBÉPINE DUVETEUSE
Arbre indigène rustique qui s'accommode bien des conditions difficiles des plaines du Nord. *Hauteur* : 4,5 à 7,5 m. Pousse au soleil, dans un sol sec. Fruits de la fin de l'été à la fin de l'automne. *Type de fruit* : fruit charnu rouge. ZONE 5.

Crataegus phaenopyrum
AUBÉPINE DE WASHINGTON
Ce petit arbre indigène à cime arrondie se couvre de fleurs blanches et roses au printemps. Elles sont suivies d'une profusion de petits fruits rouges ou orange. Le Merle d'Amérique, le Cardinal rouge, le Geai bleu et d'autres espèces nichent volontiers sous le couvert de sa ramure dense. Au moins 18 espèces, dont le Jaseur d'Amérique, se nourrissent de ses fruits. *Hauteur* : 6 à 9 m. Pousse au soleil, dans un sol bien drainé. Fruits de la fin de l'été à la fin de l'hiver. *Type de fruit* : fruit charnu rouge ou orange. ZONE 5.

Crataegus succulenta
AUBÉPINE SUCCULENTE
Cette aubépine indigène rustique s'accommode des conditions climatiques rigoureuses des plaines du Nord. *Hauteur* : 4,5 m maximum. Pousse au soleil, dans un sol sec, humide ou rocailleux. Fruits au début de l'automne. *Type de fruit* : fruit charnu rouge. ZONE 4.

Fraxinus pennsylvanica
FRÊNE ROUGE
Voir liste des plantes, région du Nord-Est, p. 93.

Ilex decidua
APALANCHE D'AMÉRIQUE
Voir liste illustrée des plantes, région du Sud-Est, p. 109.

Juglans nigra
NOYER NOIR
Voir liste des plantes, région du Nord-Est, p. 93.

Malus sp.
POMMIER ORNEMENTAL
Voir liste illustrée des plantes, région du Nord-Est, p. 85.

Malus pumila
POMMIER COMMUN
Voir liste des plantes, région du Nord-Est, p. 93.

Morus microphylla
MÛRIER DU TEXAS
C'est en sol calcaire que cet arbre indigène buissonnant pousse le mieux. Planter ensemble un sujet mâle et un sujet femelle pour obtenir des fruits. Très apprécié du Colin de Gambel, du Colin arlequin et de nombreux oiseaux chanteurs. *Hauteur:* 3 à 6 m. Pousse au soleil, dans un sol humide ou drainé. Fruits au printemps. *Type de fruit:* ensemble de drupéoles noires. ZONE 6.

Morus rubra
MÛRIER ROUGE D'AMÉRIQUE
Voir liste illustrée des plantes, région du Nord-Est, p. 86.

Populus deltoides
PEUPLIER À FEUILLES DELTOÏDES
Voir liste des plantes, région du Nord-Est, p. 93.

Populus sargentii
PEUPLIER DE SARGENT
Arbre indigène commun le long des cours d'eau dans les plaines de l'Ouest. Les tétras raffolent de ses bourgeons. *Hauteur:* 18 à 27 m. Pousse au soleil, dans un sol humide. Fruits du printemps à la fin de l'été. *Type de fruit:* capsule. ZONE 2.

Populus tremuloides
PEUPLIER FAUX-TREMBLE
Voir liste des plantes, région du Nord-Est, p. 93.

Prunus pennsylvanica
CERISIER DE PENNSYLVANIE
Voir liste des plantes, région du Nord-Est, p. 94.

Prunus serotina
CERISIER TARDIF
Voir liste illustrée des plantes, région du Sud-Est, p. 104.

Quercus gambelii
CHÊNE DE GAMBEL
Cet arbre indigène, qui résiste bien à la sécheresse, pousse parfois sous forme d'arbuste. Au moins 63 espèces en consomment les glands. *Hauteur:* 4,5 à 10,6 m. Pousse au soleil, dans un sol sec ou drainé. Fruits en automne. *Type de fruit:* gland. ZONE 6.

Quercus macrocarpa
CHÊNE À GROS FRUITS
Voir liste des plantes, région du Nord-Est, p. 93.

Quercus rubra
CHÊNE ROUGE
Voir liste des plantes, région du Nord-Est, p. 93.

Quercus stellata
CHÊNE ÉTOILÉ
Voir liste des plantes, région du Sud-Est, p. 113.

Salix amygdaloides
SAULE À FEUILLES DE PÊCHER
Arbre indigène qui procure un excellent couvert. Développe des racines qui peuvent obstruer les canalisations souterraines. *Hauteur:* 12 à 18 m. Pousse au soleil, dans un sol humide. Fruits au printemps. *Type de fruit:* capsule. ZONE 5.

Salix discolor
SAULE DISCOLORE
Arbuste indigène surtout connu pour ses chatons duveteux qui le rendent plus attrayant et lui ajoutent de la couleur. Extrêmement rustique. Ses bourgeons attirent le Durbec des sapins, le Canard branchu, la Gélinotte huppée et les sizerins. *Hauteur:* 7,6 m maximum. Pousse au soleil ou à la mi-ombre, en sol humide ou très humide. Fruits au printemps. *Type de fruit:* capsule. ZONE 2.

Salix interior
SAULE DE L'INTÉRIEUR
Essence qui procure un excellent couvert. Développe des racines qui peuvent obstruer les canalisations souterraines. Au moins 23 espèces mangent ses bourgeons et ses tendres ramilles, y compris la Gélinotte huppée, le Tétras sombre, le Tétras du Canada et le Tétras à queue fine. *Hauteur:* 10 m maximum. Pousse au soleil, en terrain humide ou alluvial. Fruits au printemps. *Type de fruit:* capsule. ZONE 2.

Sorbus americana
SORBIER D'AMÉRIQUE
Voir liste illustrée des plantes, région du Nord-Est, p. 84.

Sorbus aucuparia
SORBIER DES OISELEURS
Voir liste des plantes, région du Nord-Est, p. 94.

Sorbus decora
SORBIER PLAISANT
Voir liste des plantes, région du Nord-Est, p. 94.

Ulmus rubra
ORME ROUGE
De nombreuses espèces d'oiseaux se nourrissent des bourgeons de cet arbre indigène; quant à ses fruits, ils sont très appréciés du Roselin pourpré et du Chardonneret jaune. *Hauteur:* 18 m maximum. Pousse au soleil, dans un sol humide. Fruits du printemps à la fin de l'été. *Type de fruit:* capsule. ZONE 4.

ARBUSTES À FEUILLAGE PERSISTANT

Arctostaphylos pungens
MEXICAN MANZANITA
Cette essence indigène pousse sous forme de couvre-sol ou d'arbuste dans les montagnes du Sud-Ouest, surtout en terrain sec et graveleux. Tétras et colins sont friands de ses fruits. *Hauteur:* 0,3 m à 3 m. Pousse au soleil, dans un sol sec ou drainé. Fruits en été et au printemps. *Type de fruit:* baie brune ou rouge foncé. ZONE 7.

Atriplex hymenelytra
DESERT HOLLY
Cet arbuste décoratif originaire du Sud-Ouest procure un bon couvert en milieu aride. On a répertorié 29 espèces qui se nourrissent de ses fruits. *Hauteur:* 0,6 à 1,5 m. Pousse au soleil, dans un sol sec. Fruits au début de l'automne. *Type de fruit:* akène. ZONE 6.

Juniperus chinensis
GENÉVRIER DE CHINE
Voir liste des plantes, région du Nord-Est, p. 94.

Juniperus communis
GENÉVRIER COMMUN
Voir liste illustrée des plantes, région du Sud-Est, p. 111.

ARBUSTES À FEUILLAGE CADUC

Amelanchier alnifolia
AMÉLANCHIER À FEUILLES D'AULNE
Voir liste des plantes, région de la côte du Pacifique, p. 164.

Amelanchier laevis
AMÉLANCHIER GLABRE
Arbuste ou petit arbre indigène à troncs multiples qui constitue un bon choix pour un jardin. Spectaculaires inflorescences blanches avant la feuillaison. *Hauteur:* 7,6 m. Pousse en plein soleil ou à la mi-ombre, dans divers types de sols, d'humides à bien drainés. Fruits au début de l'été. *Type de fruit:* baie rouge pourpre. ZONE 3.

Amelanchier sanguinea
AMÉLANCHIER SANGUIN
Au moins 36 espèces d'oiseaux mangent les fruits de l'amélanchier, dont le Moqueur chat et le Cardinal rouge. Cet arbuste indigène rustique est susceptible d'attirer beaucoup d'oiseaux dans un jardin. *Hauteur*: 2,4 et 3,6 m. Se cultive au soleil ou à l'ombre, dans un sol bien drainé. Fruits en été. *Type de fruit*: fruit charnu noir pourpre. ZONE 5.

Aralia spinosa
ANGÉLIQUE ÉPINEUSE
Voir liste des plantes, région du Sud-Est, p. 114.

Ceanothus fendleri
FENDLER CEANOTHUS
Les colins trouvent dans cet arbuste indigène à la fois abri et nourriture; de nombreuses espèces d'oiseaux chanteurs l'adoptent également comme site de nidification. *Hauteur*: 1 m maximum. Pousse au soleil ou à l'ombre, dans un sol sec ou drainé. Fruits de la fin de l'été au début de l'automne. *Type de fruit*: capsule rouge ou brune. ZONE 5.

Celtis reticulata
MICOCOULIER À FEUILLES RÉTICULÉES
Cet arbuste indigène pousse en sol sec et graveleux. Ses fruits nourrissent au moins 20 espèces, dont le Pigeon à queue barrée, le Gros-bec errant et le Grand Géocoucou. *Hauteur*: 12 m maximum. Pousse au soleil ou à l'ombre, dans un sol sec, humide ou drainé. Fruits en été et en hiver. *Type de fruit*: drupe brune. ZONE 6.

Cephalanthus occidentalis
CÉPHALANTHE OCCIDENTAL
Voir liste des plantes de milieu aquatique, p. 73.

Cornus stolonifera
CORNOUILLER STOLONIFÈRE
Voir liste illustrée des plantes, région du Nord-Est, p. 90.

Cotoneaster horizontalis
COTONÉASTER HORIZONTAL
Voir liste illustrée des plantes, région du Sud-Est, p. 108.

Cotoneaster integerrimus
COTONÉASTER COMMUN
Cet arbuste exotique convient bien à la plantation en haie. Il offre un bon couvert aux oiseaux. Ses fruits plaisent à de nombreuses espèces, dont le Jaseur d'Amérique et le Merle d'Amérique. C'est également une essence très décorative. *Hauteur*: 1,5 m maximum. Pousse au soleil, dans un sol sec. Fruits en été. *Type de fruit*: fruit charnu rouge. ZONE 6.

Cotoneaster lucidus
HEDGE COTONEASTER
Arbuste exotique qui procure un bon couvert. De nombreuses espèces d'oiseaux de cette région le choisissent comme site de nidification. *Hauteur*: 1,8 à 2,4 m. Pousse au soleil, dans un sol sec. Fruits au début de l'automne. *Type de fruit*: fruit charnu noir. ZONE 5.

Eleagnus commutata
CHALEF À FRUITS D'ARGENT
Le bétail ne s'attaque pas aux feuilles argentées de cet arbuste buissonnant très rustique, originaire des plaines du Nord. Source de nourriture pour le Faisan de Colchide et le Tétras des prairies. *Hauteur*: 1 à 2,4 m. Pousse au soleil ou à l'ombre, dans divers types de sols. Fruits de l'été à la fin de l'automne. *Type de fruit*: drupe argentée. ZONE 2.

Euonymus alata
FUSAIN AILÉ
Voir liste des plantes, région du Sud-Est, p. 114.

Ilex decidua
APALANCHE D'AMÉRIQUE
Voir liste illustrée des plantes, région du Sud-Est, p. 109.

Physocarpus opulifolius
PHYSOCARPE À FEUILLES D'OBIER
Voir liste illustrée des plantes, région de la côte du Pacifique, p. 159.

Prunus angustifolia
PRUNIER CHICASAW
Voir liste des plantes, région du Sud-Est, p. 113.

Prunus besseyi
CERISIER DE SABLE
Le Faisan de Colchide et d'autres espèces se nourrissent des fruits de cet arbuste indigène à port prostré. Essence touffue qui procure d'excellents sites de nidification. *Hauteur*: 0,6 m maximum. Pousse au soleil, dans un sol sec. Fruits de l'été au début de l'automne. *Type de fruit*: drupe noire. ZONE 3.

Quercus mohriana
MOHR OAK
Cet arbuste indigène appelé aussi chin oak atteint parfois la taille d'un petit arbre. *Hauteur*: 6 m maximum. Pousse au soleil, dans un sol sec. Fruits en automne. *Type de fruit*: gland annuel. ZONE 7.

Rhus copallina
SUMAC COPAL
Cet arbuste indigène, à ramure serrée quand il est jeune, s'ouvre en vieillissant et peut atteindre un étalement de 10 m. Ses feuilles vert foncé virent à l'écarlate et au rouge cramoisi en automne. Fleurs en épis vert jaunâtre de forme pyramidale. Elles sont suivies de baies laineuses mesurant 1,2 à 2,4 cm qui persistent tout l'hiver. Le Merle d'Amérique, le Carouge à épaulettes, le Pic flamboyant, le Grand Pic et de nombreuses autres espèces s'en nourrissent.

Hauteur: 6 à 10,6 m. Pousse en plein soleil, dans un sol bien drainé. *Type de fruit*: baie. ZONE 5.

Rhus glabra
SUMAC GLABRE
Voir liste des plantes, région du Nord-Est, p. 95.

Ribes cereum
WAX CURRENT
Cette espèce indigène de groseillier aime les terrains secs et rocailleux et les prairies. Les gadelliers et les groseilliers sauvages procurent un excellent couvert et une bonne source de nourriture à de nombreuses espèces d'oiseaux chanteurs et d'oiseaux gibier. Au moins 33 espèces en consomment les baies. *Hauteur*: 0,6 à 1,2 m. Pousse au soleil, dans un sol sec. Fruits en été. *Type de fruit*: baie rouge. ZONE 5.

Ribes missouriense
MISSOURI GOOSEBERRY
Cet arbuste indigène à rameaux épineux donne une profusion de gros fruits et procure un excellent couvert. *Hauteur*: 1,5 à 1,8 m. Pousse au soleil ou à l'ombre, dans un sol sec, humide ou drainé. Fruits de l'été au début de l'automne. *Type de fruit*: baie noir pourpre. ZONE 5.

Ribes odoratum
GADELLIER ODORANT
Arbuste cultivé très populaire. Ses rameaux épineux portent des baies dont on fait des confitures et des gelées. Produit au printemps des fleurs jaune vif odorantes, suivies de baies pourpres tirant sur le noir. Celles-ci sont mangées par diverses espèces d'oiseaux chanteurs dès qu'elles mûrissent. *Hauteur*: 1,8 m maximum. Pousse au soleil, dans un sol sec ou sableux. Fruits du début de l'été au début de l'automne. *Type de fruit*: baie noire ou pourpre. ZONES 5 à 8.

Rosa arkansana
PRAIRIE WILD ROSE
Au moins 38 espèces d'oiseaux mangent les fruits des rosiers sauvages, dont le Cardinal rouge et le Moqueur roux. Ce rosier originaire des Prairies procure abri et nourriture au Tétras à queue fine, au Faisan de Colchide et au Tétras des Prairies. *Hauteur*: 0,3 à 0,6 m. Pousse au soleil ou à l'ombre légère, dans un sol drainé. Fruits en été. *Type de fruit*: fruit charnu pourpre. ZONE 5.

Rubus sp.
RONCES
Au moins 63 espèces se nourrissent des fruits des ronces et des framboisiers. Cet arbuste indigène procure également un excellent couvert. *Hauteur*: 1 à 2,4 m. Pousse au soleil ou en situation partiellement ensoleillée, dans un sol sec, humide ou drainé. Fruits en été. *Type de fruit*: baie noire. ZONE 6.

Rubus idaeus
RONCE DU MONT IDA
Voir liste illustrée des plantes, région du Nord-Est, p. 88.

Rubus occidentalis
RONCE OCCIDENTALE
Voir liste des plantes, région du Nord-Est, p. 96.

Sambucus canadensis
SUREAU BLANC
Voir liste illustrée des plantes, région du Nord-Est, p. 87.

Sambucus melanocarpa
SUREAU ARBORESCENT
Arbuste indigène qui pousse le long des cours d'eau de montagne et dans les canyons de la ceinture de conifères qui va du Nouveau-Mexique au sud de l'Alaska. *Hauteur*: 1 à 1,8 m. Pousse au soleil ou à l'ombre, dans un sol humide. Fruits à la fin de l'été. *Type de fruit*: baie bleue. ZONE 6.

Sambucus pubens
SUREAU ROUGE
Voir liste des plantes, région du Nord-Est, p. 95.

Shepherdia argentea
SHÉPHERDIE ARGENTÉE
Voir liste illustrée des plantes, région de la côte du Pacifique, p. 157.

Shepherdia canadensis
SHÉPHERDIE DU CANADA
Cet arbuste indigène extrêmement rustique constitue un bon choix pour les jardins des régions montagneuses et des régions du Nord. Essence à feuillage caduc qui donne des fruits rouge-jaune dont se nourrissent le Durbec des sapins, la Grive à dos olive, le Pic flamboyant, la Gélinotte huppée, le Moqueur de Californie, la Grive solitaire, le Pic à tête rouge et le Tohi à flancs roux. *Hauteur*: 0,6 à 3,6 m ; étalement d'environ 2,7 m. Pousse bien à découvert, dans un sol sec ou sableux. Fruits en été. *Type de fruit*: baie. ZONE 2.

Vaccinium occidentalis
WESTERN BLUEBERRY
Les airelles indigènes constituent une importante source d'alimentation de la faune ailée. Au moins 87 espèces en consomment les fruits. *Hauteur*: 1,2 m maximum. Pousse au soleil, dans un sol humide ou drainé. Fruits à la fin de l'été. *Type de fruit*: baie bleue. ZONE 6.

Viburnum prunifolium
VIORNE À FEUILLES DE PRUNIER
Arbuste indigène à feuilles vert foncé qui virent au rouge écarlate en automne. Produit de grandes fleurs plates, blanches et parfumées, de la fin du printemps au début de l'été. Puis apparaissent, au bout de pétioles rouge vif, des fruits qui vont du bleu foncé au noir et dont

sont friands le Jaseur d'Amérique, le Merle d'Amérique et de la Grive à dos olive. *Hauteur*: 6 à 10,6 m. Pousse dans des sols qui vont de neutres à légèrement alcalins. Fruits au début de l'été. *Type de fruit*: baie. ZONE 3.

Viburnum trilobum
VIORNE TRILOBÉE
Voir liste illustrée des plantes, région du Nord-Est, p. 87.

PLANTES GRIMPANTES

Campsis radicans
JASMIN TROMPETTE DE VIRGINIE
Voir liste illustrée des plantes, région du Sud-Est, p. 110.

Celastrus scandens
CÉLASTRE GRIMPANT
Voir liste des plantes, région du Nord-Est, p. 97.

Lonicera ciliosa
ORANGE HONEYSUCKLE
Plante grimpante indigène à feuillage caduc. Ses fruits attirent le Solitaire de Townsend, le Moqueur roux, la Grive à dos olive, la Cama brune et les tohis. Pousse au soleil ou à l'ombre, dans un sol sec ou drainé. Fruits de l'été au début de l'automne. *Type de fruit*: baie rouge. ZONE 6.

Lonicera sempervivens
CHÈVREFEUILLE DE VIRGINIE
Voir liste illustrée des plantes, région du Sud-Est, p. 110.

Menispermum canadensa
MÉNISPERME DU CANADA
Voir liste des plantes, région du Nord-Est, p. 96.

Parthenocissus inserta
WOODBINE
Les fruits de cette plante grimpante indigène plaisent à de nombreuses espèces, dont les viréos, les parulines, les merles et les pics. Elle s'agrippe à la brique ou à la pierre, croît rapidement et résiste à la sécheresse. Pousse au soleil ou à l'ombre, dans un sol humide ou drainé. Fruits de l'été à la fin de l'automne. *Type de fruit*: baie bleue. ZONE 3.

Parthenocissus quinquefolia
PARTHÉNOCISSE À CINQ FOLIOLES
Voir liste des plantes, région du Sud-Est, p. 115.

Smilax rotundifolia
SALSEPAREILLE À FEUILLES RONDES
Voir liste des plantes, région du Nord-Est, p. 96.

Vitis acerifolia
BUSH GRAPE
Vigne indigène qui forme des fourrés denses, choisis comme site de nidification par le Cardi-

nal rouge et le Moqueur chat. Pousse au soleil, dans un sol sec, drainé ou sableux. Fruits en été. *Type de fruit*: baie noir pourpre. ZONE 6.

Vitis labrusca
RAISIN DE RENARD
Voir liste des plantes, région du Nord-Est, p. 97.

Vitis mustangensis
MUSTANG GRAPE
Vigoureuse vigne indigène qui peut survivre à des périodes de grande sécheresse et de grande chaleur. Pousse au soleil ou à l'ombre, dans un sol humide ou drainé. Fruits qui apparaissent en été et persistent souvent jusqu'en hiver. *Type de fruit*: baie noir pourpre. ZONE 5.

Vitis riparia
VIGNE DES RIVAGES
Voir liste des plantes, région du Nord-Est, p. 97.

COUVRE-SOLS

Arctostaphylos nevadensis
PINE MAT MANZANITA
Voir liste illustrée des plantes, région de la côte du Pacifique, p. 161.

Arctostaphylos uva-ursi
RAISIN D'OURS
Voir liste illustrée des plantes, région du Nord-Est, p. 91.

Cornus canadensis
CORNOUILLER DU CANADA
Voir liste illustrée des plantes, région des montagnes et des déserts, p. 143.

Cotoneaster adpressus
COTONÉASTER COUCHÉ
Voir liste des plantes, région du Nord-Est, p. 97.

Fragaria sp.
FRAISIER
Voir liste des plantes, région du Nord-Est, p. 97.

Vaccinium caespitosum
AIRELLE GAZONNANTE
Arbuste indigène rampant qui produit des baies attrayantes dont se nourrissent de nombreuses espèces, notamment le Jaseur d'Amérique, le Pic flamboyant, la Grive solitaire et le Durbec des sapins. Pousse au soleil, dans un sol sec ou drainé. Fruits de l'été au début de l'automne. *Type de fruit*: baie bleue. ZONE 2.

Vaccinium vitis-idaea
AIRELLE VIGNE-D'IDA
Voir liste illustrée des plantes, région du Nord-Est, p. 91.

RÉGION DES MONTAGNES ET DES DÉSERTS

LE JARDIN TYPE de cette région qui recouvre les zones climatiques 2 à 9 doit inclure un assortiment de plantes très varié. Couvre-sols rampants et capables de supporter des périodes de sécheresse, arbustes fructifères bas et touffus et fleurs nectarifères sont conseillés ici.

TAILLE
13 à 16,5 cm

BEC-CROISÉ DES SAPINS

LOXIA CURVIROSTRA

Ce bec-croisé raffole des graines de conifères, dont celles du Genévrier des Rocheuses. Il aime également les graines de bouleau, d'aulne et de saule.

TAILLE
9,5 à 11 cm

CHARDONNERET MINEUR

CARDUELIS PSATRIA

Ce chardonneret est attiré par le bruit de l'eau qui tombe goutte à goutte. Il se nourrit de graines de mauvaises herbes, dont celles du chardon.

Mesquite
Prosopis juliflora
Le feuillage dense et les branches épineuses de cet arbuste incitent les oiseaux à venir y nicher et s'y mettre à couvert.
(Voir page 140.)

Lyciet
Lycium sp.
Plante utile en terrain pauvre qui produit des baies en automne.
(Voir page 141.)

Buddleia de David
Buddleia davidii
Cet arbuste très apprécié des colibris est tout indiqué comme plante de bordure.
(Voir page 140.)

Fraisiers
Fragaria sp.
Ces plantes forment un excellent couvre-sol. Les oiseaux avalent plus facilement les petits fruits du fraisier sauvage que ceux des fraisiers cultivés. *(Voir page 143.)*

Cornouiller du Canada
Cornus canadensis
Couvre-sol qui préfère l'ombre et dont les bractées blanches ressemblent à des fleurs. Le Viréo mélodieux et la Grive fauve aiment ses fruits rouges de fin d'été. *(Voir page 143.)*

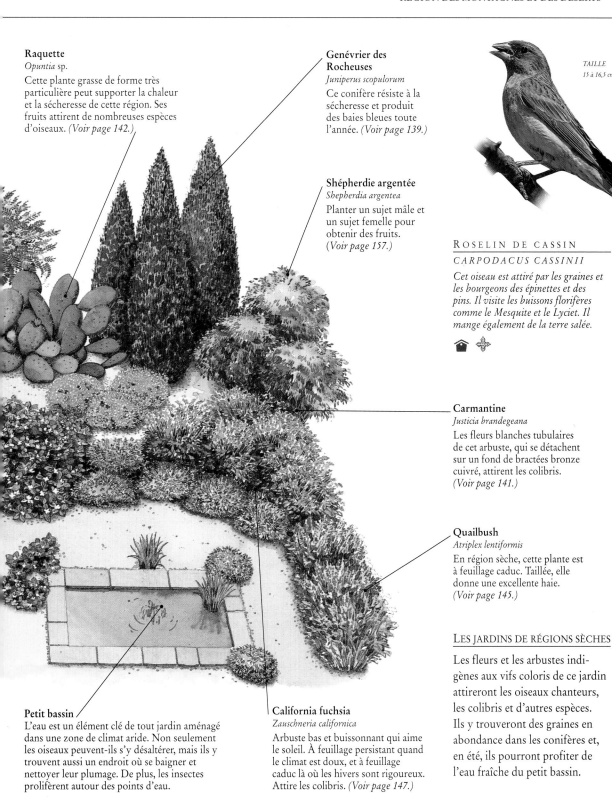

Raquette
Opuntia sp.
Cette plante grasse de forme très particulière peut supporter la chaleur et la sécheresse de cette région. Ses fruits attirent de nombreuses espèces d'oiseaux. *(Voir page 142.)*

Genévrier des Rocheuses
Juniperus scopulorum
Ce conifère résiste à la sécheresse et produit des baies bleues toute l'année. *(Voir page 139.)*

Shépherdie argentée
Shepherdia argentea
Planter un sujet mâle et un sujet femelle pour obtenir des fruits. *(Voir page 157.)*

TAILLE
15 à 16,5 cm

ROSELIN DE CASSIN
CARPODACUS CASSINII
Cet oiseau est attiré par les graines et les bourgeons des épinettes et des pins. Il visite les buissons florifères comme le Mesquite et le Lyciet. Il mange également de la terre salée.

Carmantine
Justicia brandegeana
Les fleurs blanches tubulaires de cet arbuste, qui se détachent sur un fond de bractées bronze cuivré, attirent les colibris. *(Voir page 141.)*

Quailbush
Atriplex lentiformis
En région sèche, cette plante est à feuillage caduc. Taillée, elle donne une excellente haie. *(Voir page 145.)*

LES JARDINS DE RÉGIONS SÈCHES

Les fleurs et les arbustes indigènes aux vifs coloris de ce jardin attireront les oiseaux chanteurs, les colibris et d'autres espèces. Ils y trouveront des graines en abondance dans les conifères et, en été, ils pourront profiter de l'eau fraîche du petit bassin.

Petit bassin
L'eau est un élément clé de tout jardin aménagé dans une zone de climat aride. Non seulement les oiseaux peuvent-ils s'y désaltérer, mais ils y trouvent aussi un endroit où se baigner et nettoyer leur plumage. De plus, les insectes prolifèrent autour des points d'eau.

California fuchsia
Zauschneria californica
Arbuste bas et buissonnant qui aime le soleil. À feuillage persistant quand le climat est doux, et à feuillage caduc là où les hivers sont rigoureux. Attire les colibris. *(Voir page 147.)*

LES VISITEURS ASSIDUS

TAILLE
18 à 20 cm

L A FAUNE AILÉE de cette région à la fois vaste et variée se compose de résidents des hautes montagnes et d'habitués des basses plaines désertiques. À haute altitude et dans le Nord cependant, les vents violents et les températures froides restreignent la variété des oiseaux. La Mésange de Gambel, la Sittelle pygmée, la Pie bavarde et le Jaseur boréal comptent au nombre des espèces qui habitent cette région toute l'année. À ces résidents viennent parfois se joindre des visiteurs hivernaux, comme le Bec-croisé rouge et le Durbec des sapins, qui envahissent les régions basses quand ils ont épuisé la provision de graines de conifères dans le nord. Au moins dix-sept espèces de colibris ont été recensées dans cette région. Ces frêles oiseaux fréquentent les jardins du sud-ouest. Vous les attirerez en plantant des essences indigènes ornithophiles *(voir page 28)* et divers arbustes, plantes grimpantes et arbres à fleurs pollinisées par les colibris. Ils y trouveront le nectar qui leur est essentiel. Ces minuscules visiteurs fréquentent également les abreuvoirs d'eau sucrée. Dans un jardin d'oiseaux de région désertique, offrez-leur de l'eau en installant, par exemple, un goutteur au-dessus d'un bassin *(voir page 67)*.

PIC MACULÉ
Sphyrapicus varius ✦ 🔦 🏠

NID *Cavité non tapissée qu'il creuse dans un tremble de préférences, entre 2,4 et 12 m audessus du sol.*
VOIX *Un mélange de plusieurs cris qui inclut des sons vibrants, miaulants et grinçants.*
NOURRITURE *Ce pic visite 275 espèces de conifères, d'arbres, d'arbustes et de plantes grimpantes à feuillage caduc. Il creuse chaque année des trous dans l'écorce pour aspirer la sève. Il se nourrit également de bourgeons de tremble et de petites baies ainsi que de suif, de beignes et d'eau sucrée aux mangeoires.*

COLIBRI ROUX
Selasphorus rufus ✦ 🏠

NID *Une minuscule coupe moelleuse de duvet végétal, décorée de lichen, habituellement construite sur une branche de conifère, entre 1,5 et 15 m audessus du sol. S'il n'y a pas d'arbres, il nichera dans des plantes grimpantes ou des arbustes.*
VOIX *Une suite de zzî-tchoupiti-tchoup très bourdonnants et fébriles.*
NOURRITURE *Il est attiré par les fleurs rouges, dont les lis tigrés, les ancolies, les penstémons et les castilléjies, et par les fleurs blanches d'arbousier.*

TAILLE
8 à 9 cm

MÉSANGE DE GAMBEL
Parus gambeli

NID *Niche généralement entre 1,8 et 4,5 m au-dessus du sol, dans une cavité naturelle ou un trou de pic abandonné qu'elle tapisse de poils ou de fourrure. Il lui arrive de creuser son propre nid dans un arbre pourri ou un chicot.*
VOIX *Son cri « tchicque-dî-edi-edî » ressemble à celui de la Mésange à tête noire. Aussi un sifflement doux.*
NOURRITURE *Elle aime les glands, les faînes, les mûres, les bleuets, les cerises sauvages ainsi que les fruits des sumacs, dont l'herbe à la puce, du cirier, de l'amélanchier et du sureau.*

TAILLE
13 à 15 cm

PIE BAVARDE
Pica pica

NID *Un assez gros nid fait d'éclisses et de brindilles, tapissé de boue et de matière végétale et surmonté d'un dôme de brindilles lâchement entremêlées. Elle niche habituellement dans un arbre ou un grand arbuste, mais dans certaines régions, elle peut faire son nid sur un édifice ou un poteau de téléphone.*
VOIX *Ses cris habituels sont un kiac criard ou un tchac-tchac-tchac d'alarme.*
NOURRITURE *Elle mange des insectes, des tiques sur le dos des gros animaux, de la charogne, des œufs, des oisillons et certains fruits.*

TAILLE
48 cm

SITTELLE PYGMÉE
Sitta pigmaea

NID *Elle cherche, habituellement dans les pins morts, un trou de pic abandonné, entre 2 et 18 m au-dessus du sol. Elle tapisse son nid d'écorce et de fourrure.*
VOIX *Elle lance un ti-di, ti-di, ti-di perçant rapide et répété. En vol, elle murmure un doux kit-kit-kit.*
NOURRITURE *Elle aime les graines de pin qu'elle décortique avec son bec puissant. Les insectes, dont les guêpes, les araignées, les mites et les fourmis, représentent plus de 80 % de son alimentation.*

TAILLE
9,5 à 11 cm

HIRONDELLE À FACE BLANCHE
Tachycineta thalassina

NID *Elle élit habituellement domicile dans un trou de pic abandonné, une fissure dans les rochers ou un nichoir. Elle niche parfois en colonie, quand il y a suffisamment de cavités dans les arbres.*
VOIX *Un rapide gazouillis.*
NOURRITURE *Au moment de la nidification, elle se nourrit d'insectes volants comme les mouches, les fourmis et les guêpes. En hiver et au début du printemps, au moins le tiers de son alimentation se compose de baies, comme les baies du cirier et du cornouiller, et de graines de carex, de scirpe et de bayweed.*

TAILLE
13 à 14 cm

JASEUR BORÉAL
Bombycilla garrulus

NID *Généralement une structure plate faite de brindilles, de lichen et d'herbe, bien cachée dans le feuillage touffu d'un conifère, entre 1,5 et 12 m au-dessus du sol.*
VOIX *Un zir-r-r-r non mélodieux.*
NOURRITURE *Il aime une grande variété de fruits, dont ceux du genévrier, de l'aubépine, du Cerisier de Virginie et du sorbier. Les raisins secs, les morceaux de pomme et les groseilles l'attirent parfois aux mangeoires. Les insectes qu'il attrape en été constituent l'alimentation principale des oisillons. Il boit à l'occasion la sève des érables. Il lui arrive de se gorger de nourriture au point de ne plus pouvoir voler.*

TAILLE
19 cm

MERLEBLEU AZURÉ
Sialia currucoides

NID *En grande partie construit par le mâle dans la cavité naturelle d'un arbre ou dans un nichoir. C'est une coupe de tiges, de graminées, de radicelles et d'aiguilles de pin, tapissée de poils et de plumes.*

*TAILLE
18 cm*

VOIX *Ses cris sont un tchour grave et un fiou ; son chant, un bref gazouillis. Il commence à chanter avant l'aube et s'arrête brusquement juste après le lever du soleil.*
NOURRITURE *Son alimentation se compose surtout d'insectes qu'il trouve au sol. Il ne mange des fruits qu'en saison : groseilles, raisins secs, raisins et fruits du sureau, du gui et du micocoulier.*

TROGLODYTE DE BEWICK
Thryomanes bewickii

NID *Une coupe volumineuse et profonde de matière végétale, de plumes et de laine, construite dans des cavités naturelles, sur des poteaux de clôture ou dans un nichoir.*
VOIX *Son chant clair, mélodieux et variable rappelle celui du Bruant chanteur. Il débute par des notes claires, chute et se termine en un trille ténu.*
NOURRITURE *Il fouille les branches basses des arbres et des arbustes à la recherche de chenilles, de fourmis, de guêpes et d'autres insectes.*

*TAILLE
12,5 à 14 cm*

MOQUEUR DES ARMOISES
Oreoscoptes montanus

*TAILLE
20 à 23 cm*

NID *Coupe volumineuse faite de brindilles et tapissée de matériaux plus fins, construite à proximité du sol ; parfois, directement sur le sol.*
VOIX *Il pousse un cri de ralliement aigu et une sorte de gloussement qui évoque le carouge.*
NOURRITURE *Baies, raisin, gadelles, fruits de l'amélanchier. Aussi divers insectes et petits animaux parmi les feuilles mortes.*

HIRONDELLE À FRONT BLANC
Hirundo pyrrhonota

*TAILLE
12 à 15 cm*

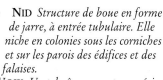

NID *Structure de boue en forme de jarre, à entrée tubulaire. Elle niche en colonies sous les corniches et sur les parois des édifices et des falaises.*
VOIX *Un tcheûr grave et une série de notes grinçantes.*
NOURRITURE *Elle mange des insectes volants, fourmis, guêpes et sauterelles. S'ils sont rares, elle fouille les feuilles et le sol à la recherche d'autres insectes. Raffole des baies de genévrier.*

TANGARA À TÊTE ROUGE
Piranga ludoviciana

NID *Un plateau lâche, fait de graminées, de tiges et de brindilles, construit à l'extrémité d'une branche de pin, de chêne ou d'un autre arbre, de 3 à 20 m au-dessus du sol.*
VOIX *Son chant grave et composé de courtes phrases ressemble à celui du Tangara écarlate.*
NOURRITURE *Il aime les fruits du sureau, du cerisier et de l'aubépine. Il mange aussi des insectes ainsi que des fruits séchés ou des moitiés d'orange aux mangeoires.*

*TAILLE
18 cm*

CARDINAL À TÊTE NOIRE
Pheucticus melanocephalus 🏠

TAILLE
18 à 21,5 cm

NID *Structure lâche et peu solide, faite de radicelles et de brindilles, qu'il érige dans le feuillage touffu à l'extrémité des branches d'un arbre ou d'un arbuste à feuillage caduc, entre 1 et 7,5 m au-dessus du sol.*

VOIX *Son chant est fait de clairs sifflements montants et descendants, entrecoupés de trilles. Ressemble à celui du Merle d'Amérique, en plus doux et plus fluide.*

NOURRITURE *Il apprécie les graines de pin, les cerises, les mûres, les fraises, les fruits du sureau et du gui. Il mange aussi toutes sortes d'insectes.*

TOHI À QUEUE VERTE
Pipilo chlorurus ✤ 🏠

NID *Une solide coupe faite de brindilles et d'écorce, tapissée de matériaux plus fins, qu'il construit au sol, ou au plus à 75 cm du sol, habituellement au pied d'un buisson d'armoise.*

VOIX *Son cri, doux au début, devient une sorte de grasseyement ouît-tchur-tchîi-tchurr.*

NOURRITURE *Il aime les endroits broussailleux où il gratte le sol à*

TAILLE 15 à 18 cm

la recherche d'insectes et de graines de mauvaises herbes.

BRUANT À COURONNE BLANCHE
Zonotrichia leucophrys ✤ 🐦 🏠

NID *Il niche dans une coupe volumineuse faite de divers matériaux végétaux, près du sol, ou sur le sol.*

TAILLE
14 à 18 cm

VOIX *Il pousse des sifflements et des trilles plaintifs qui évoquent le Bruant à gorge blanche. Son chant ressemble parfois à morr-ouèr-ouetteur-tchî-zîi.*

NOURRITURE *Il se nourrit de graines de mauvaises herbes; aux mangeoires, il choisit le millet blanc ou le maïs finement concassé.*

DURBEC DES SAPINS
Pinicola enucleator ✤ 🐦

NID *Habituellement construit sur une branche basse de conifère, entre 1,8 et 9 m au-dessus du sol. C'est une structure lâche et dégagée, faite de mousse, de brindilles, de lichen et de graminées.*

VOIX *Son chant est un gazouillis de sifflements et de trilles, qui ressemble à celui du Roselin pourpré, en moins long, moins varié et moins puissant.*

NOURRITURE *Graines et bourgeons d'érable, de bouleau, de mélèze, de pin, de sapin et d'épinette, ainsi que des graines de mauvaises herbes, des fruits et des insectes.*

TAILLE
20 à 25 cm

ORIOLE À AILES BLANCHES
Icterus bullockii 🏠

NID *Sac tissé qui ressemble à une chaussette, suspendu à une branche d'arbre, entre 1,8 et 4,5 m au-dessus du sol, mais parfois jusqu'à 15 m. Son nid est fait de fibres végétales, de poils et de ficelle. On peut l'inciter à nicher près de chez soi en répandant au sol des crins de cheval et des bouts de laine.*

VOIX *Le chant est une série de notes sifflées, semblable à celui de l'Oriole du Nord. Son cri est un skip perçant.*

NOURRITURE *Il apprécie les petits fruits, dont ceux du cerisier, du kaki, de l'aubépine et du sureau, ainsi que les insectes. En hiver, on peut l'attirer avec des oranges, des pommes et de la gelée. En été, il visite les abreuvoirs d'eau sucrée montés sur perchoir.*

TAILLE
18 à 21,5 cm

PLANTES RECOMMANDÉES

LE CHOIX des plantes dans une région aussi variée est dicté par la rusticité et les besoins en eau.

À haute altitude, les plantes doivent être arrosées abondamment durant la saison de croissance; elles doivent aussi être suffisamment rustiques pour supporter la neige épaisse et les grands vents d'hiver.

Les oiseaux qui passent l'hiver sur ce territoire trouveront dans les conifères un refuge indispensable contre les intempéries. Planter également dans le jardin divers arbres et arbustes fructifères qui leur procureront de quoi se nourrir en toutes saisons. Les essences qui portent des fruits en hiver et au printemps seront très appréciées des oiseaux migrateurs qui reviennent tôt en début de saison.

Il est essentiel de planter dans les jardins du sud de cette région des plantes qui résistent à la sécheresse. Les grandes surfaces de gazon, si gourmandes d'eau, doivent laisser place à des massifs de fleurs sauvages indigènes, de cactées et d'autres couvre-sols qui ne demandent pas beaucoup d'eau. Les visiteurs ailés n'en seront que plus nombreux.

Si votre pépinière locale ne peut vous fournir certaines des plantes recommandées, adressez-vous à des pépinières spécialisées dans les commandes postales. (Voir la section « Sources des plantes », pages 168 à 170.)

ARBRES

ÉPINETTE DU COLORADO
Picea pungens

Ce conifère donne une bonne récolte de graines tous les deux ou trois ans. Les oiseaux aiment y construire leur nid et s'y percher en toute sécurité, tant en période de froid intense que de canicule. Les cônes de ce pin ont des écailles parcheminées. Pousse en plein soleil ou à l'ombre légère, dans un sol bien drainé. Hauteur : 45 m. Très rustique. Zone 3.

Attire *le Tétras du Canada et le Tétras sombre. Le Durbec des sapins, le Tarin des pins, les becs-croisés et les mésanges mangent ses graines.*

ÉPINE ROUGE
Crataegus laevigata 'Crimson Cloud'

Arbre à feuillage caduc et à port très étalé souvent planté en haie. À la fin du printemps et au début de l'été apparaît, sur un fond de feuilles vernissées vert foncé à dentelure ovale, une profusion de fleurs doubles cramoisies. Elles sont suivies de fruits ronds et rouges. Convient très bien aux zones urbaines polluées, aux endroits exposés et aux jardins côtiers. Pousse en plein soleil, mais s'adapte à diverses situations. Croît dans divers sols, sauf dans les sols détrempés. Hauteur : 6 m ; étalement : 6 m maximum. Très rustique. Zones 5 à 8.

Attire *par ses fruits le Durbec des sapins, la Grive solitaire, le Cardinal à tête noire, le Roselin pourpré, le Merle d'Amérique, le Faisan de Colchide et le Solitaire de Townsend.*

GENÉVRIER DES ROCHEUSES

Juniperus scopulorum

Ce conifère à croissance lente, qui est le genévrier le plus répandu dans l'Ouest, est l'équivalent dans cette région du Genévrier de Virginie dans l'Est. Donne une abondante récolte de fruits tous les deux à cinq ans et des récoltes moins copieuses les autres années. Le fruit prend généralement deux ans pour atteindre sa maturité. C'est l'arbre idéal pour attirer les oiseaux, car il offre protection et nourriture. Pousse en plein soleil, dans un sol sec et alcalin. Hauteur : 9 à 12 m. Très rustique. Zones 4 à 7.

Attire beaucoup d'espèces qui convoitent ses baies bleu brillant, dont le Solitaire de Townsend, le Moqueur polyglotte, le Durbec des sapins et le Gros-bec errant.

ARBUSTES

SUREAU BLEU

Sambucus caerulea

Cet arbuste largement étalé plaît beaucoup aux oiseaux chanteurs. Produit des fleurs blanc jaunâtre du printemps à l'été. À partir de la fin de l'été apparaissent d'abondants fruits sucrés et juteux qui demeurent dans l'arbre parfois jusqu'au début de l'hiver. Pousse au soleil, de préférence en terrain bas, fertile et humide. Hauteur : 9 à 12 m. Très rustique. Zone 6.

Attire de nombreuses variétés de pics et de colins qui apprécient ses baies, ainsi que le Moucherolle noir, le Pigeon à queue barrée, le Tyran de l'Ouest et le Cardinal à tête noire.

BRITTLEBUSH**

Encelia farinosa

Arbuste arrondi attrayant et polyvalent. Produit des fleurs jaunes semblables à des marguerites, du début du printemps au début de l'été. Tiges recouvertes de fins poils blancs qui leur donnent une couleur vert argenté. Superbe s'il est isolé ou devant des rochers foncés ou des plantes au feuillage vert sombre. Bien arroser lors de la plantation, en été, et par temps de canicule ou de sécheresse. Trop d'eau peut affaiblir la plante. Pousse en plein soleil, dans un sol bien drainé. Tolère des températures pouvant atteindre -2 °C. Hauteur : 0,9 à 1,2 m. Rustique. Zone 9.

Attire par ses graines abondantes de nombreuses espèces dont la Colombe à queue noire, la Tourterelle triste, les bruants, les tohis et les colins.

BUDDLEIA DE DAVID
Buddleia davidii

Appelé aussi lilas d'été ou arbuste aux papillons. Feuillage caduc à port arqué. Fleurs tubulaires à œil orangé, souvent parfumées, lilas à pourpre, de la mi-été à l'automne. Longues feuilles lancéolées vert foncé à revers feutré blanc. Tolère la pollution et se plaît dans un site côtier. Peut s'auto-ensemencer. Pousse en plein soleil, dans un sol fertile et bien drainé. Hauteur : 4,5 m ; étalement qui peut atteindre 4,5 m. Rustique. Zones 5 à 9.

Attire *les colibris, dont le Colibri à gorge rubis, les oiseaux chanteurs et les papillons, ce qui lui a valu son surnom.*

GROSEILLIER DORÉ
Ribes aureum

Arbuste indigène dépourvu d'épines, habituellement cultivé pour ses fruits juteux. Donne de belles haies et assure nourriture et abri aux oiseaux. Son nom lui vient de ses fleurs jaune vif qui apparaissent dès le début du printemps. Elles sont suivies de fruits dont la couleur va du jaune au noir en passant par le rouge. Les feuilles des jeunes plantes sont jaunes. Les pucerons s'attaquent parfois aux nouvelles feuilles. Pousse au soleil ou à l'ombre, dans un sol humide et drainé. Hauteur : de 0,9 à 2,4 m. Rustique à très rustique . Zone 2.

Attire *par ses fruits 33 espèces, dont le Pic flamboyant, la Grive solitaire, la Grive à dos olive, le Merle d'Amérique, le Solitaire de Townsend, le Merlebleu de l'Ouest et les colins.*

MESQUITE
Prosopis juliflora

Arbre ou arbuste très répandu dans le sud-ouest des États-Unis. Les oiseaux l'aiment en particulier pour ses branches épineuses et son feuillage où ils peuvent nicher et se mettre à couvert en toute sécurité. Comme c'est une plante qui offre un bon couvert, il est préférable de la planter en terrain rocailleux, sur les rives des cours d'eau et dans les autres coins du jardin peu propices aux autres plantes ligneuses. Pousse en plein soleil, dans un sol aride, sec. Hauteur : 9 m. Très rustique. Zone 4.

Attire *le Colin de Gambel, le Colin écaillé et la Tourterelle à ailes blanches par ses graines. Le Moqueur à bec courbe et le Troglodyte des cactus nichent à l'abri de son couvert.*

CARMANTINE

Justicia brandegeana

Arbuste arrondi à feuillage persistant cultivé surtout pour ses fleurs. Feuilles ovoïdes et fleurs tubulaires blanches en épis de 7 cm au bout de bractées bronze cuivré se chevauchant. Bon choix pour les massifs de jardin. Certaines variétés exigent une taille régulière. Pousse en plein soleil ou à la mi-ombre, dans un sol fertile, bien drainé. Hauteur : 0,9 m. Sensible au gel. Zones 9 et 10.

RONCE PARVIFLORE

Rubus parviflorum

Comme la plupart des membres de la famille des ronces, cet arbuste à feuillage persistant procure aux oiseaux une importante source de nourriture. Essence fructifère particulièrement prolifique et dépourvue d'épines qui produit des fleurs blanches parfumées du début au milieu de l'été. Elles sont suivies de fruits rouges qui mûrissent à la fin de l'été. Pousse en plein soleil ou à l'ombre légère, dans un sol bien drainé, plutôt sec. Hauteur : 0,9 à 1,6 m. Rustique. Zone 6.

LYCIET

Lycium sp.

Ce groupe d'arbustes indigènes se distingue par sa ramure dense et épineuse. Illustré ci-dessus, le Lycium pallida. Forme des bosquets qui offrent abri et nourriture aux oiseaux. Produit des fleurs jaune verdâtre à la fin du printemps, suivies à l'automne de nombreuses baies rouge orangé. Se prête bien à la plantation en groupe comme haie ou écran. Particulièrement indiqué en terrain pauvre, sec et dans les jardins côtiers. Pousse en plein soleil ou à la mi-ombre, dans un sol bien drainé. Hauteur : 1,8 m. Rustique. Zone 6.

Attire les colibris, dont le Colibri à gorge rubis et le Colibri d'Anna, qui boivent le nectar de ses fleurs blanches tubulaires. Arroser généreusement les carmantines en pot.

Attire de nombreuses espèces, dont le Pic à tête rouge, le Tyran de l'Ouest, le Moqueur chat, le Jaseur d'Amérique, le Pic flamboyant et le Colin de Virginie, qui se nourrissent de ses fruits.

Attire de nombreuses espèces qui consomment volontiers ses fruits colorés, dont le Colin de Gambel et le Grand Géocoucou. L'automne est la saison où cet arbuste est le plus spectaculaire.

CACTACÉES

OPUNTIA

Opuntia basilaris

Cactus dit aussi queue-de-castor. S'est adapté à la chaleur et à la sécheresse. Se ramifie à la souche ; les tiges lisses se composent de segments plats, ou raquettes, garnis de touffes d'épines et de glochides, petits poils en forme d'hameçon. Cultivé pour ses épines décoratives et ses fleurs colorées mais éphémères. Pousse en plein soleil, dans un sol poreux. Hauteur : 0,6 m maximum. Très rustique. Zone 9.

OPUNTIA

Opuntia phaeacantha

Ce joli cactus fleurit généralement au printemps et en été ; les fruits apparaissent de la fin de l'été à l'automne. Se ramifie abondamment à la souche. Les tiges lisses se composent de segments plats, appelés raquettes, garnis de touffes d'épines et de glochides, petits poils en forme d'hameçon. Doit être arrosé parcimonieusement en hiver. Plante basse qui s'étale. Ses épines peuvent mesurer entre 2 et 5 cm. Pousse en plein soleil, dans un sol poreux. Hauteur : 0,9 m maximum. Très rustique. Zone 9.

PLANTES GRIMPANTES

CHÈVREFEUILLE D'ALLEMAGNE

Lonicera periclymemum

Dit aussi Chèvrefeuille commun, son feuillage est persistant en régions plus chaudes et caduc partout ailleurs. Fleurs très parfumées, de 5 cm, parfois pourpres à centre jaune. Se couvre de fruits rouges en automne. Pousse au soleil, dans un sol bien drainé. Hauteur: 6,6 m maximum. Très rustique. Zone 2.

Attire *la Tourterelle à ailes blanches, le Moqueur à bec courbe, le Pic à front doré, le Troglodyte des cactus, la Cama brune et les colins, qui tous se régalent de ses fruits.*

Attire *de nombreuses espèces dont le Moqueur à bec courbe, le Troglodyte des cactus, la Tourterelle à ailes blanches, qui convoitent ses fruits par temps chaud et sec.*

Attire *toutes les espèces qui se nourrissent de nectar, dont le Colibri à gorge rubis, le Colibri roux et le Colibri d'Anna. En se nourrissant, ils pollinisent.*

COUVRE-SOLS

CORNOUILLER DU CANADA
Cornus canadensis

Attrayant couvre-sol vivace à feuilles vertes, ovales et verticillées. Grandes bractées blanches entourant des fleurs vertes parfois mouchetées de pourpre à la fin du printemps et au début de l'été. Baies rouges à la fin de l'été. Plante idéale à mettre devant les bordures. Pousse à l'ombre, dans un sol frais, humide ou acide. Hauteur : 10 à 15 cm. Rustique. Zones 2 à 7.

CORALBELLS**
Heuchera sanguinea 'Red Spangles'

Plante vivace au feuillage semi-persistant d'un vert tirant sur le pourpre. Les feuilles duveteuses en forme de cœur forment un épais tapis. Produit en été des épis de petites fleurs cramoisi écarlate, en forme de clochette. Diviser la plante tous les deux ou trois ans pour lui assurer une bonne croissance. Pousse au soleil ou à la mi-ombre, dans un sol qui conserve l'humidité, mais bien drainé. Hauteur et étalement : 30 cm. Très rustique. Zone 4.

FRAISIER
Fragaria sp.

Les fraisiers forment un riche tapis vert foncé, brillant et persistant. Au printemps et en été, profusion de fruits appréciés par les oiseaux qui se nourrissent au sol. Planter les stolons porteurs de racines à la fin du printemps. Les plantes en caissettes se transplantent à n'importe quel moment de l'année. Produisent des fruits rouges sucrés à partir du début de l'été. Chaque année, couper les fraisiers sauvages à ras du sol. Pousse au soleil ou à la mi-ombre, dans un sol drainé. Hauteur : 30 cm maximum. Rustique. Zone 5.

Attire des espèces qui se nourrissent au sol ; aussi le Viréo de Philadelphie, le Viréo mélodieux et la Grive fauve bien qu'ils soient insectivores.

Attire les colibris qui boivent le nectar de ses fleurs rouges retombantes. Ils y trouvent également des petites araignées, des fourmis et d'autres insectes.

Attire les oiseaux qui se nourrissent au sol, dont le Quiscale de Brewer, le Colin de Californie, le Tohi de Californie, le Moqueur polyglotte et le Cardinal à tête noire.

AUTRES PLANTES INTÉRESSANTES

ARBRES À FEUILLAGE PERSISTANT

Abies concolor
SAPIN ARGENTÉ
Au moins dix espèces d'oiseaux se nourrissent des aiguilles et de graines de ce grand conifère indigène. Dans un jardin, il attirera de nombreuses espèces qui aiment y nicher et s'y abriter. *Hauteur* : 9 à 15 m. Pousse au soleil ou à l'ombre, dans un sol sec, humide ou drainé. Fruits en automne. *Type de fruit* : cône. ZONE 4.

Abies lasiocarpa
SAPIN DE L'OUEST
Indigène. *Hauteur* : 30 à 48 m. Pousse au soleil ou à l'ombre, dans un sol frais, humide ou profond. Fruits en automne. *Type de fruit* : cône. ZONE 3.

Fraxinus velutina
FRÊNE VELU
Arbre indigène à feuillage semi-persistant. Essence de forme variable qui résiste à la sécheresse. Au moins neuf espèces se nourrissent des graines du frêne, dont le Gros-bec errant et le Durbec des sapins. *Hauteur* : 6 à 9 m. Pousse au soleil, dans un sol humide ou drainé. Fruits à l'automne. *Type de fruit* : samare. ZONE 6.

Juniperus deppeana
GENÉVRIER ALLIGATOR
Arbre indigène. *Hauteur* : 9 à 10 m. Pousse au soleil, dans un sol sec, rocailleux ou stérile. Fruits en automne. *Type de fruit* : baie bleuvert. ZONE 7.

Juniperus monosperma
GENÉVRIER À UNE GRAINE
Voir liste des plantes, région des plaines et des Prairies, p. 128.

Juniperus occidentalis
GENÉVRIER D'OCCIDENT
Ce genévrier indigène résistant à la sécheresse offre aux oiseaux nourriture et protection. Au moins 26 espèces se nourrissent des baies de ce genévrier, dont le Geai des pinèdes et le Solitaire de Townsend. Grouper un sujet mâle et un sujet femelle pour obtenir des fruits. *Hauteur* : de 4,5 à 12 m. Pousse au soleil, dans un sol sec ou rocailleux. Fruits en automne. *Type de fruit* : baie bleu-vert. ZONE 6.

Juniperus osteosperma
UTAH JUNIPER
Indigène. *Hauteur* : 6 m maximum. Pousse au soleil, dans un sol sec, rocailleux ou sableux. Fruits en automne. *Type de fruit* : baie bleuvert. ZONE 5.

Picea engelmannii
ÉPINETTE D'ENGELMANN
Cette épinette indigène est, dans le Nord-Ouest, celle qui tolère le mieux l'ombre. Ses fruits sont appréciés de la Gélinotte huppée. *Hauteur* : 6 à 15 m. Pousse au soleil ou à l'ombre, dans un sol humide ou profond. Fruits en automne. *Type de fruit* : baie rouge. ZONE 3.

Picea glauca
ÉPINETTE BLANCHE
Voir liste des plantes, région du Nord-Est, p. 92.

Pinus albicaulis
PIN ALBICAULE
Très résistant au vent, ce pin indigène prend parfois un port prostré ou arbustif quand il est soumis à des vents forts et persistants. *Hauteur* : 3 à 12 m. Pousse au soleil, dans un sol sec ou drainé. Fruits de la fin de l'été à l'automne. *Type de fruit* : cône. ZONE 4.

Pinus contorta var. latifolia
PIN DE MURRAY
Ce grand arbre indigène, souvent déraciné par les vents violents, ne tolère pas la pollution. *Hauteur* : 21 à 45 m. Pousse au soleil, dans un sol sec, humide, drainé ou sableux. Fruits de la fin de l'été à la fin de l'automne. *Type de fruit* : cône. ZONE 5.

Pinus edulis
PIN À AMANDES
Cet arbre indigène à croissance lente résiste bien à la sécheresse. Au moins neuf espèces se nourrissent de ses graines, dont le Colin arlequin et le Dindon sauvage. *Hauteur* : 3 à 12 m. Pousse au soleil, dans un sol sec ou drainé. Fruits en automne. *Type de fruit* : cône. ZONE 5.

Pinus lambertiana
PIN À SUCRE
Cet arbre indigène est le plus grand des pins. Ses cônes énormes peuvent mesurer jusqu'à 66 cm. Ses graines constituent une très importante source d'alimentation des colins et des gélinottes ; elles plaisent aussi à de nombreuses espèces d'oiseaux chanteurs. *Hauteur* : 53 à 60 m. Pousse au soleil, dans un sol humide ou drainé. Fruits en automne. *Type de fruit* : cône. ZONE 6.

Pinus monticola
PIN BLANC DES MONTAGNES
Au moins 54 espèces se nourrissent des graines de ce pin indigène qui est l'un des plus prolifiques pourvoyeurs de graines dans cette région. Tolère l'ombre quand il est jeune, mais a besoin d'un plein ensoleillement à maturité. *Hauteur* : 27 à 60 m. Pousse au soleil, dans un sol riche, humide ou drainé. Fruits de l'automne à la fin de l'hiver. *Type de fruit* : cône. ZONE 6.

Pinus nigra
PIN NOIR D'AUTRICHE
Voir liste des plantes, région des plaines et des Prairies, p. 128.

Pinus ponderosa
PIN PONDEROSA
Voir liste illustrée des plantes, région des plaines et des Prairies, p. 123.

Pinus sylvestris
PIN SYLVESTRE
Voir liste des plantes, région des plaines et des Prairies, p. 128.

Pseudotsuga menziesii
SAPIN DE DOUGLAS
Cet arbre indigène croît mieux quand il est exposé au nord. Peu d'espèces le visitent, sauf le Tétras sombre qui trouve dans ses aiguilles une importante source de nourriture hivernale. *Hauteur* : 12 à 24 m. Pousse au soleil, dans un sol sec, humide ou drainé. Fruits en automne. *Type de fruit* : cône. ZONE 6.

Tsuga mertensiana
PRUCHE DE MERTENS
Cet arbre indigène est idéal pour les haies ou les habitats ombreux. Le Tarin des pins et les mésanges sont friands de ses cônes. Produit une abondante récolte de graines tous les deux ou trois ans. *Hauteur* : 15 à 27 m. Pousse au soleil ou à l'ombre, dans un sol sec, humide ou drainé. Fruits en automne. *Type de fruit* : cône. ZONE 5.

ARBRES À FEUILLAGE CADUC

Acer glabrum
ÉRABLE DES MONTAGNES ROCHEUSES
Cet arbre indigène tolère les sols pauvres. Sa forme peut varier de l'arbuste au grand arbre. Le Gros-bec errant et le Durbec des sapins se nourrissent de ses bourgeons. *Hauteur* : 6 à 9 m. Pousse au soleil, dans un sol sec ou drainé. Fruits à la fin de l'automne. *Type de fruit* : samare. ZONE 5.

Alnus oblongifolia
AULNE DE L'ARIZONA
Indigène. *Hauteur* : 6 à 9 m. Pousse au soleil, dans un sol humide ou drainé. Fruits en automne. *Type de fruit* : nucule dans un chaton femelle. ZONE 8.

Alnus rhombifolia
AULNE BLANC
Essence indigène utile le long des cours d'eau, des étangs et dans les autres habitats à sol humide. Offre abri et site de nidification aux oiseaux chanteurs. Ses graines sont une nourriture importante pour le Tarin des pins, les chardonnerets et les sizerins. *Hauteur* : 12 à 30 m. Pousse à l'ombre, dans un sol humide. Fruits de l'automne à la fin du printemps. *Type de fruit* : nucule dans un chaton femelle. ZONE 7.

Alnus tenuifolia
AULNE À FEUILLES MINCES
Indigène. *Hauteur* : 1,8 à 7,6 m. Pousse au soleil, dans un sol humide ou drainé. Fruits en automne. *Type de fruit* : nucule dans un chaton femelle. ZONE 2.

Betula occidentalis
BOULEAU FONTINAL
Les bourgeons et les chatons de cet arbre indigène constituent un élément important de l'alimentation des tétras. Le Tarin des pins et les sizerins sont friands de ses graines. *Hauteur* : 6 à 20 m. Pousse au soleil, dans un sol humide ou minéral. Fruits en automne. *Type de fruit* : samare. ZONE 4.

Cornus nuttallii
CORNOUILLER DE NUTTALL
Voir liste illustrée des plantes, région de la côte du Pacifique, p. 155.

Platanus wrightii
PLATANE DE WRIGHT
Cet arbre indigène est une source d'alimentation très appréciée des chardonnerets et du Pigeon à queue barrée. *Hauteur* : 18 à 24 m. Pousse au soleil, dans un sol humide ou drainé. Fruits en automne. *Type de fruit* : akène. ZONE 7.

Populus angustifolia
PEUPLIER À FEUILLES ÉTROITES
Les bourgeons de ce peuplier servent de nourriture à au moins dix espèces ; ils sont particulièrement importants pour le Tétras à queue fine, le Gros-bec errant et le Roselin pourpré. *Hauteur* : 15 à 21 m. Pousse au soleil, dans un sol humide ou drainé. Fruits au printemps. *Type de fruit* : capsule. ZONE 3.

Populus balsamifera
PEUPLIER BAUMIER
Voir liste des plantes, région du Nord-Est, p. 93.

Populus fremontii
PEUPLIER DE FRÉMONT
Les peupliers indigènes tolèrent plutôt bien le sel, en particulier le Peuplier de Frémont. *Hauteur* : 27 m maximum. Pousse au soleil, dans un sol sec ou drainé. Fruits au printemps. *Type de fruit* : capsule. ZONE 7.

Prosopis pubescens
SCREWBEAN
Cet arbre indigène épineux et buissonnant pousse dans le lit des rivières, dans les canyons et dans une grande variété de sols, y compris le gravier. Peut être aussi bien un grand arbre qu'un petit arbre, selon les conditions. Il nourrit le Colin de Virginie, le Grand Géocoucou et le Colin de Gambel. *Hauteur* : 4,5 à 9 m. Pousse au soleil, dans un sol sec ou humide. Fruits de l'été à la fin de l'automne. *Type de fruit* : gousse. ZONE 7.

Prunus emarginata
CERISIER AMER
Ce cerisier indigène peut donner aussi bien un grand arbre qu'un arbuste ; il forme des fourrés denses. Il contribue à l'alimentation d'au moins neuf espèces, dont le Solitaire de Townsend, le Merlebleu azuré et le Pigeon à queue barrée. *Hauteur* : 10 à 12 m. Pousse au soleil, dans un sol sec, humide ou drainé. Fruits du printemps à la fin de l'automne. *Type de fruit* : drupe. ZONE 7

Prunus serotina
CERISIER TARDIF
Voir liste illustrée des plantes, région du Sud-Est, p. 104.

Quercus arizonica
CHÊNE BLANC D'ARIZONA
Indigène. *Hauteur* : 12 m maximum. Pousse au soleil, dans un sol sec ou drainé. Fruits en automne. *Type de fruit* : gland annuel. ZONE 7.

Quercus macrocarpa
CHÊNE À GROS FRUITS
Voir liste des plantes, région du Nord-Est, p. 93.

Salix exigua
COYOTE WILLOW
Espèce indigène. *Hauteur* : 4,5 m maximum. Pousse au soleil, dans un sol humide ou drainé. Fruits au début de l'été. *Type de fruit* : capsule. ZONE 2

Salix lasiandra
SAULE DU PACIFIQUE
Cet arbre indigène est utile pour stabiliser les rives des cours d'eau ; de nombreuses espèces d'oiseaux chanteurs y nichent et s'y mettent à couvert. Les tétras sont friands de ses bourgeons. *Hauteur* : 9 m maximum. Pousse au soleil, dans un sol humide ou drainé. Fruits au début de l'été. *Type de fruit* : capsule. ZONE 5.

ARBUSTES À FEUILLAGE PERSISTANT

Acacia greggii
CATCLAW ACACIA
Cet arbuste indigène épineux atteint parfois la taille d'un petit arbre ; il procure un excellent couvert. Nourrit les colins et les tourterelles. *Hauteur* : 6 m maximum. Pousse au soleil, dans un sol sec. Fruits de l'été à la fin du printemps. *Type de fruit* : gousse. ZONE 8.

Arctostaphylos patula
GREELEAF MANZANITA
Arbuste indigène touffu qui attire les tétras et les colins. *Hauteur* : 0,3 à 3 m. Pousse au soleil, dans un sol sec ou drainé. Fruits toute l'année. *Type de fruit* : baie brune. ZONE 7.

Atriplex lentiformis
QUAILBUSH
Cet arbuste indigène, qui croît en massifs denses, offre un excellent couvert aux colins et à d'autres oiseaux du désert. Taillé, il donne d'excellentes haies pour les jardins des villes en climat aride du Sud-Ouest et de la Californie. À feuillage caduc en région sèche. *Hauteur* : 1,8 à 3 m. Pousse au soleil, dans un sol sec. Fruits de l'automne à la fin de l'hiver. *Type de fruit* : akène. ZONE 6.

Celtis pallida
DESERT HACKBERRY
Cet arbuste indigène procure nourriture et abri aux oiseaux. À planter dans la partie sud de cette région. Ses fruits font les délices du Troglodyte des cactus, du Cardinal rouge, du Cardinal pyrrhuloxia, du Colin écaillé et du Geai vert. *Hauteur* : 3 à 6 m. Pousse au soleil, dans un sol sec. Fruits de l'été à la fin de l'automne. *Type de fruit* : drupe jaune. ZONE 7.

Mahonia nervosa
MAHONIA NERVÉ
Le feuillage touffu de cet arbuste indigène offre aux oiseaux un excellent couvert ; ses baies plaisent à la Gélinotte huppée et au Tétras sombre. Plusieurs variétés cultivées sont disponibles. *Hauteur* : 8 m maximum, mais dépasse rarement 0,6 m. Pousse au soleil ou à l'ombre, dans un sol sec ou drainé. Fruits en automne. *Type de fruit* : baie. ZONE 6.

Quercus palmeri
PALMER OAK
Ce gros arbuste indigène touffu, qui atteint parfois la taille d'un arbre, pousse dans les prairies et les canyons du Sud-Ouest. *Hauteur* : 4,5 m maximum. Pousse au soleil, dans un sol sec, drainé ou sableux. Fruits en été. *Type de fruit* : gland bisannuel. ZONE 7.

Sambucus mexicana
MEXICAN ELDER
Cet arbuste à feuillage semi-persistant originaire du Sud-Ouest donne parfois un petit arbre dont le tronc peut atteindre 30 cm de diamètre. Pousse en terrain bas et humide, comme les fossés, les bordures de cours d'eau et les prairies humides. Au moins douze espèces d'oiseaux mangent ses fruits. *Hauteur* : 7,5 m maximum. Pousse au soleil, dans un sol humide. Fruits toute l'année. *Type de fruit* : baie noire. ZONE 7.

ARBUSTES À FEUILLAGE CADUC

Acacia constricta
MESCAT ACACIA
Arbuste indigène épineux qui pousse en sol ingrat. Répandu à l'extrémité sud-ouest de cette région. Ses graines plaisent au Colin écaillé et à la Tourterelle à ailes blanches. *Hauteur* : 1,8 à 5,5 m. Pousse au soleil, dans un sol sec ou sableux. Fruits en été. *Type de fruit* : cabosse ou gousse noire mesurant 10 cm. ZONE 3.

Amelanchier ralnifolia
AMÉLANCHIER À FEUILLES D'AULNE
Voir liste illustrée des plantes, région de la côte du Pacifique, p. 164.

Amelanchier utahensis
UTAH SERVICEBERRY
Arbuste indigène qui pousse en terrain rocailleux et sur les versants secs des collines. Comme les autres amélanchiers, c'est une importante source de nourriture pour les oiseaux chanteurs. *Hauteur :* 1,2 à 4,8 m. Pousse au soleil, dans un sol sec ou drainé. Fruits en été. *Type de fruit :* fruit charnu bleu ou noir. ZONE 7.

Condalia lycioides
LOTEBUSH CONDALIA
Indigène. Arbuste arrondi et très épineux des déserts et des piémonts secs du sud-ouest. Site de nidification idéal pour les oiseaux chanteurs et source de nourriture importante pour le Colin écaillé. *Hauteur :* 3 m maximum. Pousse au soleil, dans un sol sec ou drainé. Fruits au début de l'été. *Type de fruit :* drupe pourpre. ZONE 7.

Condalia obtusifolia
LOTEWOOD CONDALIA
Indigène. *Hauteur :* 3 m maximum. Pousse au soleil, dans un sol sec. Fruits au début de l'été. *Type de fruit :* drupe noire. ZONE 7.

Condalia spathulata
KNIFE-LEAF CONDALIA
Indigène. *Hauteur :* 3 m maximum. Pousse au soleil, dans un sol sec. Fruits au début de l'été. *Type de fruit :* drupe noire. ZONE 7.

Cornus glabrata
BROWN DOGWOOD
Essence indigène qui forme des fourrés épais le long des cours d'eau de montagne. *Hauteur :* 3 m maximum. Pousse au soleil, dans un sol humide. Fruits de la fin de l'été à la fin de l'automne. *Type de fruit :* drupe. ZONE 8.

Cornus sessilis
CORNOUILLER SESSILE
Cette espèce indigène, qui peut être un gros arbuste ou un petit arbre, constitue, comme les autres cornouillers de l'Ouest, une importante source de nourriture pour les tétras, les colins, les pics et les merlebleus. *Hauteur :* 3 m maximum. Pousse au soleil, dans un sol humide. Fruits à la fin de l'été. *Type de fruit :* drupe. ZONE 7.

Cornus stolonifera
CORNOUILLER STOLONIFÈRE
Voir liste illustrée des plantes, région du Nord-Est, p. 90.

Elaeagnus commutata
CHALEF À FRUITS D'ARGENT
Voir liste des plantes, région des plaines et des Prairies, p. 130.

Forestiera pubescens
HAIRY DESERT OLIVE
Arbuste indigène rampant très répandu dans les lits asséchés des rivières du Sud-Ouest. Principale source d'alimentation du Colin écaillé au Texas ; sert également de nourriture aux merles. *Hauteur :* 1,8 à 3 m. Pousse au soleil, dans un sol sec, humide ou drainé. Fruits du début de l'été au début de l'automne. *Type de fruit :* drupe noire. ZONE 7.

Lonicera albiflora
WHITE HONEYSUCKLE
Arbuste buissonnant ou plante grimpante du Sud-Ouest qui pousse en fourrés et sur les rives des cours d'eau. Source d'alimentation du Colin de Virginie, du Moqueur chat, du Merle d'Amérique et de la Grive solitaire. *Hauteur :* 2,7 m maximum. Pousse au soleil, dans un sol humide ou drainé. Fruits en automne. *Type de fruit :* baie bleue. ZONE 6.

Lonicera involucrata
CHÈVREFEUILLE INVOLUCRÉ
Voir liste illustrée des plantes, région de la côte du Pacifique, p. 160.

Lonicera utahensis
CHÈVREFEUILLE DE L'UTAH
Les fruits de cet arbuste indigène buissonnant, à port érigé, plaisent à la Grive solitaire, au Solitaire de Townsend, au Merle d'Amérique et au Faisan de Colchide. *Hauteur :* 1,5 m maximum. Pousse à l'ombre, dans un sol sec ou drainé. Fruits de l'été au début de l'automne. *Type de fruit :* baie jaune ou rouge. ZONE 6.

Lycium andersonii
ANDERSON WOLFBERRY
Cet arbuste indigène, qui tolère les sols alcalins, procure un excellent couvert aux oiseaux. Importante source de nourriture de l'Auripare verdin, du Pic des saguaros et de nombreux autres oiseaux du désert. Le nectar des fleurs nourrit le Colibri à gorge noire. *Hauteur :* 0,3 à 2,7 m. Se cultive au soleil, dans un sol sec ou sableux. Fruits au printemps. *Type de fruit :* baie rouge. ZONE 6.

Prunus emarginata
CERISIER AMER
Espèce indigène qui donne un gros arbuste ou un petit arbre. Forme des fourrés denses où se nourrissent et nichent au moins six espèces. *Hauteur :* 0,9 à 3,6 m. Se cultive au soleil ou à l'ombre, dans un sol sec, humide ou drainé. Fruits au printemps et au début de l'automne. *Type de fruit :* drupe noire. ZONE 7.

Prunus virginiana
CERISIER DE VIRGINIE
Voir liste illustrée des plantes, région des plaines et des Prairies, p. 124.

Pyracantha coccinea
BUISSON ARDENT
Voir liste des plantes, région du Nord-Est, p. 95.

Rhamnus alnifolius
NERPRUN À FEUILLES D'AULNE
Son feuillage dense en fait une plante de bordure idéale. Très ornemental en raison de ses fruits et de son feuillage foncés. Quinze espèces se nourrissent de ses baies, dont le Moqueur polyglotte, le Grand Pic et le Moqueur roux. *Hauteur :* 0,6 à 0,9 m. Se cultive à l'ombre, dans un sol humide. Fruits à la fin de l'été. *Type de fruit :* drupe noire. ZONE 2.

Rhamnus purshiana
CASCARA
Voir liste des plantes, région de la côte du Pacifique, p. 164.

Rhus aromatica
SUMAC AROMATIQUE
Cet arbuste aux racines profondes, qui résiste bien à la sécheresse, convient à la plantation en brise-vent. Son nom lui vient de la forte odeur qui se dégage lorsqu'on écrase ses feuilles. Ses fruits servent de nourriture à au moins 25 espèces, dont le Gros-bec errant, le Merle d'Amérique et le Colin de Virginie. *Hauteur :* 2,4 m. Se cultive au soleil, dans un sol calcaire. Rustique. Fruits en été. *Type de fruit :* baie rouge. ZONE 3.

Rhus glabra
SUMAC GLABRE
Voir liste des plantes, région du Nord-Est, p. 95.

Ribes cereum
WAX CURRANT
Voir liste des plantes, région des plaines et des Prairies, p. 129.

Ribes viscosissimum
STICKY CURRANT
Les racines de cet arbuste indigène dépourvu d'épines peuvent atteindre une profondeur de 1,2 m. Au moins 33 espèces consomment les fruits des gadelliers et des groseilliers. *Hauteur :* 0,3 à 1,2 m. Se cultive au soleil ou à l'ombre, dans un sol drainé. Fruits de la fin de l'été au début de l'automne. *Type de fruit :* baie noire. ZONE 6.

Rosa woodsii
ROSIER DE WOODS
Rosier indigène buissonnant très répandu dans les Rocheuses, entre 1 000 et 3 000 m d'altitude. Produit les plus grosses fleurs de tous les rosiers de l'Ouest. Ses fruits servent de nourriture à la Grive solitaire, la Grive à dos olive, la Gélinotte huppée et à d'autres oiseaux gibier. *Hauteur :* 1 m maximum. Se cultive au soleil ou à la mi-ombre, dans un sol humide ou drainé.

Fruits toute l'année. *Type de fruit:* cynorhodon rouge. ZONE 4.

Rubus arizonensis
ARIZONA DEWBERRY
Arbuste indigène sarmenteux et très épineux qui offre un excellent couvert aux oiseaux chanteurs. Ses fruits servent de nourriture au Cardinal rouge, au Roselin familier, au Geai de Steller, aux merlebleus et à de nombreux autres oiseaux chanteurs. *Hauteur:* 0,6 à 0,9 m. Se cultive au soleil, dans un sol sec, humide ou drainé. Fruits en été. *Type de fruit:* drupéoles rouges. ZONE 6.

Rubus deliciosus
ROCKY MOUNTAIN FLOWERING RASPBERRY
Indigène. *Hauteur:* 1,8 m maximum. Se cultive au soleil, dans un sol sec, humide ou drainé. Fruits de l'été au début de l'automne. *Type de fruit:* baie rouge ou pourpre. ZONE 6.

Rubus idaeus
RONCE DU MONT IDA
Voir liste illustrée des plantes, région du Nord-Est, p. 88.

Rubus leucodermis
WHITEBARK RASPBERRY
Cet arbuste indigène se plaît en sol sec, rocailleux. Le Moqueur polyglotte y niche et s'y nourrit. Les fruits de cet important arbuste nourrissent au moins 146 espèces. *Hauteur:* 1,5 m maximum. Se cultive au soleil, dans un sol sec, humide ou drainé. Fruits de l'été au début de l'automne. *Type de fruit:* baie pourpre foncé. ZONE 4.

Sambucus mycrobotrys
BUNCHBERRY ELDER
Petit arbuste indigène qui pousse sur le versant est des Rocheuses. Au moins 111 espèces se nourrissent des fruits de ce sureau. *Hauteur:* 1,5 m maximum. Se cultive au soleil ou à l'ombre, dans un sol humide ou drainé. Fruits à la fin de l'été. *Type de fruit:* baie rouge. ZONE 6.

Sambucus pubens
SUREAU ROUGE
Voir liste des plantes, région du Nord-Est, p. 95.

Seriphidium tridentatum
BIG SAGEBRUSH
La présence de cet arbuste indigène indique un sol dépourvu d'alcalis. Très répandu dans l'Ouest. Pousse en sol sec et rocailleux, des déserts jusqu'à la limite des arbres. Le Tétras des armoises s'y abrite et s'y nourrit. *Hauteur:* 0,6 à 3 m. Se cultive au soleil, dans un sol sec ou drainé. Fruits en automne. *Type de fruit:* akène. ZONE 4.

Shepherdia argentea
SHÉPHERDIE ARGENTÉE
Voir liste illustrée des plantes, région de la côte du Pacifique, p. 157.

Sorbus occidentalis
ALPINE MOUNTAINASH
Arbuste indigène qui forme souvent des fourrés denses. Au moins 11 espèces sont friandes de ses fruits, dont le Gros-bec errant, le Tétras sombre, le Merle d'Amérique et le Cassenoix d'Amérique. *Hauteur:* 2,7 m maximum. Pousse au soleil, dans un sol humide, sec ou drainé. Fruits de la fin de l'été à la fin de l'hiver. *Type de fruit:* fruit charnu rouge. ZONE 6.

Sorbus scopulina
GREEN MOUNTAINASH
Arbuste indigène buissonnant. *Hauteur:* 3,6 m maximum. Pousse au soleil ou à l'ombre, dans un sol humide ou drainé. Fruits de l'été à la fin de l'hiver. *Type de fruit:* fruit charnu rouge. ZONE 6.

Sorbus sitchensis
SORBIER DE SITKA
Voir liste illustrée des plantes, région de la côte du Pacifique, p. 156.

Symphoricarpos albus
SYMPHORINE BLANCHE
Voir liste illustrée des plantes, région des plaines et des Prairies, p. 126.

Symphoricarpos longiflorus
LONGFLOWER SNOWBERRY
Au moins 26 espèces consomment les fruits des diverses variétés de symphorine, y compris le Merle d'Amérique, le Jaseur d'Amérique et le Durbec des sapins. *Hauteur:* 0,9 à 1,2 m. Se cultive au soleil, dans un sol sec. Fruits en été. *Type de fruit:* drupe blanche semblable à une baie. ZONE 7.

Symphoricarpos oreophilus
MOUNTAIN SNOWBERRY
Hauteur: 1,5 m. Se cultive au soleil, dans un sol sec, humide ou drainé. Fruits à la fin de l'été. *Type de fruit:* drupe blanche semblable à une baie. ZONE 6.

Symphoricarpos rotundifolius
ROUNDLEAF SNOWBERRY
Hauteur: 0,9 m maximum. Se cultive au soleil, dans un sol sec ou drainé. Fruits à la fin de l'été. *Type de fruit:* drupe blanche semblable à une baie. ZONE 7.

Zauschneria californica
CALIFORNIA FUCHSIA
Sous-arbrisseau vivace buissonnant. Grappes de fleurs d'un vif écarlate. *Hauteur:* 45 cm maximum. Se cultive au soleil, dans un sol bien drainé. ZONES 8 À 10.

PLANTES GRIMPANTES

Celastrus scandens
CÉLASTRE GRIMPANT
Voir liste des plantes, région du Nord-Est, p. 97.

Lonicera interrupta
CHAPARRAL HONEYSUCKLE
Plante grimpante indigène à feuillage persistant qui donne parfois un arbuste. Se cultive au soleil, dans un sol sec. Fruits en été et en hiver. *Type de fruit:* baie. ZONE 8.

Lonicera sempervirens
CHÈVREFEUILLE DE VIRGINIE
Voir liste illustrée des plantes, région du Sud-Est, p. 110.

Parthenocissus inserta
WOODBINE
Voir liste des plantes, région des plaines et des Prairies, p. 130.

Parthocissus quinquefolia
PARTHÉNOCISSE À CINQ FOLIOLES
Voir liste des plantes, région du Sud-Est, p. 115

Vitis arizonica
CANYON GRAPE
Vigne indigène à feuillage caduc qui pousse dans un sol humide et sableux. De nombreuses espèces s'en nourrissent, dont le Colin de Gambel et le Colin écaillé. Se cultive au soleil, dans un sol humide ou drainé. Fruits en été qui persistent jusqu'à l'automne. *Type de fruit:* baie noir-bleu. ZONE 7.

COUVRE-SOLS

Gaultheria humifusa
GAULTHÉRIE ALPESTRE
Indigène. Se cultive au soleil ou à l'ombre, dans un sol drainé. Fruits à la fin de l'été. *Type de fruit:* baie. ZONE 6.

Gaultheria ovatifolia
BUSH WINTERGREEN
Ce petit arbuste indigène tapissant à feuillage persistant pousse en sol sableux ou en d'autres types de sols. Au moins sept espèces consomment ses fruits. Se cultive au soleil, dans un sol drainé. Fruits à la fin de l'été. *Type de fruit:* baie. ZONE 6.

Vaccinium scoparium
AIRELLE À TIGE MINCE
Arbuste rampant indigène qui pousse à la limite des arbres. Produit des baies très attirantes qui plaisent, entre autres espèces, au Jaseur d'Amérique, à la Gélinotte huppée, au Pic flamboyant, à la Grive solitaire et au Durbec des sapins. Pousse au soleil ou à l'ombre, dans un sol sec ou humide. Fruits en été. *Type de fruit:* baie bleue. ZONE 3.

RÉGION DE LA CÔTE DU PACIFIQUE

EN PLUS D'OFFRIR nourriture et protection aux oiseaux, les plantes qui composent les jardins de cette région doivent absolument pouvoir supporter l'aridité du sol et du climat de la côte. De nombreuses plantes indigènes se sont très bien adaptées à ces conditions.

Mountain dogwood
Cornus nuttallii

Arbre très prisé, à feuillage caduc, produit des fruits rouges à l'automne. *(Voir page 155.)*

Sorbier de Sitka
Sorbus sitchensis

Arbuste à feuillage caduc qui forme des fourrés denses et dont les fruits rouges plaisent au Merle d'Amérique et au Durbec des sapins. *(Voir page 156.)*

TAILLE
19 - 20 cm

ORIOLE MASQUÉ

ICTERUS CUCULLATUS

Cet oiseau cherche des insectes dans le feuillage des grands arbres et se pose rarement au sol. Il se nourrit également des baies du toyon et du mahonia nervé.

TAILLE
13 à 15 cm

ROSELIN FAMILIER

CARPODACUS MEXICANUS

Le Roselin familier peuple les zones habitées. Il raffole des graines de mauvaises herbes, dont le chardon et le pissenlit, et des insectes.

Mahonia nervé
Mahonia nervosa

Des oiseaux se réfugient dans cet arbuste bas à feuillage persistant. Diverses variétés sont disponibles. *(Voir page 158.)*

Fraisiers
Fragaria sp.

Ils constituent une bonne source d'alimentation pendant leur saison de fructification. Les feuilles servent à faire du paillis. *(Voir page 143.)*

Pruche de l'Ouest
Tsuga heterophylla
Ce grand conifère, qui peut atteindre 53 m, convient surtout aux vastes propriétés. Produit, tous les deux ou trois ans, une récolte de graines dont raffolent le Tarin des pins et les mésanges. *(Voir page 128.)*

Abutilon du Rio Grande
Abutilon megapotamicum
Pour obtenir un effet spectaculaire à l'arrière d'une bordure d'arbustes, planter cette essence à feuillage persistant devant un bosquet de Groseilliers sanguins. Le Roselin pourpré et le Tarin des pins se nourrissent de ses fruits. *(Voir page 158.)*

TAILLE
28 à 33 cm

MOQUEUR DE
CALIFORNIE

TOXOSTOMA
REDIVIVUM

Cet oiseau racle le sol avec son long bec courbé, à la recherche d'insectes, de baies et de graines. Il niche dans les arbustes denses de taille moyenne.

Toyon
Heteromeles arbutifolia
Arbuste indigène à feuillage persistant dont les fruits rouge ou jaune vif mûrissent de la fin de l'été au début du printemps. *(Voir page 156.)*

Lilas de Californie
Ceanothus sp.
Groupe varié d'arbustes à fleurs bleues. À planter groupés en bordure des jardins, car ils poussent vite. *(Voir page 157.)*

Manzanitas
Arctostaphylos sp.
Plante couvre-sol dont des variétés produisent fleurs blanches et fruits appréciés des oiseaux.
(Voir page 161.)

Herbe longue
Laisser croître la pelouse à certains endroits, particulièrement à la base d'un arbre ou d'un arbuste ; les oiseaux y fouilleront à la recherche d'insectes et de vers.

J<small>ARDIN</small> C<small>ÔTIER</small>

Ce plan inclut des plantes indigènes comme le toyon et les manzanitas qui sont très peu utilisées en aménagement paysager. Elles offrent pourtant nourriture et protection toute l'année aux espèces résidantes et migratrices.

LES VISITEURS ASSIDUS

Entre les fraîches forêts pluviales de la côte de l'Alaska et le climat méditerranéen tempéré du sud de la Californie, la côte Ouest offre aux oiseaux une grande variété d'habitats. Dans le nord de cette région, un jardin planté de conifères et d'arbustes fruitiers sera, toute l'année, fréquenté par les oiseaux des terres boisées comme le Geai de Steller, la Grive à collier et le Pic chevelu. Certains oiseaux résidants, dont la Mésange à dos marron et la Mésange unicolore, viennent aux mangeoires même pendant les hivers les plus rigoureux. Si vous installez des nichoirs, elles les utiliseront au printemps et en hiver. Du centre de la Californie jusqu'au Mexique, les jardiniers ornithologues attireront les colibris en plantant des chèvrefeuilles grimpants et des fuchsias aux couleurs éclatantes. Les espèces qui se nourrissent de baies, comme le Jaseur d'Amérique et le Tohi de Californie, viendront se nourrir dans les arbustes fructifères. Quant aux orioles, on peut les attirer en installant des abreuvoirs d'eau sucrée. Dans les habitats secs, pensez à aménager un point d'eau.

TAILLE
9 à 10 cm

COLIBRI D'ANNA
Calypte anna

NID *Dans un buisson ou un petit arbre, il construit une minuscule coupe de duvet végétal recouverte de lichen, située entre 45 cm et 9 m au-dessus du sol. Il choisit de préférence un endroit semi-ombragé, à proximité de l'eau.*
VOIX *Son chant est un léger gazouillis grinçant qu'il émet lorsqu'il est perché. Son cri est un tchit-tchit.*
NOURRITURE *Il est attiré par les fleurs de l'eucalyptus, du tabac, de l'agave et par d'autres fleurs nectarifères (voir page 28). Chaque jour, il lui faut le nectar d'environ 1 000 fleurs. Il se nourrit aussi de sève dans les trous de Pics maculés et fréquente les abreuvoirs d'eau sucrée.*

PIC CHEVELU
Picoides villosus

NID *Cavité qu'il creuse dans un arbre, entre 1,5 et 9 m du sol.*
VOIX *Une série de notes ondulantes et crépitantes : tchî-kî-kî-kî...*
NOURRITURE *Il se nourrit de fruits sauvages, comme les mûres, et aussi de glands, de noisettes et de faînes. Il ne dédaigne pas le suif, le beurre d'arachide, les reliefs de viande, le fromage, les pommes, les bananes, les graines de tournesol et les noix concassées.*

TAILLE
24 cm

PIC FLAMBOYANT
Colaptes auratus

TAILLE
30 à 35 cm

NID *Cavité creusée dans un arbre et pourvue d'une ouverture ronde de 5 à 10 cm de diamètre, habituellement entre 0,6 et 27 m au-dessus du sol. Le Pic flamboyant utilisera un nichoir fixé à un poteau planté parmi les arbustes.*
VOIX *Un flique-flique-flique perçant.*
NOURRITURE *Il mange toutes sortes de fruits, dont les baies du cornouiller, du micocoulier, de l'airelle, du Phytolaque à dix étamines, de l'amélanchier, du sureau et de la Vigne vierge. Ces baies constituent environ 25 % de son alimentation. Le reste se compose d'insectes, en particulier de fourmis.*

MOUCHEROLLE NOIR
Sayornis nigricans

NID *Structure de boue et de plantes fibreuses, ancrée à un mur ou à une falaise, ou construite sous un avant-toit ou sur une corniche.*
VOIX *Une interprétation nasillarde de fî-bi, fî-bi, habituellement avec une inflexion ascendante ou descendante.*
NOURRITURE *Il mange des fourmis, des abeilles, des mouches et phalènes qu'il attrape en vol ou au sol. Il se nourrit souvent juste à la surface de l'eau ; on l'a même déjà vu attraper des petits poissons.*

TAILLE
16 à 18 cm

GEAI À GORGE BLANCHE
Aphelocoma coerulescens

NID *Coupe aux parois épaisses, construite dans un arbre bas ou un arbuste, entre 0,6 et 4 m au-dessus du sol.*
VOIX *Il possède un répertoire varié, dont ike-ike-ike, couèche-couèche ou tchèc-tchèc-tchèc.*
NOURRITURE *Il aime les glands, les graines de pin, le maïs, les cerises, les framboises, les graines de tournesol et les fruits du sureau, de l'arctostaphyle et du sumac.*

TAILLE
28 à 33 cm

GEAI DE STELLER
Cyanocitta stelleri

NID *Il construit un nid de grosses éclisses et de boue, tapissé de radicelles et d'aiguilles de pin, sur une fourche ou une branche de conifère. Il niche souvent entre 2,4 et 4,5 m au-dessus du sol, mais parfois jusqu'à 30 m. Le Geai de Steller se montre discret au moment de la nidification.*
VOIX *Ses cris comprennent un chouc-chouc-chouc fort et rauque ou un wîik-wèk-wèk. Son chant ressemble à celui du Merle d'Amérique. Il imite aussi la Buse à queue rousse et les aigles.*
NOURRITURE *Il se nourrit de glands, de maïs, de graines de tournesol et de pin, de fruits, d'insectes et d'autres minuscules invertébrés. Il pille les nids de petits oiseaux et les cachettes des pics et mange parfois les œufs qu'il y trouve.*

MÉSANGE À DOS MARRON
Parus rutescens

TAILLE
11 à 13 cm

NID *Elle niche dans la cavité d'un arbre, entre 0,3 et 6 m au-dessus du sol, mais parfois jusqu'à 24 m.*
VOIX *Son chant est plus rauque que celui de la Mésange à tête noire. Il ressemble à tsiqui-sî-sî ou zîi-tchî-tchî.*
NOURRITURE *Elle aime les graines de pin, les pommes, les fruits du Sumac grimpant (herbe à la puce), des ronces et du Chêne vert de Californie.*

TAILLE
30 à 34 cm

MÉSANGE UNICOLORE
Parus inornatus

TAILLE
13 à 14 cm

NID *Elle niche souvent dans un trou de pic abandonné. Elle peut aussi creuser son propre trou dans le bois en décomposition d'un arbre vivant ou élire domicile dans un nichoir accueillant.*
VOIX *Un clair et sifflant ouitti-ouitti.*
NOURRITURE *Elle se nourrit de graines de pin, de glands, de cerises et des baies du sumac grimpant (ou herbe à la puce).*

MÉSANGE BUISSONNIÈRE
Psaltriparus minimus

TAILLE 10 cm

NID *Poche tissée d'environ 25 cm, suspendue à une branche d'arbre ou d'arbuste, entre 1,8 et 7,6 m au-dessus du sol. Elle est faite de brindilles, de mousse, de lichen, de fleurs et de feuilles de chêne, le tout maintenu avec des fils d'araignée.*
VOIX *Elle ne chante pas ; elle émet seulement un tsit-tsit-tsit aigu lorsqu'elle se nourrit.*
NOURRITURE *Elle est surtout insectivore, mais elle mange aussi certains fruits, comme les baies du Sumac grimpant.*

MERLEBLEU DE L'OUEST
Sialia mexicana

NID *Il construit son nid dans la cavité naturelle d'un arbre ou dans un nichoir. Grâce aux « opérations nichoirs », appelées « pistes de merlebleus », les populations de merlebleus qui diminuaient dans de nombreuses régions ont commencé à augmenter.*
VOIX *Le cri est un piou ou un miou, dont le tempo évoque le chant du Merle d'Amérique.*
NOURRITURE *Il se nourrit des fruits des ronces, des framboisiers, du sureau, du gui, du canyon grape, du figuier commun et de l'Arbre au poivre.*

TAILLE
15 à 19 cm

GRIMPEREAU BRUN
Certhia americana

NID *Il construit un nid de brindilles, de feuilles et de mousse sous l'écorce détachée d'un vieil arbre ou parfois dans la cavité naturelle d'un arbre, entre 1,5 et 4,5 m au-dessus du sol.*
VOIX *Un sî-ti-ouî-tou-ouî ténu et aigu.*
NOURRITURE *Il trouve de minuscules insectes dans l'écorce des arbres. On peut l'attirer en insérant, dans les fentes de l'écorce d'un arbre, un mélange de beurre d'arachide et de semoule de maïs.*

TAILLE
13 cm

GRIVE SOLITAIRE
Catharus guttatus

TAILLE 18 cm

NID *En général, la Grive solitaire construit son nid au sol, dans une dépression naturelle, sous un arbre ou un arbuste. Il lui arrive parfois de nicher dans de petits arbres, entre 0,6 et 1,5 m au-dessus du sol.*
VOIX *Chant éthéré et flûté, souvent considéré comme l'un des plus beaux chants d'oiseaux en Amérique du Nord.*
NOURRITURE *Elle aime les fruits du houx, du cornouiller, de l'amélanchier, du sumac et de la vigne.*

BRUANT À COURONNE DORÉE
Zonotrichia atricapilla

NID *Coupe de tiges, de brindilles, de brins d'herbe et parfois de poils d'orignal, généralement construite au sol, au pied d'un saule.*
VOIX *Trois notes claires et sifflantes en decrescendo.*
NOURRITURE *Il se nourrit de millet et de maïs concassé aux mangeoires, ainsi que de graines de mauvaises herbes.*

TAILLE
15 à 18 cm

TOHI DE CALIFORNIE
Pipilo crissalis

NID *Volumineuse coupe de brindilles, de tiges et de brins d'herbe, construite dans un arbuste touffu ou dans un arbre, habituellement entre 1 et 3,5 m au-dessus du sol.*
VOIX *Un rapide tchink-tchink-ink-ink-ink...*
NOURRITURE *Il mange du millet et du maïs concassé aux mangeoires ainsi que des graines de mauvaises herbes.*

TAILLE
20 à 25 cm

PASSERIN AZURÉ
Passerina amoana

NID *Coupe de graminées séchées, tapissée de poils. Construite dans les arbustes touffus ou les plantes grimpantes, parmi les tiges de mauvaises herbes ou encore sur une branche fourchue de saule, de rosier, de petit pin ou de Chêne broussailleux, entre 45 cm et 1,2 m au-dessus du sol.*
VOIX *Des phrases bruyantes et rapides : suît-suît ou tchou-tchou.*
NOURRITURE *Folle avoine, graines de mauvaises herbes, insectes. Millet aux mangeoires.*

TAILLE
13 à 15 cm

JASEUR D'AMÉRIQUE
Bombycilla cedrorum

NID *Cette espèce niche parfois en colonie. Le nid est une coupe de brindilles, de brins d'herbe et de plantes fibreuses construite sur une fourche ou une branche d'arbre, habituellement entre 1,8 et 15 m du sol.*
VOIX *Zézaiement aigu et ténu.*
NOURRITURE *Il aime les fruits du thuya, du genévrier, du sorbier, du pyracantha, du houx, du mûrier, de l'amélanchier, de l'aubépine, du pommetier ainsi que divers autres petits fruits. Il se nourrit parfois de sève d'érable, de raisins secs et de morceaux de pomme.*

TAILLE
16,5 à 20 cm

BRUANT FAUVE
Passerella iliaca

NID *Le nid est fait de matières végétales et souvent tapissé de plumes. Il est construit au sol, dans un arbuste ou dans un petit arbre.*
VOIX *Des notes d'introduction claires, suivies de notes glissantes qui paraissent souvent harmonieuses et joyeuses.*
NOURRITURE *Il se nourrit des fruits de l'airelle, du sureau et des manzanitas, ainsi que de millet aux postes d'alimentation.*

TAILLE
17 à 19 cm

PLANTES RECOMMANDÉES

L A RÉGION qui va du sud de la Californie, où règne un climat méditerranéen, aux fraîches forêts pluviales de l'Alaska et du nord-ouest de la côte du Pacifique recouvre une incroyable diversité de climats. Par conséquent, la gamme de plantes ornithophiles qui s'offre au jardinier est très étendue.

En choisissant vos plantes, tenez compte d'abord de la zone de rusticité et de la tolérance à l'humidité. Assurez-vous ensuite qu'elles sont adaptées aux conditions du microclimat qui règne dans votre jardin, comme l'humidité du sol et l'ombre.

Une bonne connaissance des conditions climatiques locales est essentielle pour obtenir un beau jardin et réussir à attirer les oiseaux. Les colibris, en particulier, sont abondants partout dans la région de la côte du Pacifique, surtout dans le sud.

Pour les attirer, il s'agit donc de leur offrir des plantes qui répondent à leurs besoins *(voir page 28)*.

Voici quelques conseils généraux d'aménagement : placez les grands arbres aux endroits les plus éloignés de la maison et les arbres plus petits ainsi que les arbustes à fruits plus près, en formant des massifs de taille moyenne. Plantez toujours en groupes pour créer de grandes superficies où les oiseaux résidants pourront s'alimenter et nicher en toute sécurité. Vous en serez amplement récompensé.

ARBRES

CHÊNE VERT DE CALIFORNIE
Quercus agrifolia

Grand arbre à feuillage persistant, aux feuilles à dentelure épineuse vert foncé, vernissées et rigides. Produit des glands chaque année. Se cultive au soleil, dans un sol sec et bien drainé. Hauteur : 23 m ; étalement de près de 40 m. Très rustique. Zone 9.

Attire *de nombreuses espèces d'oiseaux qui se nourrissent de ses glands, dont le Colin de Californie, les geais, les pics, la Mésange à dos marron et la Mésange unicolore.*

DESERT OLIVE**
Forestiera neomexicana

Petit arbre indigène étalé à feuillage caduc dense. Feuilles à extrémité pointue. Essence de croissance rapide idéale comme écran ou haie de bordure. Produit des fruits bleu-noir du début de l'été à la fin de l'automne. Se cultive en plein soleil, dans un sol sec et bien drainé. Hauteur : 1,8 à 3 m. Rustique. Zone 7.

Attire *de nombreuses espèces avec ses drupes bleu-noir. Celles-ci sont la nourriture principale de la Gélinotte huppée, du Durbec des sapins et du Merle d'Amérique.*

THUYA GÉANT

Thuja plicata

Arbre originaire de la côte du Pacifique. Nombre d'oiseaux insectivores se nourrissent dans son feuillage. Commence à produire des fruits à l'âge de 70 ans (il vit jusqu'à 800 ans ou plus) et donne dès lors une récolte très abondante de graines environ tous les trois ans. Tailler les spécimens plus petits permet de les utiliser comme haie vive autour d'un jardin. Se cultive à la mi-ombre, dans un sol humide. Hauteur : 15 à 21 m. Très rustique. Zones 5 à 7.

ARBOUSIER DE MENZIÈS

Arbutus menziesii

Cet arbre indigène étalé à feuillage persistant est cultivé pour ses feuilles, ses grappes de petites fleurs blanches en forme d'urnes et ses fruits semblables, à des fraises. Ceux-ci sont comestibles, mais insipides. Écorce lisse rougeâtre et feuilles ovales vert foncé. Produit en été des baies orange ou rouges qui persistent jusqu'au début de l'hiver. Pousse en plein soleil, dans un sol fertile et bien drainé. Hauteur : de 6 à 30 m. Résistant au gel. Zones 7 à 9.

CORNOUILLER DE NUTTALL

Cornus nuttallii

Cet arbre indigène à feuillage caduc produit à la fin du printemps des grappes de fleurs jaune-vert entourées de 4 à 6 bractées blanches. Feuilles ovales vert foncé. Les grappes de fruits, de 30 à 40 drupes rouge vif semblables à des baies, mûrissent à l'automne. Ses feuilles, qui virent au rouge bourgogne vif, lui font une parure automnale aussi belle que son déploiement de couleurs printanières. Arbre cultivé très populaire. Pousse en plein soleil ou à la mi-ombre, dans un sol fertile et bien drainé. Hauteur : 3 à 12 m. De semi-rustique à très rustique. Zone 9.

Attire de nombreuses espèces dont les grives, le Durbec des sapins et la Sittelle à poitrine rousse. Son feuillage procure aux oiseaux d'excellents sites de nidification.

Attire, avec ses grappes de baies orange ou rouges, au moins cinq espèces d'oiseaux, dont le Pigeon à queue barrée et le Dindon sauvage.

Attire le Pigeon à queue barrée, le Pic flamboyant, la Grive solitaire, le Jaseur d'Amérique, le Viréo mélodieux, le Roselin pourpré et le Grand Pic, qui tous se nourrissent de ses fruits.

SORBIER DE SITKA

Sorbus sitchensis

Ce gracieux petit arbre à feuillage caduc a été nommé d'après la ville où il a été découvert, Sitka en Alaska. Avec sa profusion de fleurs blanc crème au printemps, il offre un spectaculaire contraste si on le place devant de grands conifères. De la fin de l'été au début de l'automne, il produit d'abondantes grappes de fruits d'un vif rouge orangé. Pousse au soleil ou à la mi-ombre, dans un sol fertile et humide. Hauteur : 9 m maximum, mais il atteint plus souvent 4,5 m. Très rustique. Zone 5.

TOYON

Heteromeles arbutifolia

Dans le sud de la Californie, le toyon est également appelé « houx de Californie » parce que ses fruits mûrissent du début de l'automne à la fin de l'hiver. Arbre à port arbustif aux feuilles persistantes vert foncé, rigides et coriaces. Des inflorescences larges et plates de petites fleurs blanches à cinq pétales apparaissent en été. Elles sont suivis de baies rouge ou jaune vif en hiver. Pousse en plein soleil ou à la mi-ombre, dans un sol fertile et bien drainé. Hauteur : 1,8 à 3 m; peut atteindre la taille d'un petit arbre, soit 10 m. Rustique. Zone 8.

OISEAU-DE-PARADIS

Caesalpinia gilliesii

Arbuste à feuillage caduc de croissance rapide cultivé pour son feuillage et ses fleurs colorées. Feuilles vert foncé finement découpées et courts racèmes de fleurs jaunes aux longues étamines rouges. Multiplication par bouture ou par semis. Se cultive en plein soleil, dans un sol fertile et bien drainé. Hauteur : 4,5 m et étalement maximal de 6 m. Selon les conditions, sensible ou résistant au gel. Zone 10.

Attire *grâce à ses fruits, au moins onze espèces, dont le Gros-bec errant, le Durbec des sapins, le Merle d'Amérique, le Merlebleu de l'Ouest, le Pic chevelu et le Cassenoix d'Amérique.*

Attire *par ses baies la Cama brune, le Pic flamboyant, la Grive solitaire, le Merlebleu de l'Ouest, le Merle d'Amérique, le Moqueur polyglotte et le Jaseur d'Amérique.*

Attire *les colibris, y compris le Colibri roux, le Colibri d'Anna, le Colibri à gorge rubis et le Colibri à gorge noire, ainsi que des oiseaux chanteurs.*

SHÉPHERDIE ARGENTÉE

Shepherdia argentea

Arbuste buissonnant à feuillage caduc, souvent à port arborescent, cultivé pour son feuillage et ses fruits. Porte au printemps de minuscules fleurs jaunes qui passent inaperçues parmi les feuilles argentées oblongues. Petites baies ovoïdes rouge vif en été. Planter un sujet mâle et un sujet femelle pour obtenir des fruits. Pousse en sol trop sec, salé ou alcalin pour permettre la culture d'autres arbustes. Se cultive en plein soleil ou à la mi-ombre, dans un sol sec et bien drainé. Hauteur : 0,9 à 2,1 m. Très rustique. Zone 2.

LILAS DE CALIFORNIE

Ceanothus sp.

Groupe de 60 arbustes et couvre-sols très attrayants pour les oiseaux. Environ 40 espèces poussent dans cette région, dont le Ceanothus gloriosus. Hauteur : 10 à 50 cm ; étalement maximal de 1,5 m. Zone 8. Le Céanothe arbre (C. Arborea) peut atteindre 6 m. Zone 10. La plupart des Lilas de Californie sont à feuillage persistant, bien que quelques-uns soient caducs. Toutes les espèces se cultivent en plein soleil ou à la mi-ombre, dans un sol sec.

SUREAU À GRAPPES

Sambucus racemosa

Arbuste touffu à feuillage caduc, dit aussi Sureau rameux. Ses feuilles ovales gris-vert à cinq folioles ne changent pas de couleur avant leur chute. À la mi-printemps, il porte des grappes coniques et denses de fleurs étoilées jaune crème, suivies de baies rouges sphériques. Se cultive en plein soleil, dans un sol humide et bien drainé. Tolère des périodes de sécheresse. Hauteur : 3 m ; étalement : 3 m maximum. Très rustique. Zones 4 à 7.

Attire avec ses attrayants fruits rouges, au moins douze espèces communes dans cette région, dont le Merle d'Amérique et le Tétras à queue fine qui en sont particulièrement friands.

Attire de nombreuses espèces d'oiseaux, dont le Tohi de Californie, le Bruant à couronne blanche, le Bruant chanteur et le Merlebleu de l'Ouest, qui mangent ses petits fruits en capsule.

Attire avec ses baies, de nombreux oiseaux, dont le Merle d'Amérique, le Merlebleu de l'Ouest, le Tohi de Californie et le Moqueur chat. Illustrées ci-dessus : les baies du Sureau blanc.

ABUTILON DU RIO GRANDE

Abutilon megapotamicum

Arbuste à feuillage persistant, cultivé pour ses fleurs et ses feuilles. Feuilles vert foncé ovales à base en forme de cœur. Fleurs jaunes et rouges. Les Sittelles à poitrine blanche nichent souvent dans les cavités des arbres matures. Des oiseaux insectivores, orioles ou troglodytes, fouillent le feuillage à la recherche d'insectes. Se cultive en plein soleil ou à la mi-ombre, dans un sol fertile et bien drainé. Hauteur: 3 m; étalement: 3 m maximum. Semi-rustique. Zones 8 à 10.

LANTANA

Lantana 'Spreading Sunset'

Ce charmant arbuste à feuillage persistant, à port arrondi ou étalé, est cultivé pour ses fleurs attrayantes. Feuilles vert foncé ridulées. Produit, du printemps à l'automne, des inflorescences denses et arrondies, composées de minuscules fleurs tubulaires aux couleurs variées. Se cultive en plein soleil, dans un sol fertile et bien drainé. Hauteur: 0,9 m; étalement: 1,2 m maximum. Sensible au gel. Zones 9 et 10.

MAHONIA

Mahonia pinnata

Arbuste indigène à feuilles persistantes, gaufrées et épineuses, de couleur bronze, rouge et orange sur les nouvelles pousses. Fleurs jaunes en forme de clochettes, suivies d'une profusion de grappes de baies. Ce mahonia se développe mieux et devient plus haut que le Mahonia à feuilles de houx (Mahonia aquifolium) sous un climat aride. Doit parfois être arrosé en été. Se cultive à la mi-ombre, dans un sol fertile et bien drainé. Hauteur: 1,8 m minimum. Semi-rustique. Zone 7.

Attire de nombreux oiseaux qui viennent manger les graines mûres en été, dont le Durbec des sapins et le Gros-bec errant. On voit ci-dessus les fleurs de l'A. Pictum 'Thompsonii'.

Attire de nombreuses espèces, y compris le Passerin azuré, le Merlebleu de l'Ouest, la Paruline polyglotte, le Tyran à gorge cendrée et le Tyran de l'Ouest, qui tous en consomment les fruits.

Attire de nombreuses espèces d'oiseaux très friands de ses baies, dont le Jaseur d'Amérique, la Grive à collier, la Grive solitaire, le Merle d'Amérique et le Moqueur polyglotte.

PHYSOCARPE À FEUILLES D'OBIER

Physocarpus opulifolius

Cet arbuste à feuillage caduc et à port arqué (ci-dessus, la variété 'Dart's Gold') est cultivé pour son feuillage et ses fleurs. Écorce qui s'exfolie et feuilles vertes largement ovoïdes, dentelées et lobées. Produit au début de l'été des grappes de minuscules fleurs blanches ou rose pâle. Des grappes de 3 à 5 gousses rougeâtres se forment à l'automne. Se cultive en plein soleil, dans un sol fertile et acide, non crayeux, peu profonds. Hauteur : 3 m ; étalement : 4,5 m. Très rustique. Zones 2 à 8.

MAHONIA À FEUILLES DE HOUX

Mahonia aquifolium

La fleur de cet arbuste à feuillage persistant est l'emblème de l'État de l'Orégon. Excellente plante ornithophile. Les jeunes feuilles sont pourpres ou bronze et deviennent vert foncé et rouge vin en hiver. Grappes de fleurs blanches au printemps, suivies, au début de l'automne, de fruits bleunoir, recouverts d'une pruine grise. Se cultive à l'ombre ou à la mi-ombre, dans un sol fertile et bien drainé. Hauteur : 0,3 à 1,8 m. Semi à très rustique. Zones 6 à 9.

RED SAGE

Salvia greggii

Cet arbuste indigène à feuillage persistant et à port érigé est également appelé sauge d'automne. Feuilles oblongues et étroites, d'un vert sombre et mat. La floraison débute au printemps, ralentit un peu en été et se termine en automne dans une explosion de fleurs. Bien adapté aux jardins de la côte Ouest, du Mexique au nord de la Californie. Se cultive à la mi-ombre, dans un sol fertile et bien drainé. Hauteur : 0,6 à 0,9 m. Sensible au gel. Zone 8.

Attire de nombreuses espèces, dont le Chardonneret jaune, la Paruline jaune et les moucherolles, qui nichent dans son feuillage.

Attire le Jaseur d'Amérique qui se nourrit de ses fruits. Ce proche parent de l'Épine-vinette est répandu de la Colombie-Britannique au nord de la Californie.

Attire les colibris, dont le Colibri roux et le Colibri d'Anna, avec ses épis lâches de fleurs magenta mesurant 2,5 cm.

SUGAR BUSH

Rhus ovata

Excellent choix pour les endroits où les pluies sont peu abondantes. Prospère en sol sec et rocheux. Fleurs blanches ou rosâtres du printemps au début de l'été. Ses fruits rougeâtres et velus de 0,6 cm, qui sont couverts d'une douce pellicule cireuse, mûrissent en été. Peut donner un arbuste arrondi à feuillage persistant ou un petit arbre. A besoin d'arrosage supplémentaire en terrain bas, désertique. Se cultive en plein soleil ou à la mi-ombre, dans un sol bien drainé. Hauteur : 3 m. Rustique. Zone 9.

CHÈVREFEUILLE INVOLUCRÉ

Lonicera involucrata

Dit aussi Chèvrefeuille à balais, cet arbuste à feuillage caduc constitue un excellent choix, car ses fleurs et ses fruits sont importants pour les oiseaux. Il produit en été des fleurs jaunes en forme d'entonnoirs, groupées par deux au bout d'un long pétiole. Elles donnent à la fin de l'été des baies noirâtres jumelées. Se cultive à la mi-ombre, dans un sol humide et calcaire. Hauteur : 0,6 à 0,9 m, parfois 3 m dans des conditions idéales. Rustique. Zone 9.

CIRIER DE LOUISIANE

Myrica cerifera

Également appelé quatre-épices, Myrique de Louisiane et Arbre à cire. Grand arbuste à feuilles persistantes vert jaunâtre, ovales, minces et épineuses. Les fleurs mâles et femelles se développent dans des chatons, sur des arbres différents. Il faut donc planter des sujets des deux sexes. Les fruits mûrissent à l'automne et persistent tout l'hiver. Plante ornementale qui tolère le sel. Pousse en plein soleil ou à la mi-ombre, en sol humide, bien drainé. Hauteur : 6 m maximum. Rustique. Zone 7.

Attire *au moins 15 espèces d'oiseaux de la côte ouest, dont le Bruant à couronne dorée, la Paruline à croupion jaune, le Pic flamboyant, la Grive solitaire et le Grand Géocoucou.*

Attire *les colibris avec ses fleurs qui sont une bonne source d'alimentation. Ses fruits plaisent au Solitaire de Townsend, au Merle d'Amérique, à la Cama brune et aux moqueurs.*

Attire *plus de 80 espèces, dont la Mésange à tête noire, le Colin de Virginie, le Moqueur roux, la Grive solitaire, le Geai à gorge blanche et le Pic mineur.*

COUVRE-SOLS

MANZANITA

Arctostaphylos sp.

La plupart sont à feuillage persistant, ont des grappes de fleurs blanches ou roses au début du printemps et des fruits rouges persistants qui mûrissent au début de l'été. Poussent en plein soleil ou à la mi-ombre, en sols très diversifiés. Leurs formes varient du grand arbuste au couvre-sol prostré. Rustique. Zones 4 à 9.

LANTANA

Lantana montevidensis

Cet arbuste sarmenteux et tapissant à feuillage persistant est idéal comme couvre-sol en plein soleil. Feuilles serrulées et attrayantes fleurs rose-pourpre à centre jaune. Fleurit par intermittence, mais la plupart des fleurs apparaissent en été. Tolère des températures aussi basses que 10 °C. Peut être envahi par les acariens rouges et la mouche blanche. Se cultive en plein soleil, dans un sol fertile et bien drainé. Hauteur : 0,9 à 1,2 m ; étalement : 1,5 m maximum. Sensible au gel. Zone 10.

SALAL

Gaultheria shallon

Arbuste bas et tapissant à feuillage persistant et à ramure ouverte. Feuilles vertes lustrées qui forment un couvre-sol dense. Plante qui convient très bien aux jardins côtiers. Fleurs roses au printemps, suivies de fruits à partir de la mi-été. Se répand rapidement par racines traçantes. Il faut donc lui laisser beaucoup de place. Se cultive à l'ombre, dans un sol acide. Hauteur : 0,3 à 0,6 m, parfois jusqu'à 2,4 m. Rustique. Zone 7.

Attire, avec ses fruits rouges, de nombreuses espèces d'oiseaux qui se nourrissent au sol, dont le Bruant fauve, le Tohi de Californie et le Tohi à flancs roux.

Attire une grande variété d'oiseaux, dont le Passerin azuré, le Merlebleu de l'Ouest, la Paruline polyglotte, le Tyran de l'Ouest et le Tyran à gorge cendrée.

Attire de nombreuses espèces d'oiseaux friands de ses fruits noir-pourpre. Nourriture préférée de la Cama brune et du Faisan de Colchide et habitat idéal des oiseaux chanteurs.

Autres plantes intéressantes

Arbres à feuillage persistant

Abies concolor
SAPIN ARGENTÉ
Voir liste des plantes, région des montagnes et des déserts, p. 144.

Abies lasiocarpa
SAPIN DE L'OUEST
Voir liste des plantes, région des montagnes et des déserts, p. 144.

Abies magnifica
SAPIN SHASTA
Cet arbre originaire de la chaîne des Cascades en Orégon est très intéressant comme plante d'ornement. Il produit une abondante récolte de graines, tous les deux ou trois ans, qui constituent la nourriture préférée du Tétras sombre, du Durbec des sapins et de nombreuses autres espèces. *Hauteur*: 18 à 60 m. Pousse au soleil, dans un sol drainé. Fruits au début de l'automne. *Type de fruit*: cône. ZONE 6.

Abies procera
SAPIN NOBLE
Originaire de la chaîne des Cascades dans les États de l'Orégon et de Washington, cet arbre d'une grande longévité est remarquable pour sa croissance rapide. Ses graines sont une source de nourriture pour les mésanges, les geais, les sittelles et de nombreuses autres espèces. *Hauteur*: 16 à 68 m. Pousse au soleil, dans un sol drainé. Fruits en automne. *Type de fruit*: cône. ZONE 6.

Ilex aquifolium
HOUX D'EUROPE
Essence ornementale originaire d'Europe et d'Asie. Arbre rameux dont les baies plaisent à au moins 32 espèces. Résistant au gel. *Hauteur*: 21 m. Se cultive au soleil ou à la mi-ombre, dans un sol humide ou drainé. Fruits qui apparaissent en automne et persistent tout l'hiver. *Type de fruit*: baie rouge. ZONE 7.

Juniperus californicus
GENÉVRIER DE CALIFORNIE
Cet arbre indigène procure un excellent couvert en terrain sec. Au moins dix espèces mangent ses baies, dont le Moqueur polyglotte et la Grive à collier. *Hauteur*: 3 à 9 m. Pousse au soleil. Fruits toute l'année. *Type de fruit*: baie vert-bleu. ZONE 8.

Juniperus occidentalis
GENÉVRIER D'OCCIDENT
Voir liste des plantes, région des montagnes et des déserts, p. 144.

Juniperus scopulorum
GENÉVRIER DES ROCHEUSES
Voir liste illustrée des plantes, région des montagnes et des déserts, p. 139.

Juniperus virginiana
GENÉVRIER DE VIRGINIE
Voir liste illustrée des plantes, région du Nord-Est, p. 85.

Pinus contorta var. latifolia
PIN DE MURRAY
Voir liste des plantes, région des montagnes et des déserts, p. 144.

Pinus jeffreyi
PIN DE JEFFREY
Espèce indigène qui pousse habituellement à haute altitude dans les montagnes. Ses cônes atteignent parfois 38 cm de longueur. *Hauteur*: 18 à 60 m. Pousse au soleil, dans un sol drainé. Fruits en automne. *Type de fruit*: cône. ZONE 6.

Pinus monticola
PIN BLANC DES MONTAGNES
Voir liste des plantes, région des montagnes et des déserts, p. 144.

Pinus ponderosa
PIN PONDEROSA
Voir liste illustrée des plantes, région des plaines et des prairies, p. 123.

Pinus radiata
PIN DE MONTEREY
Espèce indigène souvent plantée dans les jardins côtiers, près de San Francisco. Produit des cônes tous les trois à cinq ans. *Hauteur*: 12 à 30 m. Pousse au soleil, dans un sol drainé. La fructification se produit après une exposition à la chaleur. *Type de fruit*: cône. ZONE 7.

Pinus sabiniana
PIN SABINE
Indigène des contreforts arides des montagnes du nord et du centre de la Californie. *Hauteur*: 12 à 24 m. Pousse au soleil, dans un sol sec, humide ou drainé. Fruits toute l'année. *Type de fruit*: cône. ZONE 8.

Pinus torreyana
PIN DE TORREY
Indigène de la côte sud de la Californie. Arbre ornemental au feuillage dense et au tronc souvent tordu. Les oiseaux terrestres de la côte y trouvent abri et nourriture. *Hauteur*: 6 à 12 m. Pousse au soleil, dans un sol drainé. Fruits toute l'année. *Type de fruit*: cône. ZONE 7.

Prunus lyonii
CERISIER CATALINA
Souvent cultivé comme arbre d'ornement. De nombreuses espèces d'oiseaux chanteurs se nourrissent volontiers de ses fruits. *Hauteur*: 4,5 à 10,5 m. Pousse au soleil, dans un sol sec ou drainé. Fruits de la fin de l'été au début de l'automne. *Type de fruit*: drupe noire ou pourpre. ZONE 8.

Pseudotsuga menziesii
SAPIN DE DOUGLAS
Voir liste des plantes, région des montagnes et des déserts, p. 144.

Quercus douglasii
CHÊNE BLEU
Espèce indigène. De nombreuses espèces d'oiseaux mangent ses glands, dont les geais. *Hauteur*: 6 à 18 m. Pousse au soleil, dans un sol sec ou drainé. Fruits toute l'année. *Type de fruit*: gland annuel. ZONE 7.

Quercus engelmannii
CHÊNE D'ENGELMANN
Ses glands nourrissent le Pigeon à queue barrée, les colins, les geais et de nombreuses autres espèces. *Hauteur*: 6 à 15 m. Pousse au soleil, dans un sol sec ou drainé. Fruits toute l'année. *Type de fruit*: gland. ZONE 7.

Thuja occidentalis
THUYA DE L'EST
Voir liste des plantes, région du Nord-Est, p. 92.

Tsuga heterophylla
PRUCHE DE L'OUEST
Voir liste des plantes, région des montagnes et des déserts, p. 144.

Tsuga mertensiana
PRUCHE DE MERTENS
Voir liste des plantes, région des montagnes et des déserts, p. 144.

Umbellularia californica
LAURIER DE CALIFORNIE
Selon les conditions de croissance, ce laurier indigène peut donner un arbre, un arbuste ou un couvre-sol rampant. Source d'alimentation du Geai de Steller et du Solitaire de Townsend. *Hauteur*: 6 à 22 m. Pousse au soleil ou à l'ombre, dans un sol humide ou drainé. Fruits en automne. *Type de fruit*: drupe. ZONE 7.

Arbres à feuillage caduc

Acer glabrum
ÉRABLE DES MONTAGNES ROCHEUSES
Voir liste des plantes, région des montagnes et des déserts, p. 144.

Acer negundo var. californicum
CALIFORNIA BOXHELDER
Arbre indigène souvent planté dans les parcs et le long des rues. Au moins quatre espèces d'oiseaux mangent ses graines, dont le Grosbec errant. *Hauteur*: 6 à 12 m. Pousse au soleil

ou à l'ombre, dans un sol sec ou humide. Fruits de l'été à la fin de l'automne. *Type de fruit:* samare. ZONE 3.

Alnus rhombifolia
AULNE BLANC
Voir liste des plantes, région des montagnes et des déserts, p. 145.

Alnus rubra
AULNE ROUGE
Espèce indigène qui pousse le long des rives des cours d'eau côtiers et sur les plaines rive-raines. Ses graines plaisent au Chardonneret jaune, au Tarin des pins, au Petit Garrot, à la Sarcelle à ailes vertes et au Canard d'Amérique. *Hauteur:* 12 à 24 m. Pousse au soleil ou à l'ombre, dans un sol humide ou drainé. Fruits de l'automne à la fin de l'hiver. *Type de fruit:* nucule dans un chaton femelle. ZONE 6.

Alnus sinuata
AULNE DE SITKA
Arbre indigène utile en terrain humide. Les oiseaux chanteurs aiment y nicher et s'y mettre à couvert. Ses graines sont une importante source d'alimentation du Tarin des pins, des chardonnerets et des sizerins. *Hauteur:* 6 à 9 m. Pousse au soleil, dans un sol humide ou drainé. Fruits en automne. *Type de fruit:* nucule dans un chaton femelle. ZONE 1.

Alnus tenuifolia
AULNE À FEUILLES MINCES
Voir liste des plantes, région des montagnes et des déserts, p. 145.

Arbutus menziesii
ARBOUSIER DE MENZIÈS
Voir liste illustrée des plantes, région de la côte du Pacifique, p. 155.

Betula papyrifer
BOULEAU À PAPIER
Voir liste des plantes, région du Nord-Est, p. 92.

Cephalanthus occidentalis
CÉPHALANTHE OCCIDENTAL
Voir liste des plantes de milieu aquatique, p. 73.

Crataegus crus-galli
AUBÉPINE ERGOT-DE-COQ
Voir liste illustrée des plantes, région des plai-nes et des Prairies, p. 122.

Crataegus phaenopyrum
AUBÉPINE DE WASHINGTON
Voir liste des plantes, région des plaines et des Prairies, p. 128.

Fraxinus oregona
OREGON ASH
Arbre qui pousse sur les rives des cours d'eau et dans les fonds de vallée humides, de la Colombie-Britannique jusqu'au sud de la Cali-fornie. Planter un sujet mâle et un sujet femelle pour obtenir une récolte de graines. Celles-ci sont l'une des nourritures préférées du Gros-bec errant. *Hauteur:* 9 à 21 m. Pousse au soleil,

dans un sol humide ou drainé. Fruits qui appa-raissent en automne et peuvent persister un an. *Type de fruit:* samare. ZONE 7.

Malus diversifolia
POMMIER DU PACIFIQUE
Indigène de la côte du Pacifique, de l'Alaska au nord de la Californie. Pousse parfois sous forme d'arbuste. La Gélinotte huppée et le Merle d'Amérique sont friands de ses fruits. De nombreuses variétés cultivées sont égale-ment disponibles. Au nombre des pommiers ornementaux et des variétés qui peuvent sup-porter le climat de l'Alaska, on compte le 'Japanese Hopa', le 'Radiant', le 'Pink Cas-cade', le 'Sparkler' et le 'Dolgo'. *Hauteur:* 3 à 9 m. Pousse au soleil, dans un sol humide ou drainé. Fruits en automne. *Type de fruit:* fruit charnu pourpre. ZONE 3.

Morus rubra
MÛRIER ROUGE D'AMÉRIQUE
Voir liste illustrée des plantes, région du Nord-Est, p. 86.

Platanus racemosa
PLATANE DE CALIFORNIE
Cet arbre indigène pousse le long des cours d'eau et sur les plaines inondables adjacentes, dans le centre et le sud de la Californie. Les chardonnerets sont friands de ses graines. *Hauteur:* 12 à 27 m. Pousse au soleil, dans un sol drainé ou humide. Fruits de l'automne à la fin de l'hiver. *Type de fruit:* akène. ZONE 10.

Populus balsamifera
PEUPLIER BAUMIER
Voir liste des plantes, région du Nord-Est, p. 93.

Populus fremontii
PEUPLIER DE FRÉMONT
Voir liste des plantes, région des montagnes et des déserts, p. 145.

Populus tremuloides
PEUPLIER FAUX-TREMBLE
Voir liste des plantes, région du Nord-Est, p. 93.

Populus trichocarpa
PEUPLIER DE L'OUEST
Essence indigène qui tolère bien le sel. Ses fruits nourrissent au moins dix espèces, dont le Gros-bec errant et le Roselin pourpré. *Hau-teur:* 30 m maximum. Pousse au soleil, dans un sol humide, sableux ou graveleux. Fruits au printemps. *Type de fruit:* capsule. ZONE 5.

Prunus emarginata
CERISIER AMER
Voir liste des plantes, région des montagnes et des déserts, p. 145.

Quercus garryana
CHÊNE DE GARRY
Indigène. *Hauteur:* 10,5 à 18 m. Pousse au soleil, dans un sol sec ou drainé. Fruits toute l'année. *Type de fruit:* gland. ZONE 7.

Quercus lobata
CHÊNE BLANC DE CALIFORNIE
Les glands de cet arbre indigène sont une source de nourriture importante pour le Pigeon à queue barrée, le Pic de Lewis et le Faisan de Colchide. Ce chêne pousse souvent sous forme d'arbuste. *Hauteur:* 12 à 38 m. Pousse au soleil ou à l'ombre, dans un sol sec ou drainé. Fruits en automne. *Type de fruit:* gland annuel. ZONE 9.

Salix scouleriana
SAULE DE SCOULER
Essence indigène utile pour stabiliser les rives des cours d'eau sur les vastes propriétés. Au moins 23 espèces, en particulier les tétras et les colins, mangent ses bourgeons naissants et ses tendres ramilles. *Hauteur:* 1,2 à 9 m. Pousse au soleil, dans un sol sec, humide ou drainé. Fruits en été. *Type de fruit:* capsule. ZONE 6.

Sorbus americana
SORBIER D'AMÉRIQUE
Voir liste illustrée des plantes, région du Nord-Est, p. 84.

Sorbus aucuparia
SORBIER DES OISELEURS
Voir liste des plantes, région du Nord-Est, p. 94.

ARBUSTES À FEUILLAGE PERSISTANT

Acacia greggii
CATCLAW ACACIA
Voir liste des plantes, région des montagnes et des déserts, p. 145.

Arctostaphylos manzanita
PARRY MANZANITA
Cet arbuste indigène pousse, tout comme une autre espèce (*A. densiflora*), le long de la côte californienne et sur les montagnes côtières du sud de la Californie. Ses fruits nourrissent au moins huit espèces, dont le Geai à gorge blanche, le Pigeon à queue barrée, le Bruant fauve, la Cama brune et le Moqueur polyglotte. *Hauteur:* 3,6 à 4,5 m. Se cultive au soleil, dans un sol sec ou drainé. Fruits toute l'année. *Type de fruit:* baie rouge. ZONE 7.

Atriplex hymenelytra
DESERT HOLLY
Voir liste des plantes, région des plaines et des Prairies, p. 129.

Atriplex lentiformis subsp. *brewerii*
BREWER SALTBUSH
Cet arbuste indigène à feuillage semi-persistant tolère le sel. Il offre un excellent couvert dans les habitats secs et, en le taillant, on obtient un brise-vent ou une haie efficace. *Hauteur:* 0,3 à 1,5 m. Se cultive au soleil, dans un sol sec. Fruits au début de l'automne. *Type de fruit:* akène. ZONE 8.

Atriplex polycarpa
DESERT SALTBUSH
Arbuste indigène à feuillage semi-persistant qui offre un excellent couvert. Planter un sujet mâle et un sujet femelle. *Hauteur*: 1,8 m maximum. Étalement maximal de 1,8 m. Pousse au soleil, dans un sol sec. *Type de fruit*: akène. ZONE 5.

Isomeris arborea
BLADDERBUSH
Cette essence indigène à feuillage semi-persistant pousse généralement en sol alcalin. Procure un bon couvert toute l'année. Étalement maximal de 1,8 m. *Hauteur*: 2 m maximum. Se cultive au soleil, dans un sol argilo-sableux. Fruits de l'été à la fin de l'automne. *Type de fruit*: capsule. ZONE 9.

Juniperus chinensis
GENÉVRIER DE CHINE
Voir liste des plantes, région du Nord-Est, p. 94.

Lycium andersonii
ANDERSON WOLFBERRY
Voir liste des plantes, région des montagnes et des déserts, p. 147.

Mahonia nervosa
MAHONIA NERVÉ
Cet arbuste indigène forme des fourrés denses et bas qui procurent un excellent couvert. Peu sujet à la rouille noire de la tige. *Hauteur*: 0,6 m maximum. Pousse au soleil ou à l'ombre, dans un sol sec ou drainé. Fruits à la fin de l'été. *Type de fruit*: baie. ZONE 6.

Myrica californica
CIRIER DE CALIFORNIE
Grand arbuste ou petit arbre. Essence indigène touffue, à feuillage persistant vert foncé et lustré. Souvent planté en isolé ou taillé en haie. Les nucules pourpres cireuses apparaissent en été et demeurent sur l'arbre tout l'hiver, jusqu'à l'été suivant. Elles constituent une importante source d'alimentation pour de nombreuses espèces, dont le Pic flamboyant, l'Hirondelle bicolore, la Mésange à dos marron, la Cama brune, la Paruline à croupion jaune et les tohis. *Hauteur*: 3 à 10 m. Se cultive au soleil, dans un sol humide ou sableux. *Type de fruit*: nucule pourpre. ZONE 8.

Opuntia sp.
OPUNTIA
Voir liste illustrée des plantes, région des montagnes et des déserts, p. 142.

Prunus ilicifolia
CERISIER À FEUILLES DE HOUX
Connu également sous son nom amérindien, « Islay ». Résiste à la sécheresse et aux incendies. Ce cerisier se couvre de petites fleurs blanches au printemps et produit des fruits sucrés rouge foncé ou pourpres qui persistent souvent jusqu'au début de l'hiver. Ceux-ci nourrissent de nombreuses espèces, dont le Pic chevelu, le Geai à gorge blanche et la Grive à

dos olive. Les oiseaux nichent en toute sécurité à l'abri de son feuillage dense. *Hauteur*: 1,8 à 7,6 m. Pousse au soleil dans un sol sableux, argileux ou argilo-sableux. Fruits à la fin du printemps. *Type de fruit*: baie. ZONE 7.

Rhamnus californica
NERPRUN DE CALIFORNIE
Arbuste indigène aussi appelé « arbre à café ». Source d'alimentation d'au moins sept espèces, dont le Pigeon à queue barrée. *Hauteur*: 2,4 m maximum. Pousse au soleil, dans un sol sec. Fruits au début de l'automne. *Type de fruit*: drupe. ZONE 7.

Rhus aromatica
SUMAC AROMATIQUE
Voir liste des plantes, région des montagnes et des déserts, p. 146.

Rhus integrifolia
SUMAC LIMONADE
Arbuste indigène aux feuilles épaisses et persistantes qui produit une ombre dense. Tolère le sel, la chaleur extrême et la sécheresse. Au moins six espèces se nourrissent de ses fruits, dont la Cama brune. *Hauteur*: 9 m maximum. Pousse au soleil, dans un sol sec ou drainé. Fruits à la fin de l'été. *Type de fruit*: drupe rouge. ZONE 9.

Rhus laurina
LAUREL SUMAC
Arbuste indigène à feuilles épaisses et persistantes qui donne une ombre dense. Tolère le sel, la chaleur extrême et la sécheresse. Au moins six espèces se nourrissent de ses fruits. *Hauteur*: 3 à 6 m. Se cultive au soleil, dans un sol sec ou drainé. Fruits au début de l'automne. *Type de fruit*: drupe rouge. ZONE 9.

Ribes aureum
GROSEILLIER DORÉ
Voir liste illustrée des plantes, région des montagnes et des déserts, p. 140.

Rubus parviflorus
RONCE PARVIFLORE
Voir liste illustrée des plantes, région des montagnes et des déserts, p. 141.

Symphoricarpos albus
SYMPHORINE BLANCHE
Voir liste illustrée des plantes, région des plaines et des prairies, p. 126.

Vaccinium ovatum
CALIFORNIA HUCKLEBERRY
Arbuste indigène qui constitue une source d'alimentation importante du Tétras sombre et de nombreuses espèces d'oiseaux chanteurs. Au moins 87 autres espèces mangent ses fruits. *Hauteur*: 3 m maximum. Pousse au soleil ou à l'ombre, dans un sol humide ou drainé. Fruits à la fin de l'été. *Type de fruit*: baie noire. ZONE 7.

ARBUSTES À FEUILLAGE CADUC

Amelanchier alnifolia
AMÉLANCHIER À FEUILLES D'AULNE
Amélanchier rustique dont la forme varie selon la composition et l'humidité du sol. En terrain riche et humide, il forme des fourrés denses. En sol dur et sec, il acquiert souvent un port prostré. Ses fleurs blanches odorantes apparaissent au début de l'été et sont suivies de fruits juteux. *Hauteur*: 1,8 à 3,6 m. Pousse au soleil ou à l'ombre. *Type de fruit*: fruit charnu noir-pourpre. ZONE 6.

Amelanchier florida
AMÉLANCHIER DE L'OUEST
Arbuste indigène qui est une source d'alimentation importante pour au moins dix espèces d'oiseaux de l'ouest, dont le Pic flamboyant, le Roselin familier, le Jaseur d'Amérique, le Tangara à tête rouge, le Gros-bec errant et le Cardinal à tête noire. *Hauteur*: 1 à 6 m. Pousse au soleil, dans un sol sec ou dans un sol humide mais bien drainé. Fruits à la fin de l'été. *Type de fruit*: fruit charnu bleu. ZONE 2.

Cornus glabrata
BROWN DOGWOOD
Voir liste des plantes, région des montagnes et des déserts, p. 146.

Cornus sessilis
CORNOUILLER SESSILE
Voir liste des plantes, région des montagnes et des déserts, p. 146.

Cornus stolonifera
CORNOUILLER STOLONIFÈRE
Voir liste illustrée des plantes, région du Nord-Est, p. 90.

Osmaromia cerasiformis
INDIAN PLUM OSOBERRY
De nombreuses espèces raffolent des fruits de cet arbuste indigène. *Hauteur*: 3,6 m maximum. Pousse à l'ombre, dans un sol bien drainé. Fruits à la fin de l'été. *Type de fruit*: drupe noir-pourpre. ZONE 4.

Prunus virginiana
CERISIER DE VIRGINIE
Voir liste des plantes, région des plaines et des Prairies, p. 124.

Rhamnus purshiana
CASCARA
Ce petit arbre ou arbuste est bien connu pour les vertus médicinales de son écorce. Ses baies juteuses plaisent à de nombreuses espèces, dont le Gros-bec errant, le Roselin pourpré, le Grand Pic, le Geai de Steller, le Merle d'Amérique et le Tangara à tête rouge. *Hauteur*: 6 à 12 m. Pousse au soleil, dans un sol riche et humide. Fruits à la fin de l'été. *Type de fruit*: baie noire. ZONE 7.

Rosa californica
CALIFORNIA ROSE
Arbuste indigène à fleurs roses qui procure un bon couvert et nourrit la Gélinotte huppée, le Tétras sombre, la Grive à dos olive, le Solitaire de Townsend, le Faisan de Colchide, les merlebleus et probablement d'autres espèces. *Hauteur :* 3 m maximum. Pousse au soleil, dans un sol sec ou drainé. Fruits à l'automne. *Type de fruit :* cynorhodon rouge. ZONE 6.

Rosa gymnocarpa
ROSIER NAIN
Cet arbuste indigène à feuillage caduc produit des fleurs roses et offre refuge et nourriture à de nombreuses espèces. *Hauteur :* 0,9 m maximum. Se cultive au soleil, dans un sol sec ou drainé. Fruits en automne. *Type de fruit :* cynorhodon rouge. ZONE 6.

Rosa rugosa
ROSIER RUGUEUX
Voir liste des plantes, région du Nord-Est, p. 96.

Rubus leucodermis
WHITEBARK RASPBERRY
Voir liste des plantes, région des montagnes et des déserts, p. 147.

Rubus macropetalus
CALIFORNIA BLACKBERRY
Arbuste indigène grimpant ou buissonnant dont les fruits sont très appréciés d'au moins douze espèces d'oiseaux. *Hauteur :* 1,8 m maximum. Pousse au soleil, dans un sol sec, humide ou drainé. Fruits à la fin de l'été. *Type de fruit :* drupéoles noires. ZONE 8.

Rubus spectabilis
RONCE REMARQUABLE
Arbuste indigène dont se nourrissent le Merle d'Amérique, le Jaseur d'Amérique, le Durbec des sapins, le Cardinal à tête noire, le Pigeon à queue barrée, les carouges et les quiscales. *Hauteur :* 1,8 m maximum. Pousse au soleil, dans un sol sec. Fruits en été. *Type de fruit :* drupéoles jaunes ou rouges. ZONE 6.

Sambucus caerulea
SUREAU BLEU
Voir liste illustrée des plantes, région des montagnes et des déserts, p. 139.

Sambucus callicarpa
SUREAU ROUGE DU PACIFIQUE
Arbuste indigène qui produit une profusion de fruits dont se nourrissent au moins huit espèces, dont le Colin de Californie, le Merle d'Amérique et la Grive à dos olive. *Hauteur :* 6 m maximum. Pousse au soleil ou en situation partiellement ensoleillée, dans un sol riche, humide ou drainé. Fruits de la fin de l'été au début de l'hiver. *Type de fruit :* baie rouge. ZONE 8.

Sambucus melanocarpa
SUREAU ARBORESCENT
Voir liste des plantes, région des plaines et des Prairies, p. 130.

Seriphidium tridentatum
BIG SAGEBUSH
Voir liste des plantes, région des montagnes et des déserts, p. 147.

Shepherdia argentea
SHÉPHERDIE ARGENTÉE
Voir liste illustrée des plantes, région de la côte du Pacifique, p. 157.

Sorbus occidentalis
ALPINE MOUNTAINASH
Voir liste des plantes, région des montagnes et des déserts, p. 147.

Sorbus scopulina
GREEN MOUNTAINASH
Voir liste des plantes, région des montagnes et des déserts, p. 147.

Symphoricarpos oreophilus
MOUNTAIN SNOWBERRY
Voir liste des plantes, région des montagnes et des déserts, p. 148.

Symphoricarpos rotundifolius
ROUNDLEAF SNOWBERRY
Voir liste des plantes, région des montagnes et des déserts, p. 148.

PLANTES GRIMPANTES

Lonicera ciliosa
ORANGE HONEYSUCKLE
Voir liste des plantes, région des plaines et des Prairies, p. 130.

Lonicera hispidula
PINK HONEYSUCKLE
Plante grimpante indigène à feuillage persistant qui devient parfois un petit arbuste de 3,6 m. Fleurs blanches ou pourpres. Ses fruits nourrissent le Solitaire de Townsend, le Merle d'Amérique, la Cama brune et les tohis. Pousse au soleil, dans un sol sec ou drainé. Les fruits apparaissent en été et persistent tout l'hiver. *Type de fruit :* baie rouge. ZONE 7.

Smilax californica
CALIFORNIA GREENBRIER
Plante grimpante indigène, à rameaux lisses ou épineux, qui s'étend souvent par rhizome. Ses fruits servent de nourriture au Merle d'Amérique, à la Grive à dos olive et à plusieurs espèces de moqueurs, dont le Moqueur polyglotte. Pousse au soleil ou à l'ombre, dans un sol humide ou drainé. Fruits de l'été à la fin de l'automne. *Type de fruit :* baie. ZONE 7.

Vitis californica
CALIFORNIA GRAPE
Les fruits de cette grande vigne indigène sont un mets de choix pour de nombreuses espèces, dont le Moqueur polyglotte, la Cama brune, le Merlebleu de l'Ouest et le Jaseur d'Amérique. Pousse au soleil, dans un sol humide ou drainé. Fruits de l'été à la fin de l'automne. *Type de fruit :* baie pourpre. ZONE 7.

COUVRE-SOLS

Arctostaphylos nevadensis
PINE-MAT MANZANITA
Plante indigène à feuillage persistant qui forme un tapis parsemé de fleurs blanches et de fruits qui demeurent longtemps sur la plante. Le Pigeon à queue barrée, les tétras et les geais y trouvent de quoi se nourrir jusque dans le courant de l'hiver. Pousse au soleil, dans un sol sec ou drainé. Fruits de l'été au début de l'automne. *Type de fruit :* baie rouge. ZONE 7.

Arctostaphylos uva-ursi
RAISIN D'OURS
Voir liste illustrée des plantes, région du Nord-Est, p. 91.

Cornus canadensis
CORNOUILLER DU CANADA
Voir liste illustrée des plantes, région des montagnes et des déserts, p. 143.

Fragaria bracteata
WOOD STRAWBERRY
Herbacée vivace indigène qui pousse dans les prairies et les boisés dégagés et secs. Au moins neuf espèces d'oiseaux consomment les fruits de cette plante, dont le Jaseur d'Amérique, la Gélinotte huppée, le Bruant chanteur, le Merle d'Amérique, le Durbec des sapins et le Cardinal à tête rouge. Pousse au soleil ou dans un endroit partiellement ensoleillé, dans un sol sec, humide ou drainé. Fruits en été. *Type de fruit :* baie rouge. ZONE 5.

Fragaria californica
CALIFORNIA STRAWBERRY
Au moins sept espèces consomment les fruits de ce fraisier, dont le Colin de Californie, le Moqueur polyglotte, le Tohi de Californie, le Merle d'Amérique et le Cardinal à tête noire. Se cultive au soleil, dans un sol humide ou drainé. Fruits du printemps au début de l'été. *Type de fruit :* baie rouge. ZONE 7.

Gaultheria humifusa
GAULTHÉRIE ALPESTRE
Voir liste des plantes, région des montagnes et des déserts, p. 148.

Mitchella ripens
MITCHELLA RAMPANT
Voir liste des plantes, région du Nord-Est, p. 97.

Rosa spithamea
GROUND ROSE
Plante indigène qui pousse sous forme de buisson bas et offre un bon couvert et une bonne source d'alimentation aux oiseaux qui se nourrissent au sol. Se cultive au soleil, dans un sol sec ou drainé. Fruits toute l'année. *Type de fruit :* cynorhodon rouge. ZONE 7.

Vaccinium uliginosum
AIRELLE DES MARÉCAGES
Voir liste des plantes, région du Nord-Est, p. 97.

GRAMINÉES ET MAUVAISES HERBES UTILES

LES PLANTES SAUVAGES comptent parmi les plus importantes sources d'alimentation des oiseaux. Pour favoriser leur croissance et attirer les oiseaux, aménagez dans votre jardin un coin de plantes sauvages *(voir page 26)*. Par définition, une mauvaise herbe n'est qu'une plante qui pousse là où elle ne le devrait pas. La plupart sont très discrètes, tenaces et très prolifiques. On peut qualifier ces plantes, qui se sont adaptées au piétinement, à l'arrachage et aux herbicides, de « survivantes ». Les arracher rend habituellement le sol plus propice à la repousse de la génération suivante.

Vous comprendrez mieux à quel point les mauvaises herbes attirent les oiseaux si vous en laissez monter en graines dans un coin isolé de votre jardin ou si vous laissez à nu une petite

EUPHORBE À FEUILLES DE THYM

Croton sp.

L'Euphorbe à feuilles de thym est une source d'alimentation très importante des oiseaux des prairies et des États du sud. C'est la nourriture préférée de la Tourterelle triste, de la Colombe à queue noire et de la Tourterelle à ailes blanches. Ses graines sont également appréciées du Colin de Virginie, du Cardinal rouge et de nombreuses autres espèces d'oiseaux qui se nourrissent au sol. La plupart des crotons sont des plantes annuelles, mais certaines variétés sont vivaces. Pousse en plein soleil, dans un sol bien drainé. Hauteur : 0,6 à 1,2 m. Rustique. Zones 5 à 9.

RENOUÉE CAMPANULÉE

Polygonum campanulatum

Ce membre de la famille des renouées, groupe diversifié de plantes d'habitat humide, convient très bien comme plante annuelle herbacée de bordure. Étalement jusqu'à 0,9 m. Feuilles pointues vertes et douces et panicules mesurant de 5 à 7 cm, composées de petites fleurs roses en clochettes qui fleurissent du début de l'été à la fin de l'automne. Très appréciée de nombreuses espèces qui se nourrissent au sol et d'au moins 39 autres espèces. Pousse au soleil ou à l'ombre, dans un sol humide. Hauteur : 0,9 m maximum. Rustique. Zones 1 à 9.

RENOUÉE

Polygonum milettii

Cette plante de la famille des renouées fait un bon couvre-sol et forme de gros massifs quand elle est plantée à proximité d'autres renouées. Ses feuilles étroites vert foncé et ses épis de fleurs d'un riche écarlate qui durent tout l'été en font une plante très appréciée des espèces qui se nourrissent au sol, dont le Roselin brun, le Bruant lapon, le Bruant à joues marron et le Bruant à couronne blanche. Au moins 39 autres espèces mangent ses graines. Pousse au soleil ou à l'ombre, dans un sol humide. Hauteur : 0,6 m maximum. Rustique. Zones 1 à 9.

superficie de terrain au fond de la propriété. Les graines dormantes naturellement présentes dans le sol vous donneront bientôt une récolte de plantes dont les graines plaisent aux oiseaux : amarante, sétaire, ambroisie, chou gras et de nombreuses autres variétés indigènes du secteur. Les oiseaux suivront.

La quantité de graines produites par les mauvaises herbes est de beaucoup supérieure à la quantité de graines commerciales disponibles dans les mangeoires de nos jardins. Les mauvaises herbes sont incontestablement la base de l'alimentation des granivores les plus communs, comme le Junco ardoisé, le Tarin des pins, le Bruant hudsonien, le Carouge à épaulettes, le Chardonneret jaune et la Sittelle à poitrine rousse. Quand nous serons plus conscients de l'importance des mauvaises herbes pour les oiseaux, il est probable que nous serons plus tolérants envers ces plantes abondantes et utiles. Plantez quelques-unes des espèces ci-dessous et vous verrez que le nombre et la variété des oiseaux qui fréquentent votre jardin augmenteront.

PANIC CAPILLAIRE
Panicum capillare

Au moins 160 variétés de cette plante poussent en Amérique du Nord. Illustré ci-dessus, le panic capillaire, plante annuelle à feuilles larges et à tiges duveteuses qui forme des touffes. Importante source d'alimentation des oiseaux qui se nourrissent au sol. Au moins 61 espèces mangent ses graines, dont le Colin de Virginie, le Carouge à épaulettes, le Vacher à tête brune, le Guiraca bleu, le Bruant à joues marron, le Bruant des plaines et le Bruant à couronne blanche. Pousse en plein soleil, dans un sol humide. Hauteur : 0,6 à 0,9 m. Rustique. Zones 1 à 9.

RUMEX PETITE-OSEILLE
Rumex acetosella

Plante courte, de la famille des rumex, qui a été importée d'Europe. Elle propage ses graines au moyen de rhizomes rampants vivaces. Les oiseaux l'aiment pour ses graines. Au moins 29 espèces s'en nourrissent, dont de nombreuses espèces de gibier à plume et d'oiseaux chanteurs. C'est aussi une bonne source de nourriture du Carouge à épaulettes, du Sizerin blanchâtre, du Bruant chanteur, du Bruant hudsonien et du Bruant à ailes blanches. Pousse en sol acide, peu fertile. Hauteur : 30 cm. Rustique. Zones 1 à 9.

TOURNESOL
Helianthus sp.

Les variétés cultivées produisent l'une des plus importantes sources de nourriture des oiseaux. C'est aussi une bonne plante annuelle à utiliser comme écran ou comme haie temporaire. Le Tournesol commun est très prolifique. Il a des feuilles en forme de cœur et souvent une seule fleur en forme de marguerite de 35 cm de diamètre. Les mésanges et les sittelles préfèrent les graines de tournesol à toute autre graine. Au moins 43 autres espèces d'oiseaux les consomment également. Pousse au soleil ou dans un endroit partiellement ensoleillé, dans un sol bien drainé. Hauteur : 1 à 3 m. Zones 5 à 8.

SOURCES DES PLANTES

Le code qui figure sous le nom de la plante renvoie à la pépinière où l'on peut se procurer la plante.

Abutilon megapotamicum
ABUTILON DU RIO GRANDE
LG

Acer saccharum
ÉRABLE À SUCRE
BS, TE, MI, WI

Aesculus pavia
PAVIER ROUGE
CG, AF

Ajuga reptans
BUGLE RAMPANT
CG, KB

Amelanchier arborea
AMÉLANCHIER ARBRE
FF, SC

Andropogon scoparius
SCHIZACHYRIUM À BALAIS
WN

Arbutus menziesii
ARBOUSIER DE MENZIÈS
TP, CS

Arctostaphylos
MANZANITA
CV

Arctostaphylos uva-ursi
RAISIN D'OURS
EP, FF, EG, LP

Buddleia davidii
BUDDLEIA DE DAVID
CG, FF, EG

Caesolpinia gilliesii
OISEAU-DE-PARADIS
CS

Callicarpa americana
AMERICAN BEAUTYBERRY
AP, EE, FS, TN

Campsis radicans
JASMIN TROMPETTE DE VIRGINIE
AP, EE, FS, GI, CM

Carya ovata
CARYER À NOIX DOUCES
MI, FF, BR

Ceanothus sp.
LILAS DE CALIFORNIE
EG

Celtis laevigata
MICOCOULIER LISSE
FF, AP, EE, TN, SI

Celtis occidentalis
MICOCOULIER OCCIDENTAL
FF, BS, TE, MI

Cephalanthus occidentalis
CÉPHALANTHE OCCIDENTAL
TN, SI, LF, GI, FS

Chilopsis linearis
CHILOPSIS À FEUILLES LINÉAIRES
LP, CS

Cornus alternifolia
CORNOUILLER À FEUILLES ALTERNES
AF, FF, MN, BS

Cornus canadensis
CORNOUILLER DU CANADA
FF, CG, EP

Cornus florida
CORNOUILLER DE FLORIDE
FF, MI, CG, CM

Cornus nuttallii
CORNOUILLER DE NUTTALL
FF, CS, BR, EG

Cornus racemosa
CORNOUILLER À GRAPPES
FF, MN, WI, AF, EG

Cornus stolonifera
CORNOUILLER STOLONIFÈRE
FF, EG, VN, MN

Cotoneaster franchettii
COTONÉASTER DE FRANCHET
SC

Cotoneaster horizontalis
COTONÉASTER HORIZONTAL
FF, CS, EG

Crataegus crus-galli
AUBÉPINE ERGOT-DE-COQ
FF, MN, WI, VN

Crataegus laevigata
ÉPINE ROUGE
CG, MI, MN

Crataegus phaenopyrum
AUBÉPINE DE WASHINGTON
FF, MI, WI, MN, CS

Diospyros virginiana
PLAQUEMINIER DE VIRGINIE
AP, EE, GI, LF, SI

Encelia farinosa
BRITTLEBUSH
LP, TP, CS, MS

Forestiera neomexicana
DESERT OLIVE
FF, LP

Fouquiera splendens
OCOTILLO
SW

Fragaria sp.
FRAISIER
FF, CV, CG, LP

Gaultheria procumbens
GAULTHÉRIE COUCHÉE
FF, CG, MI, CM

Gaultheria shallon
SALAL
FF, LP, TP, CM

Heteromeles arbutifolia
TOYON
FF, LP, CS, EG

Heuchera sp.
CORALBELL
EG, FF, CG

Ilex decidua
APALANCHE D'AMÉRIQUE
EE, SI

Ilex glabra
HOUX GLABRE
FS, TN, LF, GI

Ilex opaca
HOUX TOUFFU
EE, LF

Ilex verticillata
HOUX VERTICILLÉ
CG, FF

Ilex vomitoria
APALACHINE
AN, AP, EE, FS, LF

Juniperus communis
GENÉVRIER COMMUN
FF, MI, VN

Juniperus horizontalis
GENÉVRIER HORIZONTAL
CG, MI, MN

Juniperus scopulorum
GENÉVRIER DES ROCHEUSES
FF, AL, CG

Juniperus virginiana
GENÉVRIER DE VIRGINIE
FF, EG, MI

Justicia brandegeana
CARMANTINE
LG

Lantana sp., var.
'Spreading Sunset'
LANTANA
MN

Lantana montevidensis
LANTANA
LG

Lindera benzoin
BENJOIN OFFICINAL
FF, MI, CG

Liquidambar styraciflua
LIQUIDAMBAR D'AMÉRIQUE
SI, LF, GI, EE, TN

Lonicera involucrata
CHÈVREFEUILLE INVOLUCRÉ
FF, LP

Lonicera sempervivens
CHÈVREFEUILLE DE VIRGINIE
AN, EE, FS, GI, LF

Lycium sp.
LYCIET
MS

Magnolia grandiflora
MAGNOLIA À GRANDES FLEURS
AN, EE, FS, AP

Mahonia aquifolium
MAHONIA À FEUILLES DE HOUX
CG, MI, FF, TP, CS

Mahonia pinnata
MAHONIA
YA, YB

Malus sp.
(variétés à petits fruits)
POMMETIER
FF, CG, BS

Malus sargentii
POMMETIER DE SARGENT
CG, WI, MN, FF, AF

Morus rubra
MÛRIER ROUGE D'AMÉRIQUE
FF, CM

Myrica pensylvanica
CIRIER DE PENNSYLVANIE
FF, EG, AF, MI

Nyssa sylvatica
TOUPÉLO
TN, SI, AN, FS, GI

Opuntia sp.
OPUNTIA
CG, TP

Physocarpus opulifolius
PHYSOCARPE À FEUILLES D'OBIER

FF, BS, CG, WI

Picea pungens
ÉPINETTE DU COLORADO
WI, MI, AL, TE

Pinus ponderosa
PIN PONDEROSA
FF, TP, LP, VN, MI

Pinus taeda
PIN À ENCENS
AN, EE, LF, SI, TN

Prosopis juliflora
MESQUITE
TP, CS, MS

Prunus americana
PRUNIER D'AMÉRIQUE
BS, MN, FS

Prunus serotina
CERISIER TARDIF
FF, EG, VN, MN

Prunus virginiana
CERISIER DE VIRGINIE
WI, FF

Pyracantha coccinea
PYRACANTHA
MI, CS, CG, FF

Quercus agrifolia
CHÊNE VERT DE CALIFORNIE
FF, LP, CS, EG

Quercus alba
CHÊNE BLANC
FF, AF, TE, MI, WI

Quercus laurifolia
CHÊNE À FEUILLES DE
LAURIER
TN, FS, AP, EE

Rhus aromatica
SUMAC AROMATIQUE
FF, WI, MN

Rhus ovata
SUGAR BUSH
LP, CS, TP, EG

Rhus typhina
SUMAC VINAIGRIER
FF, MN, TE, BS

Ribes aureum
GROSEILLIER DORÉ
VN, AL, BC, LP, EG

Ribes sanguineum
GROSEILLIER SANGUIN
LP, EG, CM

Rosa sp.
ROSIER
FF, EG

Rubus parviflorus
RONCE PARVIFLORE
CV, FF, BC

Sabal minor
PALMIER NAIN
AN, TN, SI, LF, GI

Salvia greggii
RED SAGE
EG, LG, MS

Sambucus caerulea
SUREAU BLEU
FF, VN, BC, LP, BR

Sambucus canadensis
SUREAU BLANC
FF, MI, LP

Sambucus racemosa
SUREAU À GRAPPES
FF, BC, AL

Sassafras albidum
LAURIER-SASSAFRAS
AN, SI, AF, MI

Shepherdia argentea
SHÉPHERDIE ARGENTÉE
FF, MI, TE, MN, VN

Sorbus americana
SORBIER D'AMÉRIQUE
AF, AL, MN, MI, TE

Sorbus sitchensis
SORBIER DE SITKA
FF

Symphoricarpos albus
SYMPHORINE BLANCHE
FF, MI, CG, VN, LP

Symphoricarpos orbiculatus
SYMPHORINE À FEUILLES
RONDES
FF, CG

Thuja plicata
THUYA GÉANT
FF, LP, TP, CM

Vaccinium corymbosum
AIRELLE EN CORYMBE
EE, TN

Vaccinium vitis-idaea
AIRELLE VIGNE-D'IDA
FF, MI, CM

Viburnum dentatum
VIORNE DENTÉE
FF, MI, WI, CS

Viburnum lentago
ALISIER
FF, VN, WI, MN

Viburnum trilobum
VIORNE TRILOBÉE
VN, MN, BS, TE, AL

Weigela florida
WEIGELA
CG, MN, FF

Zauschneria californica
CALIFORNIA FUCHSIA
FF, EG, MS

PÉPINIÈRES
(COMMANDES POSTALES)

Code

AP AMERICAN NATIVE
PRODUCTS
PO Box 2703
3455 Johns Road-Scottsmoor
Titusville, FL 32781
407-383-1967

AN APALACHEE NATIVE
NURSERY
Route 3, Box 156
Monticello, FL 32344
904-997-8976

AF ARBORVILLAGE FARM
NURSERY
PO Box 227
Holt, MO 64048
816-264-3911

AL AUBIN NURSERIES, LTD.
Box 1089, Carman
Manitoba R0G 0J0
Canada
204-745-6703

BS BERGESON NURSERY
Route 1, Box 184
Fertile, MN 56540
218-945-6988

KB BLUEMEL, KURT, INC.*
2740 Greene Lane
Baldwin, MD 21013
410-557-7229

BR BURNT RIDGE NURSERY
432 Burnt Ridge Road
Onalaska, WA 98570
206-985-2873

CG CARROLL GARDENS*
444, East Main St., PO Box 310
Westminster, MD 21158
410-848-5422

CS CARTER SEEDS
(GROSSISTE)
475 Mar Vista Drive
Vista, CA 92083
800-872-7711

CM CLOUD MOUNTAIN
NURSERY
6906 Goodwin Road
Everson, WA 98247
360-966-5859

CV COLVOS CREEK FARM
PO Box 1512
Vashon, WA 98070
206-441-1509

EG CORNFLOWER FARMS,
INC.
PO Box 896
Elk Grove, CA 95759
916-689-1015
916-689-1968 (téléc.)

EE ENVIRONMENTAL
EQUITIES, INC.
12515 Denton Ave.
Hudson, FL 34667
813-862-3131

FS FLORIDA SCRUB
GROWERS
730 Myakka Road
Sarasota, FL 34240
813-322-1915

FF FORESTFARM*
990 Tetherow Road
Williams, OR 97544
503-846-6963

GI GREEN IMAGES
1333 Taylor Creek Road
Christmas, FL 32709
407-568-1333

LP LAS PILITAS NURSERY*
Star Route BX 23X
Las Pilitas Road
Santa Margarita, CA 93453
805-438-5992

LG LOGEE'S GREENHOUSES*
141 North St.
Danielson, CT 06239
203-774-8038

LF THE LINER FARM, INC.
PO Box 701369
4020 Parkard Ave.
Saint Cloud, FL 33770-1369
407-892-1484

MN MCKAY NURSERY CO.*
PO Box 185
Waterloo, WI 53594
414-478-2121

MI MELLINGER'S INC.
2310 W. South Range Road
North Lima, OH 44452
216-549-9861

MN MONROVIA NURSERY
CO. (GROSSISTE)*
18331 E. Foothill Blvd.
Azusa, CA 91702
818-334-9321

MS MOUNTAIN STATES
NURSERY (GROSSISTE)
PO Box 33982
Phoenix, AZ 85067
602-247-8509

N THE NATIVES
2929 JB Carter Road
Davenport, FL 33837
813-422-6664

SC SCHUMACHER F.W. CO.
INC. (GROSSISTE)
36 Spring Hill Road
Sandwich, MA 02563
508-888-0659

SW SOUTHWESTERN
NATIVE SEEDS*
PO Box 50503
Tucson, AZ 85703

SI SUPERIOR TREES, INC.
PO Box 9225
US Highway 90 East
Lee, FL 32059
904-971-5159

TE TEC
PO Box 539
Osseo, MN 55369

TP THEODORE PAYNE
FOUNDATION
10459 Tuxford Street
Sun Valley, CA 91352
818-768-1802

VN VALLEY NURSERY
PO Box 4845
2801 N. Montana Ave.
Helena, MT 59604
406-442-8460

WI WEILER, ARTHUR, INC.
12247 Russell Road
Zion, IL 60099
708-746-2393

YA YA-KA-AMA NATIVE
PLANTS
6215 Eastside Road
Forestville, CA 95436
707-887-1541

YB YERBA BUENA NURSERY
19500 Skyline Blvd.
Woodside, CA 94062
415-851-1668

WN WILDLIFE NURSERIES
INC.
PO Box 2724
Oshkosh, Wisconsin, 54903-2724
414-231-3780

* Cartes de crédit acceptées

RÉPERTOIRES DE PÉPI-NIÈRES QUI VENDENT DES PLANTES INDIGÈNES

Andersen Horticultural Library's Source List of Plants and Seeds
Excellent répertoire de 40 000 espèces de plantes disponibles par commande postale dans diverses pépinières nord-américaines.
AHL, Minnesota Landscape Arboretum 3675 Arboretum Drive, Box 39,
Chanhassen, Minnesota 55317
612-443-2440

Hortus Northwest
Répertoire format magazine de 1 000 plantes et graines d'espèces indigènes du nord-ouest du Pacifique. Publié deux fois par année.

Hortus Northwest, PO Box 955, Canby, OR 97013
503-266-7968

New England Wild Flower Society - Sources of Propagated Native Plants and Wildlife
Liste de 45 pépinières qui reproduisent au moins 30 % de leur stock de plantes indigènes ou qui prennent dans la nature au plus 5 % de ces plantes.
New England Wild Flower Society, Garden in the Woods, Hemenway Road, Framingham, MA 01701
508-877-7630

Nursery Sources for California Native Plants
Liste des plantes indigènes de la Californie et de près de 100 fournisseurs.

Department of Conservation, Publications Office, 801 K Street, MS 14-33, Sacramento, CA 95814-3529

Plant and Service Directory* Florida Native Nurseries, Inc.
Excellent répertoire des plantes indigènes et des pépinières de Floride.
PO Box 436, Melrose, FL 32666
1-800-293-5413

Taylor's Guide to Speciality Nurseries
Publié par Houghton Mifflin Company, ce guide donne la liste des pépinières spécialisées dans les commandes postales pour de nombreuses plantes difficiles à trouver.

SOURCES DES PLANTES AQUATIQUES ET DE MARÉCAGES

WILDLIFE NURSERIES, INC.
PO Box 2724
Oshkosh, WI 54903-2724

NICHE GARDENS*
Dept. AUD
1111 Dawson Road
Chapel Hill, NC 27516
919-967-0078
(catalogue : 3 $)

MARYLAND AQUATIC NURSERIES*
3427 N Furnace Road
Jarretsville, MD 21084
410-557-7615

National Audubon Society

LA SOCIÉTÉ AUDUBON

LA NATIONAL AUDUBON SOCIETY s'est donné comme MISSION de veiller à la conservation et au rétablissement des écosystèmes naturels. Elle concentre son action sur les oiseaux et les autres animaux, cherchant à assurer la diversité biologique de la terre pour le plus grand bien de tous les êtres humains.

À l'avant-garde du mouvement environnemental, AUDUBON peut compter sur 560 000 membres, 14 bureaux régionaux, un vaste réseau de sections qui couvre les États-Unis et l'Amérique latine, ainsi que sur un personnel spécialisé formé de scientifiques, de groupes de pression, d'avocats, d'analystes et d'éducateurs.

Grâce à la création de réserves fauniques, nous protégeons une superficie totale de plus de 125 000 hectares de sites naturels uniques et d'habitats essentiels pour la faune et la flore rares. Nos membres reçoivent, tous les deux mois, le magazine AUDUBON, pour lequel la société a remporté des prix. Ce magazine renferme des articles étoffés sur la faune et la nature, des rapports sur l'environne-ment, ainsi que des nouvelles et des commentaires sur la conservation. Nous publions également le mensuel *Audubon Activist*, le *Audubon Field Notes*, un journal sur les observations d'oiseaux faites à travers le continent, et le *Audubon Adventures*, bulletin bimensuel sur la nature destiné aux élèves du niveau primaire.

Nos documentaires télévisés, *World of Audubon*, présentés par Turner Broadcasting System, abordent les grands thèmes environnementaux et ont été louangés par la critique. Des livres et des logiciels permettent aux téléspectateurs d'approfondir les sujets traités.

Audubon organise chaque année de nombreux voyages vers des destinations comme l'Alaska, l'Antarctique, la Basse-Californie, les Galapagos, l'Indonésie, le Japon et la Patagonie.

Pour vous renseigner ou devenir membre de la société, téléphonez ou écrivez à :

NATIONAL AUTUBON SOCIETY Membership Dept., 700 Broadway, New York, New York 10003. Téléphone : 212-979-3000.

INDEX

REMERCIEMENTS

Je n'aurais pu rédiger cet ouvrage sans l'aide et l'encouragement de nombreuses personnes. Je remercie en particulier Donna Ramil qui, par sa patience et ses recherches approfondies, m'a aidé à réunir bon nombre des détails contenus dans ces pages. Je remercie également Lynn Bryan, de la maison The BookMaker, et Jill Hamilton, ma rédactrice chez Dorling Kindersley, pour leur méticuleuse attention aux détails et à la conception, et Christine Rista pour la recherche sur les illustrations. Mon manuscrit a également beaucoup profité des précieux commentaires de nombreux collègues qui ont revu le texte, recommandé des plantes et fait des suggestions utiles. Pour leur généreuse assistance, je remercie Bruce Barbour, Kate Beck, Norm Brunswick, Kimball Garrett, Jesse Grantham, Beth Huning, Stephen Lewis, Pete Salmansohn, Dan Savercoll, Dale Shank, Greg Starr, Tim Smith, Sara Stein et Rick Thom.

Toutes les illustrations sont d'Elizabeth Pepperwell.

PHOTOGRAPHIES
Abréviations : h = haut, c = centre, b = bas, g = gauche, d = droite

Toutes les photographies spéciales sont de Mark Gatehouse 47, 50, 51, 54

Dorling Kindersley
6, 7, 8, 10, 11, 20h, 33h, 34, 35, 36, 37, 38, 39, 41b, 44, 45, 46, 49hg, 52c, 53, 59hg, 61, 62, 63c, 65d, 66hc, 66bd, 71, 72g, 72c, 73hg, 73hc, 73bg, 73bc, 80bg, 81cg, 83cg, 84bd, 85hg, 85hc, 85bg, 85bc, 86bd, 89bd, 90bc, 98h, 98b, 101hg, 101cd, 101bg, 103hd, 105hc, 105bc, 106hg, 106bg, 107bg, 107bc, 107bd, 111bc, 116hg, 119hd, 119bd, 120hd, 120bd, 121cg, 123bg, 123bd, 124h, 124bg, 125hd, 127bg, 132hg, 138hd, 138bd, 139bg, 140bg, 141bg, 143hg, 143bg, 143bc, 152cd, 154bg, 155hd, 155bd, 158hg, 158hc, 158bc, 159hg, 159hc, 161, 166d, 167g, 167d.

Agences et photographes
Aquila N.J. Bean 81cd,101hd ; S. et B. Craig 13d ; Kevin Carlson 82hd, 152bd ; Mike Lane 119hg ; Wayne Laniken (avant-titɾe) 17, 30h, 30g, 31bd, 75bd, 78hg, 79, 80bd, 81hg, 81hd, 81bg, 81bd, 82hg, 82cd, 82bg, 82bd, 83hg, 83hd, 83bg, 99, 101g, 102hg, 102bd, 103hg, 103cg, 103bd, 116bg, 119bg, 120hg, 120bg, 134g, 134d, 135bd, 136hg, 137bg, 148hg, 148bg, 150g, 150d, 151hg, 151bd, 153bd ; Mike Wilkes 78bg, 100d, 117, 119cg, 135cg ; **Bruce Coleman Ltd.** Bob et Clara Clahoun 126bc ; John Cancalosi 57d ; Patrick Clement 15hg, 72d, 157bd ; Eric Crichton 9hg, 13g, 18, 29b, 88hg, 166c ; Peter Davey 166g ; Sir Jeremy Grayson 9hd ; Stephen J. Krasemann 140bd ; Joy Langsbury 86bg ; John Markham 167c ; Dr. Scott Nielson 83bd ; Hans Reinhard 2, 64 ; Leonard Lee Rue 55g ; 106hc ; Frieder Sauer 65g, 73bd ; John Shaw 55d, 87bg ; Konrad Wothe 15d ; **Mike Dirr** 89bc, 108bd, 109hc, 109bc, 160hd ; **Christine Douglas** 89hg ; **Earth Scenes** R.F. Head 122bg ; Breck P. Kent 138bg ; Liz Leszyczynski 157hd ; C.C. Lockwood 109hg, 160bd ; Patti Murray 106bd ; Maresa Pryor 86hc ; Richard Shiell 27bd, 105hg, 125bc ; Fred Whitehead 110hg ; Jack Wilburn 154hg ; **Steven Foster** 84hd, 87hd, 87bd, 88bg, 88bc, 90bd, 104bd, 105hd, 105bg, 107hd, 107hd, 109bg, 110bg, 123bc ; **Garden Picture Library** John Glover 142hg ; Michael Howes 143hd ; Gary Rogers 143bd ; Didier Willery 142bg ; **Jerry Harpur** 21b, 32, 86hd ; designer Sonny Garcia, San Francisco 16 ; designer Oehme et van Sweden 21h ; designer Mark Rios 24h ; **Grant Heilman Photography** John Colwell 105bd ; Jane Grushow 87hg ; Hal Harrison 88hd ; Larry Lefever 104bg ; Lefever/Grushow 85hd, 104hg ; Runk/Schoenberger 86bc, 88bd ; Jim Strawser 86hg, 108hd ; **Beth Huning** 156hc, 156bc ; **Stephen Kress** 85bd, 106hd, 109hd, 109bd, 123hc, 124bc ; **Frank Lane Picture Agency** Ron Hausting 43d ; S. Maslowski 23 ; **Jeff Lepore** 88hc ; **Charles Mann** 28, 41h, 87hc, 90hd, 90bg, 91hg, 91bg, 122hg, 123hg, 124hc, 125hc, 126hg, 126hc, 126hd, 126bg, 126bd, 127hc, 127bc, 139hg, 139hc, 140hg, 140hc, 140bc, 141hc, 141hd, 141bd, 142hc, 142bc, 154hd, 154bd, 156hd, 156bd, 157hg, 157bg, 159hd, 160hg, 160bg ; **A & E Morris** 26hd, 59bd, 69h, 26hd, 59bd, 69h, 118g, 118d, 119cd, 120 cg, 120cd, 121hg, 121hd, 121bg, 121bd, 137cg, 153hd, 153bg ; **Clive Nichols** 69b, 108hc, 108bc, 111hg, 111bg, 125hg, 125bg, 143hc, 159bc ; **Oxford Scientific Films** Deni Brown 110hd, 110bd ; Martyn Chillmaid 91bd ; J.A.L. Cook 140hd ; Jack Dermid 73hd, 106bc ; David Fox 91bc ; Terry Heathcote 125bd ; Geoff Kidd 90hg ; Richard Kolar 14g ; G.A. Maclean 26bg ; Frithjof Skibbe 91hd ; Mills Tandy 157bc ; David Thompson 142hg ; **Jerry Pavia** 12, 19, 22, 27hd, 84hg, 84bg, 87bc, 89hd, 108hg, 108bg, 111hd, 111bd, 122bd, 127hg, 138hg, 139hd, 139bd, 141hg, 141bc, 142bg, 155hc, 155bg, 156hg, 156bg, 157hc, 158hd, 158bg, 158bd, 160bc ; **Joanne Pavia** 139bc, 155bc ; **PhotoResearchers Inc.** Leonard Lee Rue 48h ; **Photos Horticultural** 90hc, 91hc, 104hd, 107hc, 110hc, 110bc, 111hc, 122hd, 123hd, 124hd, 124bd, 127hd, 127bd, 155hg, 159bg, 160hc ; **Hugh P. Smith** 14d, 20b, 24b, 27bg, 29h, 31hd, 33g, 43g, 48bg, 48bd, 49bd, 56, 57g, 58h, 58b, 59hd, 63b, 66bg, 67, 68, 74, 75hg, 132bg, 133, 135hg, 135hd, 135bg, 136hd, 136c, 136bg, 136bd, 137hg, 137hd, 149, 151hd, 151c, 151bg, 152hd, 152hg, 152bg, 153hg, 153cg ; **Greg Starr** 159bd ; **VIREO** H. Cruickshank 52b ; R. English 42, Sam Fried 103bg ; S.J. Lang 25 ; A. Murphy 101bd ; B. Schorre 70, 102hd ; J.R. Woodward 102c, 102bg ; **F.R. Wesley** 89hc, 89bg.